Jaroslavl'
Wolga
Kalinin
Wolga
GORKI
Rshew
Olenino
MOSKAU
Wopez
zewo
Wjasma
Kaluga
Tula
Bolwa
UdSSR
Chwastowitschi
Milejewo
Dubrowa
Bujanowitschi
Werchi
Batogowo
Brjansk
Woronesh
Tambov
Potschep
Orel
Jelez
etscha
Lipeck
Liwny
Sossna
Malo-Archangelsk
Ponyri
Tim
Kschen
Belaja
Wolowo
Dubrowka
Nikolskoje
Ochotschewka
Urynok
Woronesh
Gluchow
Schtschigry
Kursk
Ssejm
Don
CHARKOW
Donez
rainische SSR
STALINGRAD
DNJEPOPETROWSK
DONEZK
Don
Saporishshja
Nikopol'
ROSTOW
Taganrog
Kalmükisch
ASSR
njepr
Asowsches
Meer
Krim
Simferopol'
wastopol
Jalta
Grenzen 1941
Maßstab 1:7,2 Mio
0 40 80 120 160 200 km

Willy Peter Reese

Mir selber seltsam fremd

Willy Peter Reese

Mir selber seltsam fremd

DIE UNMENSCHLICHKEIT DES KRIEGES

Russland 1941–44

Herausgegeben von Stefan Schmitz

Claassen

Der Claassen Verlag ist ein Verlag
des Verlagshauses Ullstein Heyne List GmbH & Co. KG

2. Auflage 2003

Karte: GeoKarta, Heiner Newe, Altensteig
Geländedarstellung der Karte: MHM®, © Digital Wisdom
Gesetzt aus der Bembo bei
Franzis print & media, München
Druck und Bindung: Bercker, Kevelaer
Printed in Germany

ISBN 3-546-00345-4

INHALT

VORWORT

Von Stefan Schmitz

»Wir sind der Krieg. Weil wir Soldaten sind.
Ich habe alle Städte verbrannt
Alle Frauen gewürgt
Alle Kinder geschlagen
Allen Raub genommen vom Land.
Ich habe Millionen Feinde erschossen,
alle Felder vernichtet, die Dome zerstört,
die Seelen der Menschen verheert,
aller Mütter Blut und Tränen vergossen.

Ich habe es getan. –Ich tat
Nichts. Aber ich war Soldat.«

Als Willy Peter Reese 1943 dieses Gedicht schrieb, war er seit zwei Jahren Soldat an der Ostfront. Bleistifte und Papier, von der Mutter an die Front geschickt, waren seine Waffen gegen den Wahnsinn des mörderischen Feldzugs. Er trug die Uniform eines Wehrmachtsgefreiten. An seiner Brust steckten vier Medaillen und Orden, darunter das Eiserne Kreuz II. Klasse. Er lehnte sich nicht auf, er rannte nicht weg. Aber er wollte Zeugnis ablegen.

Mal euphorisch, dann wieder depressiv, stets von Läusen geplagt und vom wachsenden Verlangen nach Alkohol, macht sich Reese daran, seine Erinnerungen und Notizen zu einem geschlossenen Text zu verarbeiten. In winzig kleiner Schrift, jeden Quadratzentimeter Papier ausnutzend, schreibt er, wann immer er kann. Oft nur mit einer Zigarette als Lichtquelle hinter dem Geschütz. Immer wieder streitet er mit den anderen Soldaten im Bunker um die einzige Lampe. Auf der Flucht vor der Roten Armee rettet er – obwohl krank vor Hunger – sein Briefpapier, lässt die Butter zurück. »Denn die ist Überfluß, aber das Schreiben ist eine Lebensnotwendigkeit.« In sein Tagebuch, das er später als Quelle für das Manuskript nutzt, notiert er, »nur meine Aufgabe, vom Kriege auszusagen und meine fragmentarischen Werke zu vervollständigen, gibt mir noch einen persönlichen Lebenswillen«.

Er hat es geschafft. Gut 140 Seiten tippt er im Fronturlaub Anfang 1944 auf dünnes Din-A5-Papier. Da ist er gerade 23 Jahre alt. Und ein ganz anderer, als der junge Mann, der Anfang 1941 zur Wehrmacht eingezogen worden ist. Der Zivilist Reese dichtet, zeichnet, macht Musik, komponiert und freut sich an der Natur. Er entspricht fast bis zum Klischee dem Bild des deutschen Dichters und Denkers, als der er sich fühlt und der er sein will. Gut zwei Jahre nach der Einberufung, auf dem Rückzu der Wehrmacht vor der Roten Armee, ist aus dem sensiblen Jungen, den die strammen Jungmänner in der Schule »Pudding« nannten, ein abgestumpfter Soldat geworden: »Wer waren wir selbst?«, fragt er. »Seelisch verkommen, nichts als eine Summe von Blut, Eingeweiden und Knochen.« Ein Schöngeist, der Trost im Wodka sucht und sich selbst als »Antineuralgika-Kopfschmerz-Tabletten schluckendes Genie« verspottet. Aber zugleich ein genauer Chronist des eigenen Untergangs. Er schreibt auf, was Millionen Wehrmachts-Soldaten nach dem Krieg verdrängt und verschwiegen haben.

»Ich breche unter dieser Schuld zusammen – und saufe!«, klagt er im September 1943, als seine Einheit auf der Flucht vor der Roten Armee das Land verwüstet, die Fabriken sprengt, die Menschen versklavt, die Ernte vernichtet und das Vieh tötet. Kurz darauf, auf einem chaotischen Transport in die Stadt Gomel, beschreibt er, wie die alkoholisierte Herrenmenschen-Soldateska eine russische Gefangene nackt tanzen lässt. Die Brüste haben sie ihr mit Stiefelfett beschmiert. Als eine Frau samt ihrer Kuh von einer Mine zerrissen wird, vertraut er seinem Tagebuch an, dass er und seine Kameraden »mehr die Komik als das Gräßliche gesehen« hätten. Jetzt entspricht Reese, zumindest in manchen Situationen, einem ganz anderen Klischee als dem des Dichters und Denkers: Dem des deutschen Besatzungssoldaten im Osten.

Sein »Bekenntnis«, wie er das Manuskript im Untertitel nennt, lässt keinen Platz für die Legende von der sauberen Wehrmacht, die durch eine verbrecherische Nazi-Clique verführt und missbraucht wird. Aber es lässt viel Platz für Anteilnahme am Schicksal der Masse der deutschen Soldaten, die auf der Seite der Täter stand, zugleich aber auch Opfer war. Selbst in Hitlers Krieg im Osten, der so eindeutig verbrecherisch war, gibt es nicht nur Schwarz und Weiß, lassen sich Gut und Böse nicht immer klar trennen. Die Dimension des Geschehens ist so gewaltig, dass der einzelne Mensch – sein Leid, seine Schuld und sein Erlebnis – dahinter zu verschwinden droht.

Reese macht diesen Krieg begreifbar, indem er nüchtern und präzise schildert, was er erlebt. Auch wenn er nur einen winzigen Ausschnitt überblickt, so zeigt sich darin doch der Charakter dieses Feldzuges – und Reeses Fähigkeit, für das Unfassbare Worte zu finden. Etwa wenn er über gehenkte Russen, die der Jagd auf tatsächliche oder vermeintliche Partisanen zum Opfer gefallen waren, schreibt: »Ihre Gesichter waren bläulich verschwollen, zu Fratzen verzogen, von den Nägeln der gefesselten Hände löste sich das Fleisch, eine gelbbraune Flüssigkeit sickerte aus ihren Augen und verkrustete auf den Wangen, worauf die Bärte noch im Tode gewachsen waren. Ein Soldat fotografierte sie, ein anderer schaukelte sie mit einem Stock.« Da ist das Grauen nackt, unmittelbar, direkt.

Hier meldet sich ein Schriftsteller zu Wort, der das zent-rale Erlebnis seiner Generation – den Fronteinsatz im Zweiten Weltkrieg – schildert wie kaum ein anderer. Das fast sechzig Jahre alte Manuskript ist nicht nur ein authentisches Dokument, sondern auch eine literarische Entdeckung.

Der Soldat Reese zeigt anhand der individuellen Erfahrung, wie der Krieg die Soldaten, die ihn führen, zerstört. Das Leid auf den Märschen im Winter wird gegenwärtig. Detailliert schildert er, wie der Frost die Füße zurichtet. Plötzlich erscheint es nur logisch, dass ein Soldat, der vergeblich versucht, der im Schnee eingefrorenen Leiche eines Rotarmisten die Stiefel auszuziehen, dem Toten die

Unterschenkel abhackt und die Stiefel mit den Stümpfen darin neben den Kochtopf in den Ofen stellt. »Als die Kartoffeln kochten, waren auch die Beine aufgetaut, und er zog sich die blutigen Filzstiefel an.«

So schonungslos wie Reese über abgehackte Unterschenkel berichtet, so schonungslos schreibt er über die Amputation des Mitgefühls. Die Menschlichkeit verschwindet nicht über Nacht und nie ganz. Sie kommt Stück für Stück abhanden. Die »enthumanisierenden Folgen« des Krieges, über die Ralph Giordano geschrieben hat, ziehen eine Spur durch Reeses Text, die im Verlauf des Krieges immer breiter wird. Bei der Schilderung seiner militärischen Ausbildung in der Eifel schwingt in den Klagen noch das selbstverliebte Geklingel spätpubertärer Prosa mit: »Die Pflugschar schmerzte im Brachfeld unserer Seelen.« An dessen Stelle tritt bald die kalte Diagnose der Verwüstung eines Menschen, der in einen Krieg geraten ist, dem keine schmückende Metapher gerecht werden kann.

Sie manifestiert sich in dem nur scheinbar absurden Wunsch, aus dem Heimaturlaub so schnell wie möglich zurück nach Rußland zu kommen. »In einer jähen Furcht vor allem Schönen und Gütigen, überfiel uns das Heimweh. Wir sehnten uns nach Rußland zurück, in die weiße Winterhölle, in Leiden, Entbehrungen, Todesgefahr. Wir wußten nicht, was wir noch mit unserem Leben sollten. Wir fürchteten die Heimkehr und erkannten nun die kriegerischen Verheerungen in unserer Seele.« Er fühlt sich, schon kurz nach Beginn der Kämpfe, sich »selber seltsam fremd«.

Reese ist kein Nazi und, trotz mancher Vorurteile, auch kein Rassist. Er dichtet wunderbar derbe Spottlieder auf die arischen Herren, in denen es heißt, »die braune Pest aus ihren runden Backen wird bald das ganze Abendland bekacken«. Aber er ist Teil von Hitlers Invasionsarmee. Er sieht nicht nur das Leid der russischen Opfer, sondern spürt und teilt die Empfindungen der deutschen Soldaten. Seine eigene Rolle beschönigt er nicht. Im Gegenteil: Er bekennt und seziert all die Gefühle, die mit seinem Selbstverständnis nicht zu vereinbaren sind, aber trotzdem im Krieg an Macht gewinnen.

Zum Ausnahmezustand von Körper und Geist im Krieg gehört zeitweise eben auch die Euphorie, der Stolz, das Zusammengehörigkeitsgefühl. Und manchmal tritt die Erkenntnis, das Falsche zu tun, unter den Adrenalinschüben der Schlacht in den Hintergrund. Reese, dem nichts fremder ist als das Soldatsein, schreibt: »Mancher, der friedlichen Herzens war, spürte eine geheimnisvolle Sehnsucht nach dem Furchtbaren in Dulden und Tat. Der Urmensch in uns wurde wach. Instinkt ersetzte Geist und Gefühl, und eine transzendente Vitalität nahm uns auf.« Zermürbt vom Warten und der Ungewissheit stürzt sich der »eingefleischte Pazifist« ins Gemetzel. »Ich bin stolz auf dies gefährliche Leben und das, was ich ertragen habe«, brüstet er sich in einem Brief an seinen Freund Georg. Gelegentlich fühlt er gar Verachtung für die, die sich Kampf und Gefahr entziehen – um dann wieder zu erschauern über die eigene Wandlung. Zwischen Gefechten und Saufgelagen spricht er sich Mut zu und beteuert, er glaube an »das Unverlierbare im Menschen, an die geheimnisvolle Kraft, die alles Widersprechende überwand und im sicheren Schrein das Eigene, Beste über die

Schlucht der fremden Jahre in ein neues Leben trug«. Reese liefert kein abwägendes Urteil von hoher moralischer Warte, sondern den Bericht eines Beteiligten, der in einem mörderischen Krieg anderen Leid zufügt, aber auch selber leidet. Vieles bleibt unfertig und uneindeutig. Damit beschreibt er präzise den Zustand eines Menschen, dem jede Gewissheit geraubt wurde.

Jahrzehntelang interessierte sich niemand für Willy Peter Reeses Manuskript. Dabei hätten seine Erinnerungen dazu beitragen können, die Realität des Alltags der einfachen Soldaten im Krieg zum Teil der überlieferten Erfahrung zu machen. Dies ist bis heute nicht gelungen, obwohl achtzehn Millionen Männer von 1935 bis 1945 in der Wehrmacht dienten. Jan Philipp Reemtsma, der Mäzen der umstrittenen Wehrmachtsausstellung, sieht darin die Folge einer gesellschaftlicher Vereinbarung, die lange den Umgang mit der Wehrmacht geprägt habe: »Es war wie ein Vertrag: Schweigt von euren Heldentaten, und wir wollen von euren Verbrechen schweigen. So wurde auch – von innerfamiliären Ausnahmen abgesehen – von den persönlichen Erinnerungen geschwiegen.«

Das Bild in den Köpfen der Nachkriegsdeutschen wurde nicht entscheidend durch die unmittelbare Erfahrung der Millionen Zeitzeugen bestimmt, sondern durch eine Legende, an der bereits am Tag nach dem Kriegsende in Europa gestrickt wurde. Im letzten Wehrmachtsbericht vom 9. Mai 1945 wird dem deutschen Soldaten eine Art Absolution erteilt. »Getreu seinem Eid« habe er »im höchsten Einsatz für sein Volk für immer Unvergeßliches geleistet«. In den Nürnberger Prozessen verurteilten die Richter der Alliierten zwar hohe Militärs. Im Gegensatz zu SS und Gestapo wurde das Oberkommando der Wehrmacht aber nicht insgesamt zur verbrecherischen Organisation erklärt. Zwar gab es in der nach 1945 entstandenen deutschen Lizenzpresse zahlreiche Berichte über Verbrechen von Wehrmachtsangehörigen, aber die Mehrheit der Kriegsgeneration schob Fragen nach ihrer Vergangenheit beiseite. Der Wiederaufbau hatte Vorrang, das Interesse an echter Aufklärung war gering. Anklang fand dagegen eine Trivial- und Abenteuerliteratur, in der es um Kameradschaft, soldatische Tugenden und Bewährung vor dem Feind ging – alles Themen, bei denen aus Sicht der alten Kämpfer niemand mitreden kann, der nicht dabei gewesen ist. Auch die bitteren Anklagen der in den fünfziger und sechziger Jahren aufgewachsenen Kinder der Frontgeneration gegen die eigenen Väter führten nicht dazu, dass diese sich öffneten und die Erfahrungen preisgaben, die ihr Leben prägten. Der Umgang mit der Wehrmacht blieb dominiert von politischen Kampfbegriffen, die den Blick auf die historische Wahrheit verstellten und das Entstehen eines gesellschaftlichen Konsens über das Vergangene lange verhinderten.

Heute ist offenkundig und weitgehend unbestritten, dass die Wehrmacht im Osten einen beispiellosen Vernichtungskrieg geführt hat. Zum Verständnis von Reeses Text gehört auch das Umfeld, in dem er entstanden ist. Die Bilanz des deutschen Wütens in der Sowjetunion ist unfassbar: Getötet wurden rund 20 Millionen Bürger der UdSSR, darunter etwa sieben Millionen Zivilisten. Über drei Millionen sowjetische Kriegsgefangene kamen ums Leben; mehr als jeder Zweite, den die Wehrmacht in ihre Gewalt gebracht hatte. In den von den deutschen Armeen besetzten Gebieten Osteuropas töteten die Vollstrecker der Nazis Millionen Juden. Es war das größte Schlachthaus der Geschichte.

Reese reagiert auf seine Situation als Soldat mit Ohnmacht, Fatalismus und Schicksalsergebenheit. Natürlich kennt er das berühmte Wort von Carl von Clausewitz, dass der Krieg die Fortsetzung der Politik mit anderen Mitteln sei. Natürlich spürt er, dass er als winziges Rädchen einer großen Mordmaschine benutzt wird. Er leidet gerade unter dem Krieg hinter der Front, weil der sich gegen die Wehrlosen richtet. An seine Eltern schreibt er, er würde sich als Besiegter innerlich wohler fühlen denn als Sieger. Aber er macht mit. Sein Fühlen und Denken, das er um jeden Preis festhalten und mitteilen will, führt nicht zur Verweigerung, erst recht nicht zum Widerstand. Mit grotesk vergrößertem Gewehr und riesigen Stiefeln zeichnet er sich auf dem Weg nach Russland – auf dem gleichen Blatt weiter unten steht ein zweites Selbstbildnis, das ihn auf dem Weg nach Westen zeigt: Mit einem Buch in der Hand und einer Blume im Knopfloch. Zumindest zeitweise bleibt in ihm also der Wunsch nach einem zivilen Leben lebendig. Aber der Krieg erscheint ihm als Naturereignis, als elementare Kraft, der sich niemand widersetzen könne. Für die Menschheit sei ein Weltkrieg dasselbe wie ein Erdbeben für ein Gebirge, heißt es in einem Brief an seinen Onkel. Die Verzweiflung über die militärische und politische Führung bleibt bei ihm daher, wie bei vielen, folglos.

Bereits kurz nach Kriegsbeginn schätzte der große Publizist Sebastian Haffner im Londoner Exil den Anteil der gegenüber dem Regime »illoyalen Bevölkerung« unter den Deutschen auf erstaunliche 35 Prozent, mit steigender Tendenz. Drei Gründe nennt Haffner, warum aus der großen Zahl der Unzufriedenen und Frustrierten kein stärkerer Widerstand erwuchs: Die ungeheuer mächtige und offensichtlich unangreifbare Position des Regimes, die »nichtrevolutionäre Mentalität« der illoyalen Deutschen, und schließlich das »bedauerliche ideologische Durcheinander« und den Mangel an neuen, politischen Losungen. Alle drei Argumente treffen auf Reeses Haltung zu.

Doch sie beschreiben wohl nur die Gedanken einer, wenn auch beachtlichen, Minderheit. Die Soldaten der Wehrmacht bildeten einen Querschnitt des Volkes. Unter ihnen waren glühende Anhänger Hitlers ebenso wie entschiedene Gegner. Aber sie alle befanden sich in einer Ausnahmesituation: Es ist offenkundig, dass sie dringend darauf angewiesen waren, eine Rechtfertigung für ihr Tun zu finden. Eine solche Rechtfertigung bot die Rassenideologie der Nazis. Eine andere Möglichkeit, das Grauen erträglich zu machen, war die Berufung auf die soldatische Pflicht, die im Denken der Kriegsgeneration fest verankert war. »Hilf mir, Gott,« schreibt Reese, der sonst nachdenklich und selbstständig war, in Stunden der Verzweiflung in sein Tagebuch, »dass ich dieses Ja und Amen sagen, das ich so oft bitter erkämpft, nicht wieder verliere, denn aus der Verneinung entsteht erst der tiefe, dumpf brennende Schmerz.« Das war anscheinend die Strategie von Millionen: Sich abfinden, um es ertragen zu können. Von da ist es nur ein kleiner Schritt zum Schweigen nach dem Kriege, das die Erinnerung bannen sollte.

Erst als in den neunziger Jahren eine neue Generation nach der Wahrheit fragt, wird die Lebenswelt des normalen Soldaten zum öffentlich diskutierten Thema. Zahlreiche Editionen von Feldpostbriefen sind erschienen. Aber wer sie liest, stellt eine verstörende Unfähigkeit fest, das Erlebte zu schildern. »Vielen einfachen Soldaten verschlug es angesichts der grässlichen Realität einer Schlacht einfach die Sprache«, analysiert der Wehrmachts-Experte Wolfram Wette. Nötig sei »eine exemplarische Individualisierung des ›kleinen Mannes‹ in der Uniform des Soldaten«.

Willy Reese ist nicht der typische ›kleine Mann‹. Er ist hoch gebildet, ein fanatischer Leser. Sich selbst sieht er als Dichter und träumt vom Leben in einem freien Deutschland. Aber seine Kriegserfahrung ist die des normalen Wehrpflichtigen. Und er hat es verstanden, daraus einen Text zu machen, der diese Erfahrung lebendig werden lässt. Er wolle nicht urteilen, schreibt er im Advent 1943 an seine Eltern, »sondern die Tatsachen und meine Erlebnisse allein sprechen lassen«. Vieles, was er im Manuskript beschreibt, findet sich fast wortgleich in seinen Tagebüchern und Briefen. Er hat festgehalten, was er selbst erlebt und gefühlt hat. Dabei ist die literarische Gestaltung und Absicht unverkennbar. Die meisten Details der Darstellung sind nicht nachprüfbar. Möglicherweise enthält der zu großen Teilen aus der Erinnerung oder anhand weniger Notizen geschriebene Bericht sachliche Fehler. Aber ohne Zweifel wollte Reese etwas ganz Reales zeigen. Er schreibt, der Krieg öffne die »Geheimkammern der Seele« – sein Manuskript ermöglicht es, in sie vorzudringen.

»MIR SELBER SELTSAM FREMD«

Von Willy Peter Reese

WILLY PETER REESE

RUSSISCHE ABENTEUER

EIN BEKENNTNIS
AUS DEM GROßEN KRIEGE

Der Weltkrieg begann, und wir sahen Gott und Sterne sterben im Abendland. Der Tod stürmte über die Erde. Er nahm die Maske von seinem Antlitz, nackt grinste sein Knochengesicht. Wahnsinn und Schmerzen meißelten nun seine Züge. Wir zogen hinaus ins Niemandsland, erlebten seinen Tanz in der Ferne und hörten seine Trommel bei Nacht. So fuhr er seine Ernte ein aus taubem und trächtigem Korn.

Sein Wesen verwandelte uns. Er gab uns andere Maße und Namen als das Leben, und seine Träume prägten das Bildnis unserer Zeit. Sein Schatten fiel auf unser Werden in Größe und Untergang. Seine Gedanken füllten den Geist der Suchenden, und in unsrer Seele wuchsen Trauer, Furcht und Leiden aus seiner Saat.

Abenteuer reiften aus Wanderungen und Gefahren in seiner Nachbarschaft, doch das Zwiegespräch der Engel verstummte an unseren Gräbern. Wir Namenlosen und Unbekannten, Einsame und Liebende, Narren und Weise, Arme und Reiche, nahmen den Kampf mit unserem Schicksal auf, und unter dem Sternbild der Notwendigkeit fanden wir unsre Vollendung in Auferstehung und Aas. Wie Irrlichter tanzten wir um seinen Altar, Henker und Gerichtete, Opfer, verworfen und geweiht. Unsere Sehnsucht verlangte nach seinen Geheimnissen, dem Sinn seiner Rätsel und der Offenbarung seines Spieles mit Masken und Tand. Wie Schlafwandler führten wir die Wünschelrute des Worts, und Hoffnung, Glauben und Liebe gewannen wieder Gewicht. Aus der Hölle der Stahlgewitter, aus Todesbereitschaft, Schicksalssturm und Sterneneinsamkeit stürzten wir uns in den Abgrund der Ewigkeit, und in der Tiefe fanden wir Gottes Gesicht unter Trümmern und Staub unserer Jahre.

So wuchs der Tod in unser Leben hinein. Im Niemandsland hielt er die Wacht.

Der Krieg begann, doch mein Leben verwandelte sich nicht. Das große Sterben rührte noch nicht an meine Welt. Ich wanderte durch die Wälder am Rande der Stadt und träumte von Fahrten und Fernen. Sonne duftete aus Harz und Laub, Schatten blauten unter dem Farn, Mittagsgold streifte Gräser und Moos meiner Wege. Ich liebte Schönheit, Segen und Frieden der Erde. Im Rauch der Dämmerung versank die Stadt, der Abendstern spiegelte sich im Strom, und unter Sternen und dem Sichelmond ging ich nach Hause.

Ich arbeitete in einem Bankgeschäft[1]. Geld, Schecks und Wechsel füllten meinen Alltag aus. Die Abendstunden aber gehörten mir.

Liebesabenteuer vergingen wie ein altes Spiel von Sehnsucht und Gewährung, Lächeln und Traurigkeit. Im Gespräch über Gott und Geist, Dichtung, Musik und Liebe saß ich oft noch um Mitternacht mit meinen Freunden zusammen. Wir spielten mit Worten und Bildern und suchten doch mit allem Ernst und aller Leidenschaft der Jugend nach unserem Weg und seiner Notwendigkeit. Wir lebten als Masken der Seele, Gaukler Gottes, Narren der Liebe, Bettler der Sehnsucht, Zigeuner des Geistes und Fremdlinge unserer Zeit.

In den Nächten las ich, während der Wind vor den verdunkelten Fenstern sang und das Tosen der Großstadt sich am Frieden meines Zimmers wie die Brandung brach, bis das Morgenzwielicht in Zaubergärten und Traumgeschicke, Lebensweisheit und Lügen der Bücher fiel.

Ich sah Schauspiele und hörte Bach, Beethoven und Brahms in Konzerten und Kammermusiken. Polens Untergang bedeutete mir weniger als eine Sonate oder ein Gedicht. Die meisten Nächte opferte ich aber den fantastischen Erzählungen und grüblerischen Legenden, die ich damals schrieb. –

Der Winter hielt seinen Einzug. Gärten und Straßen verschneiten, Stürme peitschten die Dächer, und im Nebel versank die Stadt. Mit Saat, Wald und Erde entschlief auch der Geist. Ich nahm Abschied von meiner Jugend. Wege der Kindheit, Wandern und Werden des

Jünglings und alle Straßen der Liebe führten ins Dunkel hinein, und das Stundenglas zersprang in meiner Hand. Unrast ergriff mich, und in der Leere suchten mich Träume, Verzweiflung und Todesgedanken heim. Ich trieb einen Spiegelkult in meiner Zerrissenheit und litt unter meinem Verhängnis, eilte im Zwielicht der Vollmondnächte durch die menschenleeren Straßen der Stadt, las gefährliche Bücher aus Verfeinerung und Verfall, floh vor Gott und war endlich, ein Staubkorn im All, im Nichts zu Hause.

Unter meiner Maske aus Geist und Selbstbewußtsein lebte ich nur noch wie ein Gespenst und suchte Zuflucht bei Dirnen und beim Wein. Fluchtgedanken und Todessehnsucht füllten mich aus. –

Damals begegnete ich Beatrice. Liebe lehrte mich, das Schöne auch im Untergang, Größe und Reinheit auch auf den Trümmern, Andacht und Hoffnung auch im Leiden und Segen, Wandlungen und Gnade auch im Tode zu erkennen. Ein neues Leben nahm seinen Anfang. Wie ein Genesener hörte ich den Tauwind rauschen und erlebte das Frühlingserwachen der Erde. Als ich Abschied von meiner Geliebten nehmen mußte, vertraute ich wieder auf Gott und meine Sterne.

Am Westwall warteten die Heere. Ich achtete nicht darauf. –

Wie eine Sturmflut brach der Krieg über die Niederlande herein, und wie eine Vision erlebte ich ihren Untergang. Meine Gedanken kreisten um die Unvergänglichkeit der Werke und das Unverlierbare im Menschen. In den Schöpfungen der Völker und Einsamen lag ihre Ewigkeit. Jedes Reich und Zeitalter trug seinen Baustein zur Vollendung des Menschenbildes und zum Dombau

Gottes herbei, und wer seine Sendung erfüllt hatte, konnte unbesorgt sterben. Namen verklangen, ihre Träger blieben verschollen, ihren Leichnam mischte der Totengräber mit Erde und dem Schutt ihrer Werke, doch der Geist dauerte über den Trümmern, ihre Seele wohnte noch in den Ruinen und in der Erinnerung nachgeborener Geschlechter; es gab keinen Tod. So kehrte der Krieg in mein Weltbild ein. Aber als Frankreich auch die Waffen niederlegte, ging mein Leben weiter als sei nichts geschehn[2].

Ich reiste ans Meer, in meine Wahlheimat auf dem Darß. Ich wanderte am Strand in Sturm und Sonne, lag auf den Dünen und träumte beim Rauschen der Brandung, lauschte der Grillenmusik heißer Mittage beim Schlaf des Pan, sang und versäumte die Stunden. Ein Liebesspiel verwehte wie Schmetterlingsflug. Ich streifte durch die Wälder, sammelte Flechten, Nadelhölzer und Laub. Grashalme und Blumen wurden mir zum Erlebnis. Ich ging den Wisenten nach, horchte dem Singsang des Windes und sah die Sonne am Ufer versinken. Der Himmel brannte in apokalyptischen Farben, Bronze und Gold rollten über die Flut. Ich las in kühlen Sternennächten und eilte durch Regen und Sturm. Vom Reichtum der Erde berauscht, von Sommer und Jugend, trunken kehrte ich in die Stadt zurück. –

Der Herbst jagte mich durch den Tod und seine Früchte in Schicksal und Geist. Ich liebte ihn, den Schlaf ohne Träume, das Erlöschen der Kerze, den süßen Trost des Nichtseins nach Mühsal, Suche und Fremdheit auf Erden. In der Verworrenheit meiner Tage sehnte ich mich nach seiner Stille, aber ich fürchtete auch diesen Tod, der niemals die Schleier von seiner Wirklichkeit nahm, dessen

Frieden erschreckte, dessen Schweigen wie Urgewitter dröhnte und dessen Mühle mahlte Tag und Nacht.

Der Winter kehrte wieder. Krieg und Frieden umher sah ich nur als Zwischenspiele der Weltgeschichte an. Ich verlor mich wieder an endlose Nachtgespräche von der Sinnlosigkeit des Lebens, der Maske Gottes, dem Zauber des Teuflischen und der Tragik des Seins. Am Tage tat ich meine Arbeit und erwartete die Schicksalswende, den Stellungsbefehl. Doch in Träumen und Gedanken, in Sehnsucht, Hoffen und Wollen lebte ich noch jenseits des Krieges, und der Tod blieb mir ein Fremdling nur und Gast.

Wie ein Schiffbrüchiger trieb ich durch die Windstille des Schicksals hin. Ich war kein Weltbürger mehr und war noch kein Soldat. An meinem einundzwanzigsten Geburtstag[3] erhielt ich den Bereitstellungsschein für Anfang Februar. Ich legte meine Arbeit nieder, räumte meine Manuskripte ein, schloß meine Tagebücher ab und verbrannte die Fragmente. Ohne Ruhe und doch ohne Tätigkeit rannen mir die Tage wie Sand aus den Händen. Die Brücken in die Vergangenheit zerbrachen, ins Kommende führte kein Pfad. Kein Stern wies mir den Weg. Ohne Hoffnung und doch nicht verzweifelt, müde und doch wie im Fieber durchlebte ich die Leere der Wartezeit.

Eine Nacht begann wie tausend andre. Doch unter ihren Sternen begab sich die Wandlung, erlebte Traum und Schwelle eines neuen Lebens und stand am Morgen als ein Anderer vor meinem Geschick.

Meine Mutter schlief. Der Nachtwind weinte draußen, Regenschauer tanzten über die Dächer, und die

Leselampe brannte mit freundlichem Schein. Ich saß vor unbeschriebenen Blättern, grübelte und fragte, träumte und suchte, kämpfte mit Göttern, Engeln und Dämonen. Und verstand.

Im Anfang war die Ahnung nur und Angst. Wir standen am Tod des Niemandslandes und spürten die Nähe von Gefahr und Schmerz. Die dunkelen Jahre begannen, wie das Gestirn es befahl. Wie Bettler verließen wir die Trümmer unserer Jugend, Freiheit, Liebe, Geist, Genuß und Werk. Wir mußten das eigene Leben dem Willen der Zeit unterwerfen, und unser Schicksal begann wie eine Ballade von Notwendigkeit, Geduld und Tod. Wir konnten dem Gesetz nicht entrinnen, ein Bruch in unserem unvollendeten Weltbild geschah, und wie ein Traum begann die Wanderung in das Fremde und Unbekannte, und alle Wege endeten in der Nacht.

Nichts konnte meinem Wesen mehr widersprechen, als daß ich Soldat werden mußte, ein Namenloser unter fremden Gefährten, ein Spielzeug für Launen und Befehle, daß ich das Waffenhandwerk lernen und eines Tages auch kämpfen sollte, kämpfen für eine Weltanschauung, die ich haßte, in einem Krieg, den ich niemals wollte, und gegen Menschen, die meine Feinde nicht waren. Wie ein Gerichteter zögerte ich an der Stufe des Schafotts und spürte das Schwert schon im Nacken. Der Richter hatte den Stab gebrochen, und in meiner Ohnmacht unterwarf ich mich dem Spruch.

Das war der Verzicht. –

Ich rauchte, schrieb eine Zeile und trank ein Glas Wein. Die Uhr tickte, das Licht spiegelte sich auf meinen Büchern und dem Flügel. Kiefernzweige dufteten in einer Vase, und der Christdorn blühte. Stunden fielen wie Tropfen ins Meer der Zeit. Die Nacht schritt voran, und ich wachte noch, dachte und sann.

Das Schreckgespenst der Soldatenjahre ließ mir keine Ruhe. Ich erinnerte mich an die letzten Monate meines eigenen Lebens. Wie ein Hungernder vor langen Entbehrungen eilte ich durch Bücher, Konzerte, Schauspiele und Feste, sturmschnelle Liebschaften und besonnene Stunden im Garten der Jugend. Aber in jener Nacht gab die Musik mir keinen Trost, die Komödie keine Vergessenheit, das Trauerspiel keine Versöhnung mit meinem Geschick. Jede Wiederkehr des Schönen vermehrte nur den Abschiedsschmerz, und der Wein verschärfte allein die Grausamkeit meiner Gedanken. Ich blätterte in Schriften, Bekenntnissen und Schilderungen aus dem Weltkrieg der letzten Generation und suchte nach einer Haltung, dem Unabwendbaren entgegen zu treten, zu wissen, was mich erwartete und den Krieg zu kennen, um meine Rolle darin zu lernen und Kampf, Gefahr und Tod in mein Weltbild zu zwingen. Doch mein Lesen blieb so fruchtlos wie meine Monologe und wie einst jedes von Wehmut und Lachen beschattete Gespräch.

Ich löschte das Licht, zog den Mantel an und schloß leise die Tür, um niemand zu wecken. Nachtkühle wehte durch mein Haar. Wolken verbargen den Mond, keine Laterne beleuchtete meinen Weg, und kein Mensch begegnete mir. Wie ein herrenloser Hund wanderte ich durch Straßen und Gassen. Alles strömte Erinnerungen aus, an Sehnsucht und Abenteuer, Verzweiflung und Wahn. Ich kehrte heim, und saß wieder grübelnd im Friedenskreis der Lampe. Mitternacht kam, und ich wachte noch.

Im Anfang war das Leid. Wir ließen die Masken, die wir im Frühlicht trugen, verhüllten die Spiegel unseres

Wesens und unserer Eitelkeit, entsagten dem Glück, dem Werden der Seele und nahmen die Züge der Namenlosen an. Wir fühlten: es mußte so sein. Wir hatten viel Vergangenes zu sühnen, nun legte das Schicksal uns die Buße nah. Wie ein Mönch die Kasteiung, so nahmen wir es hin. Unter der Maske des Soldaten löschten wir unsere Schuld, und zur Sühne unseres Lebens aus Täuschungen, Frevel und Schein weihten wir uns Schmerzen und Gefahren. Wir waren bereit, zu leiden.

An Fahrten und Abenteuer, Saaten und ein geheimnisvolles Reifen dachte ich nicht. –

Der Zeiger kreiste. Das Stundenglas verstreute seinen Sand. Das ferne Tosen der Hüttenwerke, Mühlen und Häfen schlug an die Fenster. Schritte verhallten. Über Liebenden und Verlorenen hing längst der Schlaf. Mein Zimmer wurde zu einer Insel im All; hier brannte das Licht zu meinem Denken, Fragen und Ahnen in meiner Einsamkeit.

In den Jahren des Soldaten lag auch die Zukunft beschlossen. Aus der Verworrenheit löste sich unser Geschick, und im Kommenden befreite sich die bleibende Gestalt. Wir suchten die Zukunft. Wir hatten viel zu leisten und zu wollen, nun führten alle Straßen in das Leben. Das Schicksal ergriff den formlosen Ton, den unsere Freunde, Begegnungen, Bücher und Träume kaum geprägt. Noch zeichnete uns nichts Wesentliches, nicht Erlebtes und Erfahrenes aus. Bald aber gestaltete uns das schonungslose Leben. Im Widerspruch mußten wir reifen, im Feindlichen bestehen und das Unsere bewahren im Kampf. Der Krieg, der Vater aller Dinge, bereitete uns den Weg. Deutungen und Fragen erschienen in der Ferne, und wir ahnten einen besseren Sinn. Das Unverlierbare reifte im Innern, nichts Göttliches konnte uns genommen werden, blieben wir nur unsrem Menschentum getreu. Aber aus dem Maskenträger läuterte sich das Wesen, aus Schein das Sein, das eins mit unserem Schicksal war und das vor Gott bestand.

So begriff ich die Notwendigkeit des Kommenden. Nicht mehr als Kreuz nahm ich die Soldatenzeit hin. Ich war bereit zu leben. –

Meine Mutter erwachte. Sie sah das Licht in meinem Zimmer, kam zu mir und strich mir schweigend über mein Haar. Dann blieb ich wieder allein. Ich holte neuen Wein, füllte das Glas, trank und atmete schwer.

Ich wollte meine Schicksalsjahre nicht. Alle Kräfte und Mächte im Innern weigerten sich, das Fremde, Feindliche einzulassen. Die Zukunft blieb eine Hölle, und die Bereitschaft milderte Angst und Mühsal nicht. Mir half nur mein Dulden und Hoffen. Denn nichts Schönes, Erhabenes und Reines gedieh im Niemandsland, kein Gott wohnte auf den Schlachtfeldern, im Schützengraben starb auch der Geist. Nur der Tod herrschte im Krieg. Das Beste in mir mußte untergehen, und der Verfall zeitigte nur verworfene Frucht. Wenn ich einst heimkehrte, stand ein anderer Mensch vor dem Spiegel, ein Verwandelter, Zerstörter, Gezeichneter für alle Zeit. Dann trug ich das Brandmal des Todes, und mit den Toten führte ich ein Gespensterdasein in Zwielicht und Nacht.

Ich leerte das Glas. Mein Kopf schmerzte, meine Hände zitterten, das Herz hämmerte regellos. Noch blaute und brauste die Nacht, und ich fand meinen Frieden. –

Das Leben duldete kein Nein. Auch das Furchtbarste wollte sein Amen. Ich mußte das Schicksal vollenden. Ich mußte lernen, den Untergang zu wollen, das Dasein in der Tat so zu verneinen, wie ich es in Worten und Gedanken oft getan, und so doch ein großes Ja zu allem sagen, was mir geschah. Ich mußte werden, wie das Gesetz es befahl, leben oder sterben wie mein Gestirn es bestimmt. Kein Verzicht, kein Willen änderte mein Los. Das Leben wurde ohne mein Zutun gelebt. Ich mußte nur leben, nur sein.

Ich aß ein Stück Brot und entzündete eine Kerze. In ihrer Flamme verbrannte ich die Blätter, die ich beschrieben hatte in jener Nacht, öffnete weit das Fenster und streute die Asche hinaus.

Morgengrauen löscht die Sterne. Der Tag brach an, und das Leben ging weiter. Wie ein Erwachen kam es über mich. Träume und Bilder verwehten, ich blickte ins Licht. Die Einsamkeit endete. Unzählige Gefährten waren auf dem Wege zu mir aus aller Welt. Sie trugen Fackeln, Totenschädel und Fahnen, und ihr Gesang brauste in Morgenrot und Sturm. Wie ein Pilgerzug wanderten sie in die Ferne, und als Namenloser ging ich mit ihnen dahin.

Maske und Namen hatten wir verloren. Das Wesen aber blieb. Im Fremden, im Leben und Leiden reifte unsre Gestalt, und in der unsterblichen Seele wurden Abenteuer und Wanderungen auch in des Todes Nachbarschaft zu Licht. Der Geist verwandelte Dinge und Erscheinungen in neues Leben. Die Pflugschaar schmerzte im Brachfeld unserer Seelen. Auf Glück und Unglück, Tod und Leben kam es nicht an. Allein das Schicksal machte Sinn und Sendung des Menschen aus. Wir wuchsen und reiften, wie uns die Notwendigkeit schuf. Das Mühlwerk des Leiden schliff den spröden Kristall, das Feuer des Krieges läuterte Weltbild und Werden, und der Tod führte uns den

Weg nach Innen. Gottes Angesicht aber blieb über uns wie unsere Sterne. Wir lebten das Leben, wie es wirklich war.

So ging ich in die Bereitschaft ein wie in einen feierlichen Advent.

Und ich wurde Soldat.

DER SOLDAT

Die Zeit der Abenteuer begann, doch im Anfang war der Krieg nur ein Spiel. Sommersonne versengte Felsen und Wälder der Eifel. Ähren und Gräser verdorrten, die Heide glühte wie Feuer und Staub. Dörfer und Hügel flimmerten im Mittagslicht, und auf Gärten und Straßen trieb der Staub des Truppenübungsplatzes Elsenborn[4]. Morgennebel wehte über Erlen und Birkenanflug am Wegrand, Schwüle nistete in Nadelholz und Laub, und am Abend fielen die Schatten der Bäume weit ins Land. Oft regte sich kein Halm, kein Blatt, nur das Zirpen der Grillen geigte eine ewig einschläfernde Musik. Tröstlich verwehten dann Kühle und Schweigen der Nacht.

Ich war schon seit Monaten Soldat und trug nun die Maske des Kriegers mit Gelassenheit, Galgenhumor und Geduld. Nie hatte ich Schein und Wesen so sehr wie damals getrennt. Wie ein Traum zogen Gehorsam, Befehle und Strapazen des Dienstes an mir vorüber und hinterließen keine Spur. Wie ein Schlafwandler erduldete ich die Ausbildung, ging im Gleichschritt und trug mein Gewehr. Wie eine Maschine lernte ein Teil von mir den Gebrauch des Maschinengewehrs und die Bedienung der leichten Panzerabwehrkanone. Eine gute Stunde der Besinnung löschte Traurigkeit und Verzweiflung, Leere und Angst, Zorn und Schmerz meiner Tage aus. Meine Einsamkeit beklagte ich nicht. Ich liebte sie, und nur Verlassenheit und Hilflosigkeit übermannten mich oft. Wenigstens im Innern wollte ich bleiben, wie ich vor meiner Einziehung war. Und auch das wurde schwer. Denn alle Zukunftsgedanken flohen vor einem ungeheuren Entsetzen, und kaum überwand ich die Erschütterungen, die das Soldatenleben mir brachte. Aber ich gewöhnte mich daran, nie alleine und doch immer ein Fremder unter fremden Menschen zu sein, durch Geist und Seele, Lebensstil und Haltung von meinen Gefährten getrennt. Ich vollzog das Unabwendbare, aber ich ließ Geräusche und Einförmigkeit des Alltags nicht in mein Reich. Bald besaß ich wieder Selbstsicherheit und Ironie genug, um es ohne Schaden zu überstehn.

Ich lebte in der Dunkelheit. Überall kauerten Gespenster, und Angst, Enttäuschung und ein dauerndes Leiden bezeichneten meine traurigen Wege. Da war es besser, an die flüchtigsten Träume zu glauben, als wehrlos an Unsicherheit und Zweifel ausgeliefert zu sein. Ohne einen Hoffnungsschimmer konnte ich nicht leben. Alles Irdische war ewiges Wachstum und ewige Wandlung, und unter dem Wechsel der äußeren Erscheinungen reifte Innen das Eine, Eigentliche, das den Menschen ausmachte. In meinen Träumen sah ich die Bilder meines heimlichen Werdens, wenn ich Taggeblendeter sie auch nicht deuten konnte, und in wenigen Augenblicken offenbarte es sich der staunenden Schau. Ich schlief in der Wirklichkeit, doch in jenen Augenblicken ergriff mich das Echte und Edle des Lebens mit mächtigerer Gewalt und stärkerer Verzückung. So fand ich damals noch aus allen Verirrungen zu mir zurück: zu jenem Menschen, der ich vor dem Kriege war. Alles wurde zur Heimkehr, auch wenn ich Weg und Schicksal oft nicht mehr verstand, und manchmal konnte ich wieder beginnen, mein eigenes Leben zu gestalten wie es mir gefiel. Ich begnügte mich mit den kleinen Freuden des Soldatenlebens, einem Buch, einem Glas Wein, etwas Musik und einem besonnenen Abend in der Eifel. Das Schicksal meinte es oft besser mit mir, als ich erwartete, und lehrte mich selbst immer wieder Vertrauen.

Das Kasernenleben und der Ungeist des Truppenübungsplatzes schienen mir schlimmer als der Krieg, wie die Schule des Lebens das Leben ernster nahm als Gott und die Erde selbst. Denn nun wurde das Metall, das aus dem Erz der Jugend geschmolzen war, zu Stahl gehämmert, und ich mußte Amboß sein. Die Truppe wurde zur Kampfeinheit gemacht, der Einzelne zum Glied einer Maschine, fähig, zu kämpfen, zu entbehren, Strapazen zu ertragen und zu stürmen, willig, zu leiden und zu sterben, bereit, zu gehorchen und zu entsagen für den Krieg. So erhielt das Kanonenfutter den letzten Schliff. Das Material empfing seine Form, und ich nahm die Maske des Soldaten genauer und meisterhafter an. Ich spielte meine Rolle im großen Schauspiel vom Anpassungskampf des Lebens, ohne Zuschauer auf der Bühne meines Geschicks. Der Fönix verbrannte, und ich sammelte seine verlorenen Federn auf. Ich hatte Zeit zu viel, an mich zu denken. Mein Dasein spielte sich noch mehr im Innern als in Ereignissen ab. Nun aber, in Elsenborn, bereitete die Wandlung sich vor. Ich war Soldat.

Nebel stieg aus Wiesen und Feldern wie weißer Rauch. Ich stand als Posten wie am Rand der Welt, im fremden Land und unter fremden Menschen. Der Abend fiel aus silbernem Wolkentor. Zu meinen Füßen ging das Land zur Ruhe, Gras und Gesträuch, Nähe und Ferne entschliefen in Schatten, Dunst und Duft, und Stille nahm die Erde wieder ein.

Ich stellte mein Gewehr beiseite und suchte Gräser und Moose. Meine Stiefel wurden naß vom Tau. Ich witterte Nebelgeruch und Kühle der Dämmerung, setzte den Stahlhelm ab und ließ meine Haare dem Wind. Wie zärtliche Hände streichelte er meine Stirn. Ich liebte jede Blüte, jeden Stein, und gab mich ganz meinem Schauen und Lauschen hin.

Die vergangenen Monate hatten meinen Blick für das Schöne auch im Kleinen, Einfachen und Längstbekannten geschärft. Ich sah die Welt mit wacheren Augen an. Staub und Grau der Großstadt fielen wie Schleier herab, und nun, da mir Überschwang und Fülle der Darßer Sommer versagt blieben, erlebte ich das Bezaubernde und Beglückende auch im Unscheinbaren. Eine Blume am Wegrand tat mir wohl, ein Wald im Sonnenglast, ein Spinnennetz im Perlenschmuck des Taus, ein Schmetterling und der Mückenreigen im Abendfrieden, das Plätschern eines Baches und eine Eidechse auf heißem Sonnengestein wurden mir zum Erlebnis. Das Wachsen von Ähren, Winden und Mohn lehrte mich, geduldig wie sie im Gesetz der Zeit zu stehn, und ihre Unschuld bewegte den Maskenträger und Soldaten wie ein Engel den Sünder und Sühnenden mit tröstlicher Hand. Aber auch die Kluft, die jene Taube, jenen Strauch und Baum vom Kriege trennte wie den Soldaten von aller Liebe und allen Segnungen der Erde, wurde mir da schon schmerzlich und brennend bewußt. Zwar verlor ich den Gleichmut der überdrüssigen Seele an allem Leichterworbenen und Reichlichen, doch wie ein Insekt mit überfeinen Fühlern erschütterten mich Güte und Frieden der Welt. Nur darum nahm ich die Kühle blauer Morgenstunden, Tagesanbruch und Vogelruf so dankbar hin, als müßte ich mich in Trauer und Grausamkeit des Göttlichen versichern. Kein Abend erschien mir so sanft wie jene Dämmerstunden nach einem heißen Tag voll Erschöpfung, Elend und Soldatenleid. Noch inbrünstiger spürte ich den Geisteratem der Sternennächte, Verzauberung des Mondlichts, brausende Stürme und unermüdlich rieselnden Regen als einst am Meer.

Auch die schlichtesten Werte des Menschenlebens, Schlaf, ein Stück Brot, ein Trunk Quellwasser, ein freundliches Wort, wurden wieder kostbar nach langer Mißachtung, und alles, was der Notdurft nicht angehörte, empfing ich wie eine unverdiente Gnade.

Aber in jener Nacht überkam mich alle Sehnsucht nach meiner Vergangenheit, und mich verfolgte das ungelebte Leben meiner Jugend mit prunkvollen Bildern. Ich hatte viel versäumt, und sah die Zukunft als unbehauenen Marmorblock an. Ich hörte plötzlich den Maurischen Tanz, sah die Bühne, Tänzerinnen, hörte den Zigeunergesang und die jubelnden Stimmen der Mädchen, Trunkenheit und Zauber dionysischer Musik, und weinte um meine Heimat und mein Los. So nahm ich Erleben und Erleiden vollkommen auf. Ich ersparte mir nichts, und im Trinken bis zur Neige sah ich damals Sinn und Erfüllung der Zeit. Bilder, Musik und Sterne streuten sich in meinen Traum. –

Im Hohen Venn brannte ein Moor. Das Feuer fraß im Torf unter der Erde, bedrohte Wälder und Äcker in sommerlicher Dürre und loderte immer wieder an anderen Stellen auf. Waldarbeiter, Förster und Soldaten bekämpften und löschten den Brand, und am Abend wurden auch wir zur Wache hinausgeschickt.

Rauch verschleierte den Berghang. Brandgeruch strömte ins Tal, und Aschenstaub schlug sich auf unsren Gesichtern und Schultern nieder. In der Abendkühle stiegen wir bergauf. Früh kam die Dämmerung. Erlöschende Feuer spielten wie Irrlichter am Waldrand. Auf einer Höhe flackerten kleine Brände wie Laternenreihen, von Zwergen und Moorgeistern angesteckt, im Wind.

Wir aßen unser Brot, suchten ein Lager im Kieferngehölz auf weichem Nadelboden, richteten Zweige als Windschutz auf, und wickelten uns in dünne Decken. Nur ein Posten hielt Wacht. Ganz langsam gab die Humuserde die Wärme des Tages zurück.

Noch lange lag ich mit offenen Augen. Sterne glänzten im Gezweig, kreisten unendlich langsam über den Bäumen. Wind flüsterte im Geäst, Tau befiel das Gras, und Feuchte und Nebel atmete die Erde nun aus. So fand ich meine Heimat im All, hatte Gras und Nadeln zum Lager, den Himmel zum Dach. Keine Mauern trennten mich von Gott und dem Weben des Lebens. Ich lag geborgen wie am Herzen der Welt.

Wallonische Waldarbeiter setzten sich zu mir. Sie erzählten von ihrer Arbeit, ihren Frauen, von Arbeit und Glück eines besiegten Volkes, das den Krieg niemals begriff und alles gerne trug, da er zu Ende war. Um Mitternacht nahmen sie Abschied von mir wie von einem alten Freund und gingen, ihre Hütten vor dem unterirdischen Feuer zu bewahren. Ich war froh. Nie fand ich Feinde unter fremden Völkern, immer führte bald eine Brücke von Mensch zu Mensch. Sie ahnten den Friedensmenschen unter meiner Uniform. Feinde fand ich nur in meiner Nachbarschaft und in mir selbst, das Ich kämpfte gegen mein Schicksal und gefährdete meine Gestalt. So dachte ich noch, dann schlief ich ein.

Fröstelnd erwachte ich im Morgengrauen. Das Feuer war erloschen über Nacht. Nebel und Rauch mischten sich zu beklemmendem Dunst. Wir kehrten ins Lager zurück. –

Wir fuhren nach Monschau, und ich atmete die Atmosphäre meiner alten Stadt. Das Leben war nicht so schwer, ich machte es mir selbst nur unerträglich. So, als ob ich aus einer verbissenen Feindschaft gegen Wehrdienst und Krieg unbedingt darunter leiden wollte.

Im Mittagslicht marschierten wir am See von Robertvielle vorüber, über Berge und schmale Waldwege ins Tal. Unter Buchen und Erlen strömte ein Bach, Forellen schnellten über das Gestein, Algen wedelten in der Strömung, und auf dem Grunde glitzerten Feldspat und Quarz. Wir stiegen steile Hänge zu einer Ruine hinauf und bauten dort im verfallenen Burghof unsere Zelte zwischen wilden Obstbäumen und Blütengesträuch.

Als es Abend wurde, erkletterten wir den breiten Turm, zündeten ein Lagerfeuer an und saßen auf bröckelndem Gemäuer, Efeu, Reisig, Dornengestrüpp und wildem Wein. Wir leerten ein Fäßchen Bier, rauchten und sangen Lieder von Soldatenleben, Liebe, Kriegsfahrt und Tod, voll jener schwermütig-schönen Heiterkeit des Sterbens, die ich einst bei Haydns Militärsinfonie empfand. Flammen tanzten, Sterne strahlten, Schatten nahmen uns auf, Duft von Wäldern, Holunder und Ebereschen stieg zu uns empor, Nachtwind brach sich an Fels und Gesträuch, und der Mond durchwanderte die romantische Nacht. Der Ruf eines Käuzchens tönte in unser Schweigen. Wir saßen zusammen wie bei einer Rast auf großer Fahrt. In dieser Stunde fühlte ich mich in meiner Gemeinschaft geborgen. Einer von vielen Trägern des gleichen Schicksals, des gleichen Kleides, wenn wir auch nicht eines Sinnes waren, nichts als Abenteurer unterwegs.

So war ich für einige Stunden auch im Herzen Soldat, fühlte wie eine früheste Botschaft jene Dankbarkeit gegen Leben und Los, die mich lehrte, daß mir Vieles nur im Kriege und unter der Maske des Soldaten begegnen konnte. Ich spürte den soldatischen Geist, der zwischen Mühsal und Schmerzen das Schöne, zwischen Gehorsam und Zucht die Stunde des Aufatmens mit williger Seele ergreift. Jedoch im Geheimen liebte ich nur die Heimkehr zu mir, die dann ihre Tore öffnete, und Romantik, Jugend und der Hauch einer anderen Freiheit begeisterten mich, niemals die Waffen, niemals der Krieg. Meine Sehnsucht blieb immer wach, und mein Heimweh spann seine Teppiche über alle Erlebnisse und Dinge. Ich stand noch am Anfang, und das Kommende lag vor mir wie in einer versiegelten Truhe. Unbetreten dehnte sich die weite, weite Welt.

Ich wohnte noch in meinem eigenen Reich, in Weltallsgedanken, Gottsuche, Fantastik, Traum und Groteske, und auch in Zerrissenheit, Seelenangst, Verzweiflung und Fragensturm war ich lieber zu Hause als in der soldatischen Maskenwelt.

Nachtregen rauschte dann auf unsere Zelte, trommelte auf Planen und Laub. Am anderen Abend marschierten wir nach Elsenborn zurück. –

Das Kriegsspiel ging weiter. Wir übten mit Fahnen, Platzpatronen und Kartuschen, und unser Sieg stand außer Frage. Wir warfen den gedachten Feind. Und auch der Wehrmachtsbericht meldete nur siegreiche Kesselschlachten, Vormärsche und unglaubliche Zahlen von Gefangenen und Beute aus dem russischen Feldzug, wohin unser Schicksal uns trieb[5]. Dann dienten wir als Staubkörner im Wirbelsturm dem Gebot der Zeit und durften teilnehmen am Untergang unserer Welt.

So endete das Vorspiel meiner Abenteuer mit Ahnungen, Träumen und Zeichen, deren Deutung ich einer kommenden Zeit überließ, und die ich vergaß.

Von der Sonne verbrannt und von Strapazen ausgezehrt zogen wir wieder in die Kölner Kasernen ein. Jeden Tag konnte der Befehl zur Abstellung eintreffen. Ich nahm, was die Stadt mir noch bot: Liebesabenteuer, und Bücher, Konzerte, Schauspiele, Varieté und versonnene Stunden im Dom. Ich fuhr nach Hause, traf meinen Freund noch einmal und trank mit den Gefährten der Tafelrunde bei Nacht. Ungewißheit und Erwartung zogen durch meine Tage. Ich machte mir keine Sorgen, und erwartete das Kommende mit einer seltsamen Ungeduld.

Eines Tages fand ich meinen Namen auf der Liste der Abstellungen. Ich wurde eingekleidet und ausgerüstet, nahm Abschied von der Heimat und zog in mein großes russisches Abenteuer hinaus.

Der Krieg begann nun auch für mich.

POLNISCHES ZWISCHENSPIEL

Im Morgengrauen marschierten wir zum Bahnhof, mit Tornister, Stahlhelm und Gewehr[6]. Es regnete, das Gepäck drückte die Schultern, und im Innern wohnte die Abschiedsmelancholie. Die Frauen an der Straße hatten Tränen in den Augen, die Mädchen lachten uns zu.

Wir wurden verladen. Die große Reise begann.

Der Zug rollte durch den Nachsommer, der aufgehenden Sonne entgegen. Schwüle lagerte im Güterwagen. Wir saßen auf harten, schütternden Bänken. Den Boden bedeckte dünnes, zertretenes Stroh. Unser Gepäck füllte die Ecken, in unseren Decken hing Streu und Staub. Gewehre und Koppel schlugen im Takt des rasselnden Wagens gegen die Wände, und unermüdlich sangen die Räder das Schienenlied. Ein Chaos von Stimmen, Gesang, Kartenspiel, Schlaf und Lachen umgab mich, und ich fürchtete mich, nachzudenken. Ich las, ohne zu wissen was und ohne es zu verstehn.

Wir kauerten in den Türen, sahen Dörfer, Äcker, Wälder und Weiden der Heimat vorübergleiten, winkten den Mädchen zu und sangen unsere Lieder in den sausenden Fahrtwind hinein.

Erst um Mitternacht schliefen wir auf den Brettern ein, vom Schaukeln und Schwanken des Wagens umhergeworfen, von Träumen verfolgt, und erwachten schon wieder in der Frühe. Es dämmerte kaum.

Lange sah ich auf das flache Wiesenland mit Fachwerkhäusern und verstreuten Baumgruppen hinaus. Die Landschaft erinnerte manchmal an den Darß. Städte und Weiten rollten vorüber. Immer wieder sahen wir Birken am Bahndamm, Schafgarbe, Königskerzen und Gras im Luftzug der Fahrt. Immer wieder kehrte das Wäldchen, der einsame Baum, der Feldweg, die Straße, der Bach. Langsam nur änderte sich das Antlitz der Landschaft.

Teilnahmslos ließ ich das Leben und Treiben der Soldaten im Wagen an mir vorbeirauschen. Ich blieb ruhig, seltsam im Gleichgewicht. Wenn ich die einfachen Menschen bei ihrer Arbeit in Gärten und Feldern sah, dachte ich daran, daß ich nach Rußland fuhr, um zu kämpfen, Saat und Ernte zu vernichten, ein Sklave des Krieges zu sein; dann aber fühlte ich wieder eine hochgestimmte Freiheit und Lebensfülle, die aus Gefahr entstand und Todesnachbarschaft, wie ein Lustgefühl. Heimweh überkam mich. Abschiedsweh und Einsamkeit machten mich traurig, und dann wieder erschreckte die Zukunft mich. Nichts Vertrautes und Gewohntes wartete dort.

Trotzdem haderte ich nicht mit meinem Geschick. Mit einer verzehrenden Ungeduld ersehnte ich das Kommende. Ich war noch jung genug, um alles Neue zu begehren, den Reiz der Fahrt ins Abenteuer auszukosten und mich an Träumen und Luftschlössern zu berauschen. Ich dachte wenig an Gefahr und Tod: die Ferne zog mich an. Die Mannigfaltigkeit des Erschauten und die Stimmung des Auszugs erfüllten mich mit einer gestaltlosen Freude. Melancholische Erinnerungen wechselten mit einem stoischen Geschehen-Lassen der Gegenwart, Kummer und Sorge mit heiterster Daseinslust. Ich war so unglücklich und selig zugleich als sei ich verliebt.

So trat ich in den magischen Raum der Abenteuer ein. Es war der Anfang einer großen Wanderschaft. –

Schlaflos verging auch die andere Nacht. Gegen Morgen fuhren wir über die Grenze in das besiegte, wieder einmal aufgeteilte Polen. Flachland und ferne Hügel prägten das Bild der kargen Landschaft. Stoppelfelder mit Garben, Wiesen mit dörrendem Heu der letzten Mahd, kleine Dörfer und niedrige, schmucklose Häuser, breite Straßen und verwilderte Gärten zogen sich zwischen den Städten hin: Lodz, Krakau, Kattowitz ... Barfüßige Frauen mit Kopftüchern über braunschwarzem Haar und vom Wetter farblosen Röcken gingen ihrer Arbeit nach. Verwahrloste Kinder in Lumpen bettelten um Brot. Sie liefen den Zug entlang, die dünnen Hände ausgestreckt, oder standen wartend da wie eine Klage, ein Bild des Hungers und der Armut des Unterworfenen. Fremdländisch klangen ihre Bitten und ihr Dank. Doch wir hatten selbst wenig zu essen. Auch blieb ihre Armut uns fremd, erschien in anderer Gestalt als in unserer Heimat, und wir verstanden sie kaum. Hungersnot und Teuerung kannten wir noch nicht und begegneten zum ersten Mal einem Volk von anderer Sprache, anderer Haltung, anderem Sinn.

Ich sah keine Feinde, keine Besiegten. Nur Fremde, kein Weg führte zu ihren Seelen und Geistern, und ihren Alltag, ihr Glück und Leid begriff ich nicht vom rollenden Zuge aus. Ich tat nichts und grübelte auch nicht. Ich war nur blaß, müde, und schlief manchmal ein.

In Krakau blieben wir liegen. Um Mitternacht stand ich Wache am Geleise. Über mir leuchteten unzählige blasse Sterne. Gelber Mond erschien zwischen Faserwolken im Dunst, wurde tief orange und versank mit einem unheimlichen Rot. Kaum ein Signal, ein fernes Licht glomm in der Dunkelheit. Ich fröstelte, die Augen fielen mir zu.

Die Reise ging weiter.

Am Morgen trafen wir in Jaroslau[7] ein, der neuen Grenzstadt am Sân. Wir stiegen aus.

Septembersonne lag auf dem Bahnsteig der kleinen Stadt. Auf dem anderen Ufer des Flusses begann das russische Reich … Ich setzte mich auf einen Stapel Bretter, fühlte müde die warme Sonne und sah russischen Kriegsgefangenen bei ihrer Arbeit zu. Bärtige Gesichter, ungepflegte Haare, leere Augen und zerrissene Uniformen schufen ein Bild heimatloser Traurigkeit. Jede Bewegung geschah träge, widerwillig, und die Wächter fluchten, schlugen sie mit Stöcken und den Kolben ihrer Gewehre. Ich fühlte keinen Zorn über die Mißhandlung der Wehrlosen und kein Mitleid mit ihnen. Ich sah nur ihre Faulheit und ihren Trotz; ich wußte noch nicht, daß sie hungerten. Ich freute mich, daß die Reise vorläufig zu Ende war, daß uns noch eine Gnadenfrist geschenkt wurde, und mein eigenes Schicksal füllte mich vollstänig aus. –

Wir nahmen unser Gepäck auf und marschierten zur Kaserne. Gelbgestrichene Häuser mit hohen Fenstern hinter staubigen Bäumen strömten schon äußerlich eine Atmosphäre von Soldatentum, Dienst und Häßlichkeit aus. Wir richteten uns ein, zwischen Wanzen, Staub und Hunger in der Enge trostloser Stuben. Dort wurden wir Kameraden durch gemeinsamen Hunger und Heimatferne. Im Innern blieb jeder allein. Keine Brücke führte von Mensch zu Mensch.

Tag für Tag marschierten wir aus. Mit Tornister, Mantel und Decken gerollt, Sturmgepäck, Brotbeutel und Gewehr. – Singend zogen wir durch Jaroslau und folgten den Asfaltstraßen ins Wald- und Hügelland. Mit Gesang und Humor kämpften wir uns auch nachher über die Erschöpfung hinweg. Wir mußten es lernen, denn damals erwarteten wir nicht, noch eine andere Aufgabe als Märsche in diesem Kriege zu erhalten. Wir marschierten in Regen und Sonnenglut, und Wolkenbrüche überfielen uns. Wir hingen Zeltbahnen um, vom Stahlhelm tropfte die Nässe, und Rost brach wie Schwamm aus den Gewehren.

Selten ging ich abends in die Stadt. Sie war mir nicht fremd, die Städte waren nicht so verschieden auf der Welt, und damals sah ich die feinen Unterschiede noch nicht. Es war ein armseliges Zerrbild einer deutschen Kleinstadt, ohne jeden Reiz als die kleine Bibliotek und den in einigen Kneipen ganz guten Likör. Ich liebte es nicht, als Soldat unter dem besiegten Volk zu gehn. Ich fühlte mich fremd und ausgeschlossen, schämte mich, hierzusein und meinte oft, die Schuld an manchem Elend hier zu tragen, als träfe mich von überall her ein unverdienter Haß. Ich kaufte mir nur Obst und Kuchen, um die spärlichen Mahlzeiten zu ergänzen, musizierte manchmal auf dem Flügel oder las im Soldatenheim, wo uns eine kunterbunte Bibliotek zur Verfügung stand, dann kehrte ich erst nachts mit meinen Gefährten durch die verdunkelte Stadt zurück. Wir saßen in rauchigen Kneipen und tranken grellfarbigen, übersüßen Likör. Wir sahen später Mädchen und Frauen nach, doch zu Begegnungen kam es nicht. Ich liebte wohl den zartblonden oder zigeunerhaften Reiz der Polinnen, doch ich schämte mich, bei dem fremden Volk um Liebe zu werben, Begehren zu zeigen, und die verkommenen Bordelle flößten mir nur Abscheu und Ekel ein. Eros suchte einen anderen Weg in unseren Scherzen und Zoten, und jeder, der Erinnerungen erzählte, wurde ein Casanova und Don Juan. Nur Enthaltsamkeit und ein gesammeltes Leben konnten das Kommende meistern. So wurden wir zu Asketen.

Meist blieb ich im Lesesaal der Kaserne allein und schrieb Briefe, Aforismen und Gedichte, führte mein Tagebuch und versuchte mich an bizarren Legenden. Aus Fabeln und Fantasien zog ich mich mehr in Filosofie und Probleme zurück. Oft dauerte ein ernstes Gespräch bis spät in die Nacht hinein. Wir suchten nach der Haltung für unser Geschick. –

Mit jedem Tag wuchs eine quälende Leere in mir, wie Heimweh und Trauer eines verirrten Kindes, während ich zugleich vom Brot des Kommenden zehrte und Fresken meiner Zukunft malte.

Ich war Soldat, wie ich einst Bankmensch war. Ich nahm mein Los wie einen ungeliebten Beruf und ersparte mir so manchen seelischen Kampf. Jede Umstellung fiel zuerst schwer. Doch die Seele behielt ihre Art, und was ich erlebte, ging mir nicht verloren. Was ich aber gewann, mußte die Zukunft beweisen. Ich kam mehr und mehr zur Besinnung, und, in der Abgelegenheit ganz auf mich selbst angewiesen, wie auf einer Insel mit Schiffbrüchigen ausgesetzt, wurden die ruhigen Stunden noch besonnener und noch mehr voll Einkehr.

Hellwach schritt ich dann durch die Tage eines Advents des Schicksals und der Seele. Wenn der Herbststurm die vergilbten Bäume bog, wenn rotes Laub rauschte und der Wind über die Hügel pfiff, wenn Regenwolken über die Sonne jagten und die Ferne groß unter dem wandelnden Himmel lag, spürte ich wieder jenen Rausch, jenes gesteigerte Lebensgefühl, das einst nur aus meinen Darßer Sommern gedieh. Nun aber mischte sich die Sehnsucht nach jenem freien Wandern und Wachsen hinein, Sehnsucht auch schon nach Heimkehr und der vertrauten Schönheit eigenerer Welt. Heimatlos, einsam in der

Fremde, vertiefte sich jede schöne Stunde, gewannen Landschaft, Baum und Strauch tieferen Sinn und neue Bedeutung. Die Sinne schärften sich, ich suchte das Große und Begeisternde, eindringlicher und auch bewußter als je zuvor, und immer entdeckte ich wieder Wunder und Gestaltung, die mich die Trennung leichter ertragen ließen. Ein geheimnisvoller Hauch aus dem Osten, eine Stimmung von Öde, Trauer und Not über Bildern und Dingen, gab der Landschaft mächtigere Kräfte, Träume und Ahnungen ergänzten ihre fremdartige Wirklichkeit. Dort, in der Ferne des Ostens, ging der Vormarsch weiter. Mehr erfuhren wir nicht.

Aber trotzdem wandelte sich unser Leben, und machte das Dasein im Kriege auch skeptisch gegen den Geist, so suchten wir doch, Haltung, Maske und Gestalt anzunehmen, die Bedingungen und Forderungen des Kommenden entsprachen. So ging jeder seinen eigenen Weg nach Innen und meisterte Stufe um Stufe der Vorbereitung auf seine Art.

Es begann als das uralte Kreisen um Gott. Doch vor meinem Schicksal verblaßte seine Gestalt. Ich wollte kein Schwächling sein, mich in Not und Angst an seine Allgegenwart lehnen, nicht Glück und Leid kindlich in seine Vaterhände legen, mein Los als Strafe und Gnade hinnehmen und mich mit Sakramenten und Verheißungen trösten. Ich wollte, in einer seltsamen Konsequenz, keine Gebote anerkennen, die ich als Soldat nicht halten konnte, und sagte mir damals schon, daß ich für nichts verantwortlich war, was ich als Soldat lebte, dachte und sprach, sei es in Lebensweisheit, Erfahrung, Liebe oder Tod. Mein Weltraum bevölkerte sich mit Engeln und Dämonen, und die Gestalt Jesu wurde mir ganz zum

Verkünder der reinsten Lehre, nie wieder zu Gottes Sohn.

In der entgötterten Welt aber mußten neue Kräfte wachsen, die meinen Standpunkt bestimmten, meine Haltung beherrschten und die Wurzeln meines Geisteslebens ausmachten.

Die Schauer der Vorbereitung durchwehten mich, und ich Unwissender ging in einen heroischen Nihilismus ein. So dachte ich.

Das Leben war Leiden. Nur der Tod regierte die Welt. Dem Schmerz, geboren zu werden, schloß sich der Weg des Menschen an durch Mühsal, Sorge, Trauer, Angst und Not. Nur der Tod erlöste, nur die Vernichtung gab Freiheit und Frieden zurück. Es war schrecklich, in dieser Welt zu leben, in der Sinnlosigkeit, Grausamkeit und Entgötterung des Seins. Besser schien es, niemals geboren zu sein. Sintflut und Weltuntergang schufen den einzigen Trost, Zerstörung die letzte Aufgabe des Wissenden und Sehers unserer Zeit. Die letzten Götter mußten noch vergessen, die Götzen zerschlagen werden, ausgerottet die Liebe, das Zeugen vereitelt und das Leben beendet. Trümmer, Schutt und Asche sollten so offen daliegen, wie sie im Geheimen längst das Bildnis der Erde geprägt. Den Lebenden aber galt es, in diesem Nichts ohne Zuflucht, in Untergang und Grauen, Hohn und Totentanz, Gelächter und Qual zu bestehn, nicht nur dazusein, das Furchtbare zu ertragen, sondern dies teuflische Leben so zu wollen, wie es war, so zu nehmen, wie es kam und es in seiner Öde, Bitternis und Verderbtheit zu lieben, es so schön zu nennen und stark zu Ende zu führen, stolz auf das Gräßlichste, glücklich im Verfall, begeistert in der Zerstörung zu sein, mit dem Geist das Entsetzlichste noch zu vertiefen, bewußt zu leben und gelassen zu sterben, mit dem verworfenen Schicksal versöhnt. Es gab nur die eherne Notwendigkeit, die unerbittlich ihre Wege ging, über Menschen und Zeiten hinweg wie über Gras und Sand, alles zermalmend und doch alles wieder zu einem gleich sinnlosen, gleich gottlosen Dasein erweckend. Dom und Atome warf sie in eine Waagschale, verachtete Gott und verherrlichte das Sterben, und trug doch Blüten in der Seele und Früchte im Geist: Nachtschattengewächse der Zeit.

Der Krieg allein konnte diese Gedanken zeugen, und sie blieben die Wurzeln aller Wandlungen in seinem Raum. Zu ihnen kehrte der Abenteurer in allen Krisen zurück, und aus ihrem Humus nährte sich das innere Geschick. Mein Kreisen um Gott wurde zu einer Wanderschaft um den Tod und das Nichts. Es konnte nicht anders kommen. Ich hoffte und trug meine Sterne, aber sie hatten ein anderes Licht.

In diesem Geiste wollte ich aufbrechen. So liebte ich das Leben, weil es grausam in seiner Schönheit, entsetzlich in seiner Güte, tödlich in seiner Fruchtbarkeit war, weil unser Dasein eine Tragödie, Geburt, Verdammnis und der Tod ein erlösender Fluch. Ich verlangte nach Härte und Gefahr, um mich zu bewähren, ein Tagewerk voll Mühe und Bitterkeit, um das Eigne darin zu läutern. Ich wollte ein Wandeln jenseits des Trostes, Traumes und der Zuflucht bei Gott, und sah meinen Stolz und meine Größe darin, diesen Karneval aus Mord und Brand so zu wollen, wie er war, so zu lieben und ohne Illusionen, Halt und Glauben darin zu stehn, in das Nichts hineinzulachen und in einer frevelhaften Lust, von Göttern und Engeln getrennt, dennoch dazusein. Ich wünschte mir

Verzweiflung und Wunden, um sie zu überwinden, und fühlte mich nun stark, den Kampf mit Hohn, Not und Wut aufzunehmen. – Und vielleicht war dies alles doch nur die wahnsinnige Maske des Menschen, der unter der Vorhölle seines Schicksals schon zuammenbrach. Ich erhielt alles was ich ersann. Aber die Prüfung bestand ich nicht. – Ich mußte noch reif zu meinem Schicksal werden. –

Der Nachsommer verwehte, der Herbst begann, und der Sân führte Hochwasser. Die Brücke bei Jaroslau, im Polenfeldzug gesprengt und nun teilweise erneuert, geriet in Gefahr. Die Flut riß Pfeiler und Verstrebungen ein, Balken trieben im Strom, der Damm wurde unterhöhlt, und die Reste stürzten zusammen.

Im feinen Regen marschierten wir dorthin, Bauholz zu bergen, Reste zu befestigen und die Dämme zu bewachen. Am Horizont verschwand Jaroslau in Dunst und Regenstaub. Wiesen, aufgeweichte Weiden, Baumgruppen und Hütten zogen vorbei. Am Mittag erreichten wir den Fluß. Gewitterwolken, Dunkel und Regenbogen drohten im Westen, weiße Sonne rann auf die Felder. Die breiten Wiesenufer verschwanden in trübem, lehmgelbem und schmutziggrauem Wasser, nur Sträucher ragten heraus und sammelten Schaumflocken im Gitter ihres Gezweigs. Die Seele der östlichen Landschaft wehte uns an: Schwermut, Leere, Weite und Zwielichtstimmung, und wie so gewollte ragten die Reste der Brücke in das bedrückende Bild aus Fremde und Verlorenheit. Ich wußte nun, wie weit die Heimat schon hinter mir lag. Ein Land ohne Einkehr nahm mich auf, wo man nicht leben, wo man nur sterben konnte oder wie Ahasver ins Endlose wandern, ein Getriebener, ein Schatten und Gespenst, ein Verschleppter, vom Totenchor und Nachtwind der Hügel umweht, von Geistern besessen und einsam wie am Rand der Welt. Nur in Zelten konnte der Mensch hier hausen, sie abbrechen, aufbauen, wieder niederreißen, immer unterwegs im Niemandsland. Und nur das Grab schloß Sehnsucht und Leiden, Furcht und Verlassenheit ab. Hier mußte alles Werden ein Irren und Traumspiel sein, keine Romantik, kein Abenteuer konnte gedeihen. Nur das Jahr herrschte im einförmigen Kreis, alles wiederholte sich immer wieder, die Seele verlor ihre Züge, der Wanderer Maske und Gesicht. So ging ich in die Sfäre meines neuen Lebens ein und schwankte von Widerspruch zu Widerspruch.

Wir begannen unsere Arbeit. Von Booten und Flößen aus legten wir neue Fundamente, befestigten Treibholz, verankerten die Überreste der Pfeiler, spannten Drähte und schleppten Steine und Erde an die Deiche. Tollkühn fuhren wir über das Gewirr von Schnellen, Strudeln und Schaum. Am Abend aber war die Brücke gerettet.

Die Eisenbahner bewirteten uns, und wir aßen uns endlich wieder satt. Der Mond tauchte Land und See in unwirkliches Licht, und ich atmete die kühle Luft wie eine Botschaft besseren, schöneren Lebens.

Meine Zukunftsgedanken erweiterten sich. Ahnungen kamen und Träume. Ich fühlte Neugierde, jene Lust zum Neuen, Unglaublichen, Fremden, die immer wiederkehrte, und das Leben weitertrieb. Urangst wechselte mit einem bizarren Vergnügen an allem, was mir widersprach und mich zu verhöhnen schien. Ich wollte das Entgegengesetzte, das Unwahrscheinliche, Unmögliche, was mir nicht angehörte, und in diesem Verlangen prägte sich der

Anfang jener Haltung aus, die in allem nur Abenteuer eines Schicksals sah, im Erlebten wie im Erdachten. Ich ließ mich treiben. Ich hatte mich in den Strom stürzen lassen, und wartete nun, welcher Balken mich rettete, welcher Nachen mich aufnahm und welche Küste mich landen ließ. Ich nannte dies mein duldendes Abenteurertum: daß ich mich in Gefahr und Verhängnisse begab und dann wartete, wie die Knoten sich lösten.

Das Ungewisse, alles Unbekannte, Kommende, Nochnichtbetretene ließ keine dauernde Form entstehen. Bereitschaft war und blieb die letzte vollendete Station. –

Ein Befehl kam. Wir fuhren weiter. Gern nahm ich Abschied von dem Zwischenreich meines Schicksals in Jaroslau.

Ein traurig-schönes, einförmiges Land zog vorüber. Altweibersommer wehte über die Felder, rostrotes Laub glühte in Baumschleiern und Gesträuch, und das Gras vergilbte. Über Nebelmeeren in unendlicher Stille und Einsamkeit ging die Sonne auf. Verstreute Gehöfte erschienen in der Ferne. Zerstörte Brücken und Trümmerstätten erzählten vom Krieg. Endlose Felder rannen dahin, Dörfer streckten sich die Hügel entlang, Kinder hüteten das Vieh. Breite Straßen zogen sich in die Ferne, geradeaus, gradaus. Der Herbst schüttete noch traurigere Farben in die gedämpfte Melancholie. Dörfer, wie ausgestorben, Menschen, wie Traumfiguren in schattenhaftem Dasein, als täten sie, längst schon tot, ihre Arbeit noch unter mystischem Zwang.

Im Fastow[8] wurden wir ausgeladen. Ich nahm Abschied vom Zug und allem, was einst war. Die Kerze brannte nieder – es war wie ein Abschied vom Leben.

RUSSISCHE PASSION

Rußland. Auch für uns begann nun der Krieg, und es war, als hielten wir deutschen Soldaten Einkehr in den ewigen Kreuzgang des russischen Landes und Volkes. Wir fanden nur Frauen und Greise, die Besten waren geflohen oder versteckten sich vor den Siegern. Aber wenn wir auch nicht den Erzählungen der Muschiks[9] glaubten: wir wußten, wir sahen es immer wieder, wir hörten und erlebten es an jedem Ort: daß dieses aus vielen Rassen gemischte Volk immer gelitten hatte, daß seine Straße durch die Geschichte ein Kreuzweg war, dem nicht einmal die Märtyrerkrone gebührte. Wie auch uns nicht, denn wir waren feige vor dem Gesetz. Nicht nur Zwiespalt, Verzweiflung, Erniedrigung, Grausamkeit, Zerknirschung, Reue und Buße, wie uns die Dichter erzählten, machten dies Leiden aus. Der Bauer in seiner Armut, in Elend, Verkommenheit und trägem Geschehenlassen, der ewige Sklave und Tor: er trug sein stummes, tierisches Leid unter den Zaren, der Knute der Gutsbesitzer und im Kollektivsystem. Er litt unter dem Klima, wurde übervorteilt, geschlagen, war bloßes Material, wurde selbst grausam und schlau, und litt doch in die Ewigkeit hinein. Er stand auf der Brücke zwischen Asien und Europa, im Zwielicht, im ewigen Karfreitag, und hundert Generationen hatten nur Ein Gesicht.

Wir sahen seine Not und sein Elend, und unter dem Zwang des Krieges vermehrten wir es noch. Die Passion nahm uns selbst in ihren Raum. Wir marschierten.

Fastow. Eine ungeheure Ebene breitete sich vor der Bahnstation, und die Rollbahn führte über niedrige Hügel und Felder geradeaus. Gradaus, gradaus, es war die russische Melodie. Felder, Stoppeläcker und Wiesen glitten vorbei, ganz selten ein Strauch oder ein Haus in der Ferne. Die Sonne glühte, Staub wirbelte auf. Wir trugen unser Gepäck, Tornister und Gewehr, und marschierten in lockeren Reihen unter der Last. Schon bei der ersten Rast fielen wir an den Straßenrand auf verstaubtes Gras, taumelten beim Befehl zum Weitermarsch empor und schleppten uns weiter. Ich blieb weit zurück. Manche fand ich im Abenddämmern ohnmächtig am Straßensaum, vom Hitzschlag oder Sonnenstich gefällt. In einer kleinen Gruppe zogen wir in ein Dorf, erhielten eine Scheune angewiesen und legten uns hin. Wir konnten nicht essen, tranken auch kaum, und schliefen in bleierner Müdigkeit.

Am Morgen kamen Lastwagen und ersparten uns den qualvollen Marsch. Wir fuhren nach Kiew[10], wurden den Regimentern der 95. Infanterie-Division zugeteilt, der vierzehnten Kompanie des Infanterie-Regiments 279. Dort erlebte ich den Krieg. Dort begann nun mein Weg in die russische Passion hinein.

Eine Nacht blieben wir noch in Kiew. Am Morgen brachen wir noch in der Dunkelheit auf und standen fröstelnd auf der Straße. Der Marsch stockte lange an der Dnjepr-Brücke. Scharfer Wind wehte vom Strom. Endlich zogen unsere Kolonnen hinüber. Pferde zogen die Geschütze, ein Munitionswagen mit Decken und Geräten, Packtaschen und Beutegut gehörte zu jeder der leichten Panzerabwehrkanonen. Mittags fuhr die Feldküche auf kurzer Rast an den Zügen vorbei und gab Essen und

Verpflegung aus, die Trosse blieben weit zurück. Die Front lag noch in unbekannter Ferne. Wir erfuhren, daß motorisierte Truppen die Russen verfolgten. Mehr wußten wir nicht, keinen Weg und kein Ziel. Abends bauten wir unsere Zelte oder übernachteten in einem Haus, auf Stroh gelagert und immer müde.

Langsam und doch unaufhaltsam ging es durch die Ebene dem großen Abenteuer entgegen. Sonne brannte. Schweiß und Staub verschmierten die Gesichter, und Marsch und Straße nahmen kein Ende. Niedrige Häuser weiß gekälkt, standen zwischen Obstbäumen und Brunnen, wie verloren gegangen in der Unendlichkeit. Frauen mit bunten Kopftüchern standen barfuß an der breiten Straße, oft schöne Gestalten. Männern begegneten wir kaum. Wir marschierten.

Die Füße schwollen an und schmerzten, der Atem ging schneller und mühsamer bis zur Rast. Jeder Abend wurde zu einer Erlösung. Ich fühlte mich nur als Fremdling in diesem Land. Rußland.

Ein Ruhetag wurde uns geschenkt. Ein helles Dorf zwischen Apfelbäumen und Pappeln nahm uns auf. Wir konnten uns waschen und schlafen, unsere Wäsche reinigen und aus gestohlenen Eiern und Mehl etwas zubereiten. Manches Haus stand schön und schlicht in der öden Landschaft. Meist aber fanden wir geduckte, häßliche Hütten, wo vier, sechs, zehn Menschen in einer engen und niedrigen Stube wohnten. Sie waren aus Balken erbaut, mit Lehm beworfen, die Fugen mit Moos verstopft, im Innern roh verstrichen und selten getüncht. Das Dach war mit Stroh gedeckt. Ein Lehmboden, feucht und gestampft, trug den großen Ofen, auf dem die Bewohner schliefen. Mäuse raschelten im Stroh und

Staub. Eine Bank stand da, ein Tisch, und ab und zu ein Bett oder eine Pritsche am Ofen. Darunter kauerten Kaninchen, Schweine und das Ungeziefer, das auch uns überfiel. Wanzen quälten uns in der Nacht, Flöhe raubten uns den Schlaf, und die Läuse vermehrten sich unter unseren Uniformen. Spinnen, Fliegen, Kellerasseln und Kakerlaken liefen über die Tische und unsere Gesichter und Hände. Eine Petroleumlampe diente als Beleuchtung. Manchmal hatten die Frauen nach unserem Einzug das Licht vor dem Ikon wieder entzündet, und eine Bibel aus dem Versteck geholt, die nun auf einem Ecktischchen zwischen künstlichen Blumen lag. Darüber hingen die Bilder von Madonnen und Heiligen, Kunstdrucke, von Goldpapier umgeben, in Holzkästen. Manche Frauen trugen ein kleines Kreuz an einem Kettchen auf der Brust, bekreuzigten sich vor den Mahlzeiten. Sonst verging ihnen die Zeit mit Schlaf und Untätigkeit. Der Winter war leer, und der Herbst brachte wenig Tagewerk. Sie nährten sich von Kartoffeln und saurem Brot, hatten gewöhnlich einige Hühner, ein paar Gänse, manchmal eine Kuh oder ein Schwein. Doch sie waren kräftig und gesund. Dies alles hieß ihnen das Gewohnte, das alltägliche Leben, und Verwahrlosung, Schmutz und Armut störten sie kaum.

Wir marschierten weiter.

Regen strömte herab. Wir rutschten über Gras und Lehm, und die Straßen weichten auf. Schnee und Hagel rasten mit dem Sturm. Schon im Anfang des Oktobers fing die Winterzeit an. Grundlos wurden die Straßen, und wir marschierten weiter von Dorf zu Dorf. In Gluchow rasteten wir einen Tag, schliefen bald in Kutok und wußten doch nicht, wo wir wanderten.

Das Schicksal trieb uns, und erst am Ziel wußten wir wohin. Kriegerische Leistungen wurden noch nicht von uns verlangt, der Feind war noch weit, aber der Marsch wurde uns bitter genug. Wir mühten uns vorwärts durch den Schlamm. Unsere Geschütze und Munitionskarren blieben im Morast stecken, die Pferde brachen zusammen, bewältigten kaum noch leichte Lasten. Der Nachschub stockte, Verpflegung empfingen wir nicht mehr. Ein Pferd nach dem anderen stürzte, verendete oder mußte erschossen werden. Wir ersetzten sie durch die zäheren Russenpferde, die wir im Gelände fingen oder aus den Kollektivhöfen holten. Auch sie verhungerten, wurden dürr, schwach, die Knochen ragten aus dem zerschlissenen, ungepflegten Fell[11].

Unsere Decken und Mäntel wurden feucht und klamm, mit Lehmbrocken durchsetzt, und die nassen Stiefel ließen sich nicht mehr von den geschwollenen und entzündeten Füßen ziehn. Hauteiterungen entstanden vom Schmutz und den Läusen. Aber wir marschierten, stolpernd, taumelnd, schoben die Karren aus dem Schlamm und schritten stumpf unter Regengüssen, nassem Schnee und flüchtigen Nachtfrösten weiter.

Endlich fand sich etwas Wald in der Trostlosigkeit der Ebene, Kiefern, Buchen, ein Erlengebüsch, mehr nicht. Dann begann wieder die Weite. Wir übernachteten bei Bauern, die in deutscher Kriegsgefangenschaft im Weltkrieg gewesen. Sie bewirteten uns freundlich und klagten über die neue Zeit in ihrer Heimat. Aber Vergleiche konnten wir nicht ziehn.

Frostroter Ahorn und hohe Birken mit letzten gelben Blättern standen im stäubenden Schnee. Wir sahen die Schönheit der bezaubernden Bilder kaum. Wir hungerten. Die Köche schlachteten Rinder und Schweine unterwegs und requirierten Erbsen, Bohnen und Gurken überall. Aber die Mittagssuppe genügte bei diesen Strapazen nicht. So nahmen wir den Frauen und Kindern das letzte Stück Brot, ließen uns Hühner und Gänse zubereiten, steckten ihre geringen Vorräte an Butter und Schmalz zu uns, beluden unsre Fahrzeuge mit Speckseiten und Mehl aus den Vorratsbunkern, tranken die überfette Milch und kochten und brieten in ihren Öfen, Honig raubten wir in den Kollektivhöfen, Eier fanden wir immer wieder, und Tränen, Flehen und Flüche störten uns nicht. Wir waren die Sieger, der Krieg entschuldigte den Raub, forderte die Grausamkeit, und der Selbsterhaltungstrieb befragte das Gewissen nicht. Frauen und Kinder mußten uns Wasser holen, die Pferde tränken, das Feuer bewachen und Kartoffeln schälen. Ihr Stroh verschwendeten wir für unsere Pferde und unser Nachtlager, vertrieben sie von ihren Betten und schliefen auf ihren Öfen.

Hügelland begann. Die Dörfer wurden noch elender, und der Schlamm nahm noch zu. Menschen und Pferde waren am Ende ihrer Kräfte. Die Lastkraftwagen und Panzer der Spitzenverbände steckten im Morast. Der Vormarsch stockte. Wir bezogen ein Dorf und ruhten uns aus. Langsam nur erholten wir uns. Wir litten an Durchfall. In unserem Magen war ein gärender Sumpf, wir ekelten uns vor uns selbst, aber fasten konnten wir nicht. Der Hunger tat weh.

Wir richteten uns für längere Zeit ein. Die Frauen trieben wir aus ihren Wohnungen und pferchten sie in den schlechtesten Häusern zusammen. Schwangere und Blinde mußten mit hinaus. Verkrüppelte Kinder jagten wir in den Regen, und manchen blieb nur ein Stall oder eine

Scheune, wo sie neben unseren Pferden lagen. Wir reinigten die Stuben, heizten und verpflegten uns selbst. Kartoffeln, Fett und Brot fanden wir immer wieder. Wir rauchten Machorka[12] oder schweren russischen Tabak. Sonst lebten wir aus dem Vollen und dachten nicht an die Hungersnot, die nach uns kam. Kosmolemjanskoje hieß das Dorf.

Heimweh und Sehnsucht besaßen mich ganz. Über Müdigkeit, Fluchtgedanken und Verlangen nach Schlaf, über Hunger und Kälte reichte mein Leben und Denken nicht mehr hinaus. Mein Gestirn beschrieb seine verhängnisvolle Bahn. Jenseits aller Liebe trieb ich durch die russische Passion. Daß ich einst am Meer im Sturm gewandert, daß ich geliebt und geträumt hatte, das alles schien wie ein Traum. Ich verkaufte mein Menschentum und Gott für ein Stück Brot. Kameraden hatte ich nicht. Jeder sorgte nur für sich, haßte den, der bessere Beute machte, teilte nicht, tauschte nur und versuchte den andern zu übervorteilen. Ein Gespräch jenseits des Alltags kam niemals auf. Der Schwächere wurde ausgenutzt, der Hilflose in seinem Elend gelassen. Das enttäuschte mich tief, aber auch ich wurde hart.

Wir froren. Schnee lag auf den Straßen, eine dünne Schicht, doch der Frost nahm zu und ließ endlich die Wege fester werden. Wir kamen wieder voran und marschierten. Fatesch brachte noch einmal Tauwetter, und wir wateten bis an die Kniee durch den weichen Morast. Wir froren wieder, doch für Winterkleidung wurde nicht gesorgt. Was wir an Wollsachen fanden, gehörte uns. Tücher, Schals, Pullover, Hemden und vor allem Handschuhe nahmen wir bei jeder Gelegenheit mit. Stiefel zogen wir den Greisen und Frauen auf der Straße aus, wenn unsere schlecht wurden. Die Quälerei der Märsche verbitterte uns und machte uns gefühllos für fremdes Leid. Wir prahlten mit dem, was wir erobert hatten und mit dem Eindruck, den eine Pistole auf ein wehrloses Weib gemacht hatte, das bloß eine Russin war[13].

Wir bedachten kaum, daß uns oft zu essen vorgesetzt wurde, wenn wir in ein Haus traten, daß die Bauern uns Machorka zu rauchen, eine Frau uns freiwillig und ungefragt ein Paar Eier gab, ein Mädchen seine Milch mit uns teilte. Wir forschten doch noch in jedem Winkel, wenn wir nachher auch das Genommene verkommen ließen. Wir wollten es nicht, wir wurden dazu getrieben. Jeder Befehl sagte uns, daß wir im besiegten Land waren und die Herren der Welt. Wir mußten vorwärts, die Front lag noch fern. Niemand fragte uns, wie wir es schafften. Unsere Beine eiterten, die Strümpfe faulten, Läuse besaßen uns, wir froren, hungerten, wurden an Durchfall, Krätze, Ruhr, Gelbsucht und Nierenentzündungen krank, schleppten uns an Stöcken weiter, ritten auf ungesattelten Pferden oder hielten uns mit starren Fingern an den Karren fest, aber wir marschierten wieder.

Wieder ein Dorf, eines jener Unzähligen, die wir sahen und deren Namen wir nur hörten, um ihn sogleich wieder zu vergessen. Wir langten in der Dunkelheit an und schliefen in einer Scheune. Ein Ofen brannte, doch es gab keine Wärme. Das Stroh war naß, Mäntel und Stiefel schwer. Wir legten uns hin, froren, zitterten vor Kälte, Erschöpfung und Zorn. Am Morgen bezogen wir ein Haus, wo eben ein Kind gestorben war. Die Frauen wehklagten über der kleinen, weißen Leiche, in einem langgezogenen, regellosen Gesang. Der Vater küßte die blassen Hände, den blutleeren Mund. Manchmal weinten sie, aber sie bewirteten uns freundlich und gern. Kein Arzt war in der Nähe, so schrieb ich den Totenschein aus. Der alte Bauer dankte. Er erzählte von seinem Leben, von langen Zuchthausjahren in Sibirien, in Ketten, bei bitterster Kälte, unmenschlicher Arbeit und Schlägen. Wir erfuhren nicht, welches Verbrechen er begangen, und nur Demut und Güte strahlten aus seinen hellblauen Augen.

Der Zimmermann fügte den Sarg aus rohen Brettern im Hof. Die Frauen zogen, wieder singend, dem Knaben seine Sonntagskleider an, betteten ihn auf Heu und legten ein Kreuz, aus zwei Stöcken genagelt, in seine gefalteten Hände. Sie gruben den Sarg im Garten ein. Kein Kreuz darauf, nur ein brauner Hügel in der verlorenen Landschaft. Eltern, Geschwister und Freunde aßen ein Hühnchen zum Leichenschmaus. Auch uns wurde eins zubereitet. Die Gastfreundschaft war groß. Wir waren ihrer nur nicht wert.

Kursk[14]. Kaum sahen wir die Stadt. Wir durchstöberten nur die Häuser nach Nahrungsmitteln und Wollsachen. Arbeitenden russischen Gefangenen nahmen wir ihr Gepäck und ihren Tabak fort. Wir rauchten heißhungrig, schliefen endlich ruhig und warm.

In einem Dorf hinter Kursk erhielten wir wieder Ruhe. Ganz wenig Winterkleidung, nur Decken und Kopfschützer, einige Handschuhe trafen ein. Es war in Budonowka. Gerüchte von nahen Gefechten drangen zu uns. Wir hatten die Front bald erreicht. Wir standen Posten im verschneiten Land und strengen Frost, und manche erfroren sich schon die Füße. Aber es kam Post, und in der Ruhe sammelten sich die Gedanken wieder auf das eigenere Leben. Ich las und schrieb, sah das Morgenrot und den Sonnenuntergang über dem Schnee. Nachts wachten wir im Haus. Draußen klirrte der Frost, der Nordwind pfiff ums Haus, und der Schnee flimmerte unter den Sternen. Dann fielen wieder die Flocken, deckten die Ebene immer höher und dichter zu. In mir wurde es still. Schwarz standen die Fichten am Bahndamm, weiß und blaubraun leuchtete das Land im Mond. Sternschnuppen fielen.

Doch manchmal ergriff mich wieder die Apatie. Wir ließen alles mit uns geschen, ohne Hoffnung, ohne Glauben und Zuflucht, und selbst der Krieg wurde leer. Aber das Einfache blieb wertvoll, alles Große wurde unwichtig für uns. Eine strenge, grausame Notwendigkeit prägte uns zu den Menschen, die unsere Zeit gebrauchte.

Ein Stoßtrupp stieß auf den Feind. Wir brachen auf, und mit dem Auftrag, Schtschigri zu nehmen, zogen wir aus der russischen Passion in den Winterkrieg hinein[15].

DER WINTERKRIEG

Der Sturm auf Schtschigri

Wir erhielten unsere Feuertaufe. Zum ersten Mal hörten wir das Pfeifen der Geschosse, das Peitschen der Maschinengewehrgarbe, das wilde Heulen und schon grelle, gellende Krachen der Granaten. Und es war kein Spiel. Außer abgebrannten Dörfern, Wracks von Panzerwagen, Gräbern und dem Brand von Kursk am Horizont hatten wir noch nichts vom wirklichen Kriege gesehn. Aber schon da waren unsere Gesichter manchmal wie versteinert. Doch nun sahen wir die Stürmenden fallen, sahen Blut und Verwundete und trugen selbst Gewehre, mit denen wir in das Nichts vor uns schossen.

Am ersten Angriffstag stürmten wir ein Dorf. Die Reste der russischen Verteidiger zogen sich schon bald zurück. Unterwegs hatte ich meine Truppe verloren. An einer Schlucht blieben unsere Wagen stecken, und wir fanden Soldaten weinend im Schnee sitzen. Ihre Füße waren erfroren und sie mußten doch weiter. Ein Pferd stürzte, und ich führte das Tier. So geriet ich auf die Vormarschstraße und zog den Spuren nach, in das Dorf hinein, setzte mich frierend in ein Haus und ließ mir zu Essen geben. Ich wußte nicht, daß wenige Häuser weiter russische Soldaten schliefen, die erst von den Schüssen der Stürmenden geweckt wurden, die auch mich aufschreckten.

Am nächsten Morgen schon gerieten wir in das Feuer eines Panzerzuges und gruben den Kopf in den Schnee. Ein Gebet schrie uns selber zu, Haltung zu bewahren. Wir beteten nicht um unser Leben, wir wollten nur Mut, nur jene Tapferkeit, die uns Stolz und Kraft bewahren ließ, um nicht feige zu sein. Feigheit war schlimmer als der Tod, und auch ich, der Friedensmensch, verachtete jeden, der um sein Leben zitterte und dem Verhängnis ausweichen wollte. Ich liebte die Bewährung und die Gefahr. Darin lag der letzte Sinn jener Zeit. Und der Seele kam in diesem Chaos von Urangst und Grauen nichts als dieses letzte Echo der Kindheit in den Sinn.

Unsere Geschütze richteten nichts an dem stählernen Ungetüm aus, das sich aber mit den weichenden Russen am Abend zurückzog. Um Mitternacht marschierten wir an brennenden Höfen und rauchenden Hütten vorüber zu kurzem, erschöpften Schlaf in einem Dorf.

Ein Soldat drang in ein Bauernhaus ein, und der Bauer setzte dem Hungrigen Brot vor und Milch. Aber der Soldat wollte noch mehr. Er wollte Honig, den er bald fand, Mehl und Schmalz. Der Bauer bat, die Frau weinte, und in der Furcht vor dem Hunger versuchten die Besiegten, ihm seinen Raub zu entreißen. Der Soldat schlug dem Bauern den Schädel ein, erschoß die Frau und steckte wütend das Haus in Brand. Von einer verirrten Kugel fiel er in der gleichen Nacht. Doch nach Gottes Gericht sollten wir im Kriege nicht fragen.

Auch am zweiten Tag wehrten die Russen sich erbittert und zäh. Nur Schritt um Schritt drangen die kämpfenden Schützen vor. Ich blieb beim Gefechtstross, den Deckenwagen und der Ersatzmunition, um dort mit einem Maschinengewehr gegen Versprengte zu sichern. Endlose Stunden standen wir in Schnee und Eis, schutzlos gegen den beißenden Wind, und aßen gefrorenen Honig aus den Waben, da es uns an Brot und Wasser fehlte. Unsere Füße wurden gefühllos. Manche erfroren sich Zehen, Ohren und Hände, wenn sie Munitionskästen trugen und nicht merkten, wie das Blut in den Händen erstarrte oder Stunden hindurch unbeweglich im Schnee liegen mußten, während das feindliche Feuer über ihnen schrillte. Wir waren verbittert und überreizt, dann wieder gleichgültig und stumpf. Endlich ging es weiter. Eine kleine Ortschaft war erobert, aber die Russen hatten sie restlos abgebrannt vor ihrer Flucht. Wir suchten Strohbündel, breiteten sie in einer Mulde aus, legten Zeltbahnen darüber, krochen ganz unter unsere Decken und drängten uns aneinander. Wir schliefen trotz der eisigen Füße. Aber wer auf Posten zog, wagte nicht mehr, sich hinzulegen, denn unsere Stirnen schmerzten schon, und totale Erfrierung zeigte sich bei einigen an. Wir zündeten große Feuer an, schwankten und liefen um die Flammen und erwarteten den Tag. Blutrot erleuchtet war die Nacht von brennenden Dörfern umher, und die Hügel hallten dunkel vom Donner der Sprengungen wider. Diese Erlebnisse machten mich mir selber seltsam fremd.

Der Befehl zum Aufbruch kam. Wir marschierten auf Schtschigri und gewannen die ersten Höhen, ohne einen Russen gesehn zu haben. Ich blieb mit einem Maschinengewehr und zwei Kameraden zurück, da wir, von Durchfall und den Strapazen geschwächt, nicht Schritt halten konnten. Von den Hügeln sahen wir die kleine Stadt im Tal und Häuserreihen auf den Höhen umher.

Wir lagen zwischen einer fremden Schützengruppe im Schnee. Regelloses Feuer russischer Infanteriewaffen fegte über uns hinweg. Jeden Augenblick konnte es uns treffen. Wir mußten warten, unbewegt, tatlos, wehrlos, totes Material.

Plötzlich sprang einer auf. Niemand hatte den Befehl gegeben. Aber wir folgten ihm, atmeten befreit auf, unseres Daseins wieder bewußt, nicht tapfer, sondern in einer verzweifelten Lust, vom Nichtstun und Warten zermürbt, von der Kälte in einen Wahnsinn der Bewegung getrieben, mutig aus einer Furcht vor dem Stillhalten heraus, und dann doch jäh von einer durchsichtigen, überhellen, triumphierenden Begeisterung getragen, in einem transparenten Rausch. Tod und Gefahr waren vergessen, das Leben rechtfertigte sich durch die bloße sinnlose Tat.

Mehrere fielen. Verwundete schrien. Wir achteten nicht darauf. Wir stürmten wie Besessene und erreichten den Stadtrand. Wir warfen uns nicht hin, wenn auch die Maschinengewehrgarben so dicht um uns pfiffen, daß wir den Luftzug der Geschosse spürten. Wir brachen in die ersten Häuser. Erbarmungslos wurden die Männer niedergemacht und eilig die erreichbare Beute an Honig, Fett, Zucker und besserem Brot verpackt, während im Nebenhaus noch ein kurzer Kampf im Gange war und unsere Kameraden fielen.

Die Russen flohen. Im Anbruch der Nacht zogen wir an brennenden Fabriken und Silos in Schtschigri ein. Brücken brannten und brachen, Granatwerfer beschossen uns noch, aber wir kümmerten uns nicht darum.

Wir legten uns in ein Haus, ohne Posten zu stellen, und schliefen wie bewußtlos.

Am anderen Tag sahen wir die Trümmer. Schutt, Ziegel, Glasscherben und verkohlte Balken bedeckten die Straßen. Ruinen überall. Wir gaben uns den Ruhetagen hin.

Einfache Menschen bewirteten uns freundlich in der ersten Nacht. Sie wuschen unsere Hemden, schleppten uns Kissen und Decken als Lager herbei. Wir ließen es geschehen, übergaben uns ihnen in einem grenzenlosen Vertrauen und gingen noch umher wie im Traum. Wenn wir an die Gefechte zurückdachten, fühlten wir eine ungewisse Mischung von Entsetzen und Enttäuschung. Kampf, Gefahr und Todesnähe schienen uns wie ein Traum von der Unzulänglichkeit des Krieges. Es war nicht erschütternd und mitreißend genug, und doch grinste uns überall das Grauen an. Wir wußten nicht, ob wir eine Materialschlacht erhofft hatten, ob der schnelle Sieg uns beleidigte, oder ob ein geheimes Entsetzen uns sagte, es wäre besser für uns, wenn wir gefallen oder verwundet wären. Nicht die Schlacht machte das Leiden aus, sondern die Grausamkeit der Kälte, das hilflose Wartenmüssen. Erst wie in einem Erwachen wurde uns dann das Gräßliche bewußt: das Töten müssen und das Sterben umher.

Damals überwand ich noch schnell. Das Einzelne ging in einer unendlichen Apatie und Bedrückung auf und gewann keine Gestalt.

Wir zogen um, zu zwei jungen Frauen, Töchter der Weltrevolution nannten wir sie, deren Stolz und trotzdem kameradschaftliche Haltung uns beeindruckte. Es war, als fühlten sie ein Bündnis, das uns Gleichaltrige stärker verband, als der Krieg uns trennte, etwas Gemeinsames in unserer Sehnsucht und in unsrem Geschick. Geheimnisvoll kündigte da ein größerer Frieden sich an, als jedes Kriegsende ihn bringen konnte.

Mit unsrem geraubten Honig und Brot, ihren Hühnern und Kartoffeln bereiteten wir ein gemeinsames Festmahl und unterhielten uns in einem heiteren Kauderwelsch.

Den letzten Abend in Schtschigri verbrachten wir bei einer Gutsbesitzerfamilie, die ihr Leben in einer verbauten Behausung fristete und nichts als ein Fotoalbum aus der Vorrevolutionszeit gerettet hatte. Der Greis, ein aufrechter, kräftiger und patriarchalisch schöner Mann, holte seine Töchter, zärtliche, schlichte Mädchen, die sich an den Händen hielten, als fänden sie beieinander Zuflucht vor einer entmenschten Welt und hüteten darin noch ein Paradies ihrer Jugend. Er sang höhnisch zuerst die Internationale, dann unter Tränen die Zarenhymne, den Stenka Rasin[16] und Geistliche Gesänge. Mit seiner Frau konnte ich mich auf Französisch verständigen. Sie sprach leise, scheu. Ihr Antlitz war noch schön, doch gezeichnet von vielem Leid. So erfuhr ich von der Enteignung, unbekannter Arbeit und wachsender Not. Ein Sohn war in Sibirien, der andere gefallen, das Schicksal einer in Odessa verheirateten Tochter unbekannt. Die Fotos aus besserer Zeit weckten unser Staunen. Wir fühlten Mitleid mit ihnen. Wir verstanden noch nicht, daß neuer Geist und neues Werden auch über das Wertvolle der Vergangenheit hinweggehen mußten.

Dann marschierten wir weiter zur Bereitstellung an den Tim[17]. Viele waren krank, alle ermüdet, und die Märsche in immerzu wachsender Kälte wurden schwerer von Tag zu Tag. Nun marschierten wir ins Ungewisse. Wir überquerten den kleinen, gefrorenen Fluß, kaum etwas erholt. Auf endlosen Märschen ging es über gefrorenen Schnee, in Eiswind und unter dem Vollmond auf Walowa zu. Woronesch hieß unser Ziel. Doch wir erreichten es nicht.

Am Tage, ehe wir Walowa nehmen sollten, hatte ich mit zwei Kameraden den Aufbruch verschlafen. Niemand weckte uns, jeder dachte nur an sich, seine Not, seine Müdigkeit und den unbarmherzigen Befehl, der ihn zum Weitermarsch zwang. Wir gingen zu Dreien über die Hochebene, den Spuren nach, in einer weißen Leere ohne Maß und Gestalt. Russische Soldaten begegneten uns und warfen ihre Waffen in den Schnee. Wir behelligten sie nicht, wuchs auch unsere Ungewißheit und ein seltsames Gefühl des Verlorenseins. In einem Dorf sahen wir russische Truppen, die mit ihren Pferden dort rasteten und uns durch ihre Ferngläser beobachteten, aber nicht auf uns schossen und sich bemühten, wie Gefangene zu erscheinen.

So marschierten wir Letzten ohne es zu wissen durch die russischen Truppen, die sich zum Gegenstoß und zur Einschließung unseres tollkühnen Unternehmens sammelten.

In der Nacht erreichten wir ein Dorf und unsere Einheit wieder.

Die Flucht von Walowa

Die Soldaten drängten sich in verstopften Straßen, Pferde und Wagen, Geschütze und Karren sammelten sich bei dem Rückzug vom ersten gescheiterten Angriff auf Walowa. Den Namen dieses Dorfes erfuhren wir nicht, doch niemand vergaß es, und jeder wußte, was mit dem Nikolausdorf[18] gemeint war.

Nach Mitternacht, als wir kaum geschlafen und uns

gewärmt hatten, stürmten Kosaken auf ihren Pferden durch das Dorf. Sie warfen Handgranaten in die Häuser und verschwanden, als gerade Alarm gegeben war.

Acht Soldaten schliefen in jener Nacht in einem abgelegenen Haus am Dorfrand, das die Kosaken umzingelten. Sie erwachten und bemerkten die Gefahr. Zwei sprangen durch das Fenster und fielen, von mehreren Kugeln getroffen. Zwei andere richteten sich erst beim Eindringen der Russen schlaftrunken auf und wurden niedergemacht. Zwei wurden im Vorraum gefangen genommen und mitgenommen, mußten mit den Kosaken zusammen das erbeutete Geschütz ziehen und noch nach Monaten damit auf uns schießen. Einer war auf dem Heuboden und erlitt nur einen Nervenzusammenbruch, der letzte lag hinter einer Truhe. Die Russen leuchteten die Stube mit Streichhölzern ab, aber sie fanden ihn nicht. Er aber wurde wahnsinnig, lief allein immer weiter nach Westen und wurde in Riga aufgegriffen, als er einen Güterzug bestieg. Keiner begriff, wie er die Flucht vollbringen konnte, und er vermochte es nicht mehr zu berichten.

Am nächsten Morgen verteilte ein Soldat Kisten voll Handgranaten in hundert gefangene Russen und schoß die Überlebenden mit der Maschinenpistole nieder. Wir rückten in eine Scheinstellung vor die kleine Stadt Walowa, während ein anderer Teil den eigentlichen Angriff durchführte. Mit allen leichten und schweren Infanteriewaffen befeuerten wir die Widerstandsnester, aber die Russen wichen keinen Schritt. Wir knieten oder lagen im Schnee, die Kniee froren uns am Boden fest, zwischen Rock und Mantel sammelte sich Eis. Wir schlugen die gefühllosen Füße auf den Boden. Die Hände froren am

Metall der Waffen fest, denn nur Wenige besaßen brauchbare Handschuhe, blutige Fetzen rissen dann aus dem Fleisch und froren zu, ehe das Blut gerann. Viele Erfrierungen gab es, und verzweifelt sprangen Viele auf. Schon auf dem Anmarsch hatte es Ausfälle gegeben, nun mehrten die Verwundeten und Toten sich.

Vergebens warteten wir auf die weiße Leuchtkugel, die uns das Eindringen der anderen in Walowa zeigen sollte. Die Nacht begann. Sieben Stunden hatten wir gewartet. Die letzten taumelten empor, als die Dunkelheit sie vor Beschuß schützte, fielen wieder, weil die Füße sie nicht trugen. Manche erbrachen sich. Wir schwankten und krochen alle, bis das Blut wieder in Bewegung kam. Dann wurde der Rückmarsch befohlen, und im Feuer der Salvengeschütze, der Stalinorgel[19], kehrten wir in das Nikolausdorf zurück und hofften auf Wärme und Schlaf.

Aber bald nach Mitternacht sprengten die Kosaken wieder heran, brachten unbemerkt ihre Pferde in einer Schlucht unter und überfielen die äußersten Häuser, wo sich der Hauptverbandsplatz befand, die Soldaten flohen, und die Verwundeten wurden von den sibirischen Truppen ermordet. Uns riß der Alarmruf empor. Kaum bekleidete Soldaten, in Hemden, auf Strümpfen, barfuß, eilten aufgeschreckt an uns vorüber. Der Vollmond beschien die verzweifelte, kopflose Flucht.

Ein Arzt sammelte zwanzig Soldaten, die mit uns zurückblieben. Wir hatten Gewehre, ein Pakgeschütz[20] und Pistolen. Die Ebene lag offen vor uns, hell im Geisterlicht des Mondes, und darüber stürmten die betrunkenen Kosaken mit ihrem wilden Urräh wie Gespenster auf unsere Gruppe zu. Im Feuer des einen Geschützes und unserer Gewehre brach der Angriff von vierhundert

Russen zusammen. Der Rest zog sich zurück, aber ehe wir es ahnten, hatten sie uns umgangen. Wir waren umzingelt.

Handgranaten explodierten zwischen uns. Mehrere fielen, wälzten sich mit aufgerissenen Bäuchen im Schnee und verwickelten sich in ihren Eingeweiden. Wir verteilten uns und schlugen mit den Kolben auf die Betrunkenen ein, zwei von uns erlagen den russischen Bajonetten. Zu Zweien standen wir auch an der Ecke einer Scheune, bei uns noch der Arzt, und zehn Schritt vor uns quollen die Russen wie Fantome des Todes aus der Nacht. Mein Kamerad fiel. Ich lag im Schnee und schoß nicht. Mein Gewehr versagte zwar nicht, aber ich konnte damals die Menschen nicht umlegen, die mich töten wollten, lieber wollte ich sterben. Dies war die einzige Stunde meiner Bewährung im Winterkrieg. Der Arzt erschoß die Angreifer mit seiner Pistole.

Die letzten verschwanden. Von fern klang noch das gellende Urräh. Beim nächsten Ansturm über die Ebene flohen mehrere von uns, die Russen brachen an uns vorbei und verfolgten sie, und die Soldaten kehrten nicht zurück, wir sieben Überlebenden blieben lange allein. Aber der Spuk war vorbei.

Die ganze Nacht hindurch kamen Flüchtlinge wieder, die sich versteckt hatten oder immer weiter gelaufen waren und sich verzweifelt in die Rückkehr ergaben, ohne zu wissen, ob die Russen das Dorf genommen hatten oder nicht. Nikolausnacht. Die Meisten hatten neue Erfrierungen, auch Verwundete schleppten sich heran. Zwischen den Gefallenen hielten wir Wacht. Die Vollmondsfratze starrte auf die Leichen im Schnee. Verzerrte Gesichter, gestillte Züge, glanzlos aufgerissene Augen, zerschmetterte Schädel, aufgeschlitzte Bäuche, verspritztes Blut und Gehirn erschienen im Morgengrauen. Wie Totenmasken gingen wir um.

Fast ohne Kampf marschierten wir dann in Walowa ein und verlangten nichts als Essen, Wärme und Schlaf. Die Häuser brannten zum Teil, Salvengeschütze feuerten auf uns. Nur vereinzelte Soldaten der Roten Armee fanden wir noch in den Häusern. Sie wurden erschossen. Ein Befehl war da, keine Gefangenen zu machen. In einem Haus fanden wir heiße Nudelsuppe, von den Russen zurückgelassen. Wir setzten uns auf die Bänke, stützten die frierenden Füße auf die Leichen und aßen hungrig, ohne an Gefahr und Tod zu denken. In den Taschen der Leichen fanden wir Zucker und Brot und wurden satt. Wir waren nicht mehr verwöhnt.

Am Abend kam ein erregter Befehl zum Aufbruch. Flucht aus dem Ring, den eine vielfache russische Übermacht fast um uns geschlossen hatte. Der Rückmarsch begann, ohne daß wir geschlafen, stumm, in einer ausdruckslosen Verzweiflung, wie der Anfang dieser Tragödie eines ehrgeizigen Marsches ins Niemandsland.

Der Mond beschien den schweigsamen Zug der Fliehenden durch den Schnee, langsam, taumelnd, rutschend, stolpernd gen Westen. Vor uns das Ungewisse, vielleicht das Niemandsland, vielleicht der Feind, im Rücken die verfolgenden Russen. Wir waren todmüde in dieser dritten durchwachten Nacht. Gab es eine Stockung von wenigen Minuten, so lehnten wir schon schlafend am Geschütz, bis die Pferde anzogen und wir aufschreckten. Dann stürmte eine Schar in Tarnmänteln heran. In Sekunden war unser Maschinengewehr in Stellung, Feuerstöße fegten in die Gruppe, einige stürzten, die ersten waren vor uns – deutsche Stahlhelme, deutsche Soldaten. Es hatte nur wenige Tote gegeben, und die Schwerverwundeten luden wir auf die Wagen. Sie starben unterwegs, und nach den Leichen sah sich keiner um. Wir schwankten weiter. Selbst im Marsch übermannte uns der Schlaf, die Augen schlossen sich, die Beine gingen mechanisch weiter, dann knickten die Kniee ein, wir fielen vornüber, erwachten vom Stürzen, vom Schmerz, rafften uns auf, knieten, ein anderer riß uns empor, und mit der letzten Kraft der Todesangst wankten wir weiter. Jede Rast bedeutete den Tod, wurde uns gesagt. Die Russen kommen! Dieser Ruf wirkte wie ein Peitschenhieb: vorwärts! Wortlos, verzweifelt, erbittert, stumpfsinnig und Gespenstern gleich eilten wir Schatten gen Westen. Wir funkten SOS, aber niemand konnte hier noch helfen. Wieder brachen mehrere zusammen. Sie blieben liegen, weigerten sich, aufzustehn. Wir traten sie in die Seite, stießen sie mit den Gewehren. Unglück und das Nichts in den Augen, richteten sie sich auf. Und marschierten wieder. Doch wer bei den letzten ging, fand keinen Retter mehr. Er erfror oder wurde erschlagen.

Eine Rast wurde eingelegt. Eine Stunde. Es war in einem winzigen Dorf. Mit vielen Soldaten kroch ich in ein Haus und sank in einer Ecke auf den Boden, schlief schon, ehe ich lag. Als ich erwachte, war ich allein. Vergessen. Doch meine Kräfte waren wiedergekehrt. Ich entsicherte mein Gewehr und eilte hinaus. Kein Mensch zu sehn, kein Freund, kein Feind. Ich eilte auf eine Höhe, und sah meine Kameraden in der Ferne, winzig klein in der Schneelandschaft. Ich wanderte ihnen nach. Stunden vergingen, dann erreichte ich sie. Mein Schutzengel hatte mich nicht verlassen.

Russische Flieger griffen uns mit Maschinengewehren und Bomben an. Am Mittag aber rasteten wir in glanzlos harter Wintersonne in einem Dorf am Tschen und schliefen.

Tauwetter begann. Schlachtflugzeuge und Bomber zerschlugen den Ring, die Truppenansammlungen der Russen. Wir begrüßten sie mit Jubel und Schreien, Tränen in den Augen. Gerettet, bedingt, begnadigt für kurze Frist. Unser Advent begann

Advent

Der Rückzug stockte. Keine Karten fanden sich, und die Wege waren unbekannt. Der Tim sollte unsere Winterstellung werden, doch wir erreichten ihn noch nicht. Wir zogen in ein anderes Dorf und noch in der Nacht sandte ein Befehl uns mit unserem Panzerabwehrgeschütz in eine Feldpostenstellung zu 20 Soldaten.

Es war in einem Bahnwärterhaus an der Linie von Livny[21] nach Kursk, nach Norden drei, nach Süden vier Kilometer vom nächsten Dorf und Stützpunkt entfernt. Die Russen belagerten uns im weiten Halbkreis und erschienen oft in unserem Rücken. Wir hatten eine Panzerabwehrkanone, zwei schwere und drei leichte Maschinengewehre und reichlich Munition. Unser Heulager befand sich auf Handgranaten und Patronenkisten. Ein Ofen gab Wärme, eine Gewehröl-Lampe Licht. Doch mehr hatten wir nicht, heizten mit den Zäunen und zuletzt mit den Fußböden. Zwölf Tage lebten wir von Kartoffeln, die wir mit etwas Salz kochten. Wir fanden grünen Machorka zum Rauchen, benutzten auch Heu. Aufgetauter Schnee diente als Trinkwasser. Seife hatten wir nicht und jeder nur eine dünne Decke. Verwildertes Haar und Bärte, schwarze Hände und die meisten entweder Erfrierungen, die das faule Fleisch abstießen, oder Läusefraß, Krätze, Hauteiterungen an den Beinen. Wenn wir auf Posten zogen, hingen wir die fadenscheinige Decke um, aber die eisigen Füße trieben uns Tränen von Schmerz und Zorn in die Augen.

Zwei Tage und drei Nächte hindurch griffen die Russen immer wieder an, beschoß uns ihre Artillerie, tauchten Feinde im Nebel auf, fielen oder verschwanden in der Nacht. Sturmgeschütze brachten uns dann Erleichterung, aber die Leichtverwundeten mußten bleiben. Elf Soldaten fielen oder wurden schwer verwundet, drei leichter verletzt, zwei liefen zu den Russen über und einer beging Selbstverstümmelung. Von dreißig Mann. Das Geschütz hatte keine Munition mehr, die Maschinengewehre mußten sparen. Ein stärkerer Angriff hätte das Ende bedeutet, und wir begriffen das Verhalten des Gegners nicht. Unser todgeweihtes Häuflein schmolz immer mehr zusammen.

Advent der Todgeweihten. Wir mußten es ertragen, wie wir aushielten, danach wurde nicht gefragt. Unsere Gespräche kreisten um Ablösung, den ewigen Wahn, um Heimat und Flucht. Verbittert betrachteten wir Hunger, Frost, Not und unsere verschollene Stellung. Alle waren überreizt und krank. Ausbrüche von Jähzorn und Haß, Neid, Schlägereien, Hohn und Wut zerstörten den Rest der Kameradschaft. Aber wenn auch keiner mehr nach der Gefahr und Nachbarschaft des Todes fragte, so zeigte sich seine Gegenwart doch. Die Gefallenen zwar beachteten wir nicht und scharrten sie auch nicht ein, zogen nur ihre Mäntel noch an und ihre Handschuhe. Aber die Dinge und Werte verschoben sich. Geld war sinnlos geworden. Die Scheine wurden zum Zigarettendrehn benutzt oder in Glücksspielen bei höchsten Einsätzen so gleichgültig eingesteckt wie weggeworfen. Mehrere machten Schulden, die sie mit ihrem Wehrsold in einem Jahr nicht bezahlen konnten und die auch nicht eingefordert wurden. Ein Stück Brot war ein Wunschtraum, der sich nicht erfüllte. Dies aber gehörte noch zum Krieg. Nur die grenzenlose Sehnsucht nach Schlaf und Vergessenheit war eine Frucht des Todes. Wenige nur suchten Einkehr, die meisten betäubten sich mit Oberflächlichkeit, mit dem Spielfieber, Grausamkeit und Haß, oder die onanierten. Dies begab sich zwischen den Gefechten.

In einer Nacht stand ich auf Posten und sah in der Ferne das brennende Dorf. Nebel bedeckte das Schneeland. Da sah ich die Russen in langer Kette über den Bahndamm ziehn, Silhuetten vor dem Feuerschein, verschwommene Gestalten in Nebel und Nacht. Ich konnte nicht Alarm rufen, nicht schießen. Das gespenstige Schauspiel bannte mich und machte mich stumm. Und als ein anderer die Schläfer weckte, hatten sie sich schon entfernt.

Abmarsch, am Morgen des ersten Weihnachtstages, als eben das Dunkel schwand. Unterwegs zündeten wir die Dörfer an, die wir durchquerten und sprengten die Backöfen. Es war Verödung befohlen, damit die Verfolger keine Unterkunft fanden. Wir gehorchten, und im Grauen über unseren Frevel versank selbst das Glück, aus dem Advent erlöst zu sein. Die Frauen weinten, Kinder froren im Schnee und Flüche begleiteten uns. Wir fragten bald nicht mehr danach. Als wir unterwegs endlich Zigaretten bekamen, zündeten wir sie an den brennenden Häusern an. Wir marschierten dann stumpf und kraftlos, hielten uns an den Wagen fest und erreichten Orinok, ein Dorf am Tim.

Das neue Jahr begann. Der Advent setzte sich fort. Nur der nackte Selbsterhaltungstrieb herrschte. Nur er ließ das Schwerste an Frost und Märschen aushalten und schlaflose Nächte durchstehn. Nie hatte ich den reinen Willen zum Leben so intensiv gefühlt und bejaht wie da. Das Leben war ein Seiltanz, immer am Tode vorbei. Manchmal aber kam ein trockenes Weinen uns an.

Das neue Jahr

Orinok am Tim. Am Jahresanfang erlebten wir die tiefste Temperatur des Winterkrieges. Wir mußten Wache stehn und lösten uns jede halbe Stunde ab. Unser Haus lag weit vor der letzten Straße, nahe schon am Flüßchen. Vor uns streckte die Ebene sich hin mit spärlichem kahlem Gesträuch. Tag und Nacht gab es keinen ruhigen Schlaf, wenn die Russen uns auch noch nicht angriffen. Ein Soldat, der als Posten in einen Heuhaufen fiel und dort weiterschlief, wurde vor das Kriegsgericht gestellt und erschossen. Ein anderer fand im Finstern eine Gruppe nicht, der er eine Meldung überbringen sollte, Todesurteil wegen Feigheit vor dem Feind. Wer ein Stück Brot oder andere Nahrungsmittel an sich nahm, wurde wegen

Plünderns hingerichtet. Es war eine kritische Zeit. An den Bäumen umher hingen Kriegsgefangene, mit denen ein Befehl die Russen abschrecken wollte. Der Krieg war zum Wahnsinn geworden, nur auf das Morden kam es noch an, gleichgültig, wen es traf. Meutereien unterdrückte die Furcht vor dem Feind, der sich auch nicht mit Gefangenen abgab.

Zu essen gab es kaum, und die schlechten Quartiere wurden nicht warm. Unser Dasein war eine Anklage gegen den Krieg. Aber kein Gott nahm sich unser an. Die zwei Stunden, die wir ab und zu Ruhe hatten, schliefen wir auf dem Ofen. Die Läuse vermehrten sich und Schmutz und Krankheiten nahmen zu. Keiner blieb von Pyodermien[22] und Lymphbahnentzündungen verschont. Aber nur wer bereits Knochenfraß hatte, wurde ins Lazarett geschickt. Die eiternden Erfrierungen gärten und stanken in der Ofenhitze. Es gab keinen Verbandstoff. Die gleiche, von Eiter, faulem Fleisch und Krusten besetzte Binde wurde immer wieder gebraucht. Mit Salben mußte gespart werden. Manchen hing das schwarze Fleisch in Fetzen von den Füßen. Es wurde weggeschnitten. Die Knochen lagen bloß, aber sie mußten, die Füße mit Lappen und Säcken umwickelt, weiter Posten stehn und kämpfen.

Wir hatten keine Winterkleidung und wurden niemals wirklich warm. Die dauernd kalten Füße schmerzten. Jedes Auftreten quälte, aber wir mußten laufen und die Glieder bewegen. Jede Erfrierung konnte als Selbstverstümmelung ausgelegt werden. Unsere erkälteten Eingeweide hielten die Nahrung nicht. Jeder hatte Durchfall, manche bekamen die Ruhr. Einer war so geschwächt, daß er auf dem Weg zum Arzt zusammenbrach und erfror.

Die Älteren hatten Gelenkrheumatismus und schrien oft vor Schmerzen. Aber keiner war zu entbehren.

Ich bekam einen Hexenschuß und wurde in die zweite Dorfstraße, als rückwärtige Linie bezeichnet, verlegt. Dort lag ich drei Tage und Nächte auf einem Ofen und fand vor Schmerzen keinen Schlaf. In der nächsten Nacht hörte ich Schießen und Schreien, das Urräh der Russen, und kroch auf allen Vieren hinaus. Vier Stunden lang währte das Gefecht, ich saß im Haus und wartete was geschah. Es war mir gleichgültig. Fliehende Soldaten kamen herein. Sie streckten die Hände in den Ofen und massierten sich die Füße mit Schnee, um im letzten Augenblick noch den Erfrierungen zu entgehn. Sie stützten mich, bis die Glieder sich lösten und ich wieder laufen konnte. Wir flohen nach Dubrowka.

Die Geschütze ließen wir stehen und warfen die Maschinengewehre fort. Unsere Decken, Brotbeutel, Kochgeschirre, Feldflaschen und die eben erst eingetroffene Weihnachtspost ließen wir den Siegern[23].

Dubrowka. Wir bezogen neue Stellungen. Ein Haus, davor Schneewehen und etwas Stroh als Verteidigungspunkt. Auf der Flucht nach Dubrowka kreuzten wir den Weg einer Kampfgruppe, die schon lange floh und nun erst wieder zu unseren Linien stieß. Sie hatten mehrere Soldaten vermißt, und kaum ausgeruht kehrten einige um. Sie fanden die Verlorenen in den Trümmern eines Dorfes, wo sie im Schnee schliefen und erfroren waren. Andere hatten sich in den Öfen verkrochen und konnten wegen steifgefrorener Glieder nicht mehr heraus. Die Öfen mußten abgebrochen werden, die Klagenden auf Schlitten verladen. Auf dem Hauptverbandsplatz nahm man ihnen die Arme und Beine ab, doch sie starben an der Operation.

Das war der Stützpunktkrieg. Eine Kette weit auseinanderliegender Dörfer bildete die Front. Zwischen uns marschierten die Russen hindurch und drangen bis Schtschigri vor. Wir wußten es nicht.

Wir fanden zu essen. Kartoffeln lagen in den Kellern und Bunkern, und wir schlachteten Hammel und Rinder. Aber als es vier Schnitten Brot täglich gab, wurde das Schlachten und Kartoffelessen verboten, um Vorräte für die Überschwemmungszeit im Frühling zu sammeln. Wir hungerten weiter, und unsere Därme und Mägen heilten nicht. Täglich mußten mehrere Stunden Dienst im Freien durchgeführt werden, Waffenreinigen kam hinzu, aber für Brennholz und Verpflegung hatten wir selber zu sorgen. Auf Post warteten wir einen Monat lang.

Die Russen griffen Dubrowka an. Sie kamen in der Nacht. Wir leisteten keinen Widerstand mehr, denn uns lag nichts mehr an Kampf, Opfer und dem Krieg. Wir flohen nach Belaja über die Ebene, ein Rest. Panzerwagen fuhren auf uns zu. Wir banden die Tarnhemden an die Gewehre, schwenkten sie und ergaben uns. Es waren aber deutsche Sturmgeschütze. Wir wurden gezwungen, aufzusteigen und fuhren nach Dubrowka zurück, nahmen es wieder, und die Russen hatten hohe Verluste. Eine andere fliehende Gruppe war auf Befehl von der Artillerie beschossen worden und hatte Ausfälle.

Unsere Quartiere waren zerstört, und überall lagen Tote umher. Über die deutschen Soldaten deckten wir eine Zeltbahn, den Kosaken zogen wir die Filzstiefel, Mützen und auch Hosen und Unterwäsche aus und zogen sie an. In den übrig gebliebenen Häusern rückten wir enger zusammen. Ein Soldat hatte keine Filzstiefel mehr gefunden, die ausgezeichnet gegen die Kälte schützten, und fand erst am nächsten Tag einen steifgefrorenen Toten der Roten Armee. Vergeblich zerrte er an dessen Beinen. Er nahm eine Axt und schlug dem Leichnam beide Unterschenkel ab. Fleischsplitter flogen. Er nahm die Stümpfe unter den Arm und stellte sie neben unser Mittagessen in den Ofen. Als die Kartoffeln kochten, waren auch die Beine aufgetaut, und er zog sich die blutigen Filzstiefel an. Uns machte das Aas neben dem Essen so wenig aus wie wenn einer zwischen den Mahlzeiten seine Erfrierungen verband oder Läuse zerknackte.

Die Toten blieben liegen. Nach Wochen wurden sie mit Schlitten zusammengefahren, gemeinsam mit Pferdekadavern in zerstörten Häusern aufgestapelt, mit Petroleum übergossen und angezündet.

Sonst verging ein Tag wie der andere im müden Einerlei von Postenstehn, zerstückeltem Schlaf, Sorge für Holz und Essen und dem befohlenen Dienst. Wir waren arm geworden. Erst nach und nach trafen einzelne Decken wieder ein und das unentbehrliche Gerät. Ich verzweifelte vor Heimweh und Übermüdung und bekam im bittersten Frost auf Posten einen Nervenzusammenbruch, schoß auf Gespenster vor mir und wurde von der Ablösung erschöpft und ohnmächtig im Schneesturm gefunden. Gerettet. Nach dieser Krisis genas ich bald und gewann Lebensmut und Zuversicht zurück. Dies Grauen, das zugleich willig an seiner Not festhielt und sich zu einem heroisch-zynischen Ja aufpeitschte, dies irrsinnige Zustimmen zum Untergang: das war die Größe der Soldaten in Rußland und der Selbstmord der Seele.

Wir standen Wache an der Dubrowka-Schlucht, wie Gespenster aussehende, zwischen Leichen und Gehenkten. Der Mond wuchs, die Kälte holte noch zum letzten Ansturm aus, aber der Feind blieb ruhig.

Ich wollte vergessen, alles vergessen, um nur Mensch zu bleiben. So schrieb ich damals meine Tagebücher, um das Vergangene abzutun. Alles war fruchtlos. Ich hatte nur eine Seite Rußlands kennengelernt, nur die zerstörten Kirchen gesehn und den Winter. Und doch glaubte ich, daß auch dieser Krieg kommen mußte, um etwas Unbekanntes vorzubereiten und verlor mich in bizarren Fantasien. Meine eiternden Beine machten mich dienstunfähig. Ich wurde zum Tross gefahren und dort behandelt.

Der Winterkrieg endete für mich. Es war eine Rettung im letzten Augenblick. Doch ich war verloren.

HEIMKEHR

Das Schicksal trieb mich, wie es ihm gefiel. Ich sah ein, wie wenig ich aus eigener Kraft ändern und bessern konnte und behielt nur die Freiheit, auch im bittersten Verhängnis mein Bestes zu tun. Doch immer lebte ich auf der Grenze. Der Tod hatte mich verschont, der blinde Würger mich nicht gefunden, aber ein Mensch war doch in Rußland gestorben, und ich wußte nicht, wer es war.

Unter verzweifelten Gedanken lag ich auf der Pritsche, das eiternde Bein geschient, geschwollen. Ich war beim Tross, in Sicherheit, und doch so unglücklich wie nie. Ich hatte Schmerzen. Keine Besserung trat ein, und nach der dritten Untersuchung überwies der Arzt mich ins Lazarett.

Ich packte meinen letzten Besitz zusammen, einen Holzlöffel und ein russisches Messer im Brotbeutel eines toten Kosaken und fuhr auf einem Schlitten zum Hauptverbandsplatz, wurde verbunden und erhielt ein Haus zur Übernachtung angewiesen.

Ein Schwerverwundeter wurde eingeliefert, besinnungslos, Splitter in der Brust und im Kopf. Man hatte ihn für einen Toten gehalten und erst verbunden, als er schon Stunden im Frost gelegen hatte. Es war zu spät. Stöhnend lag er auf dem dünnen Stroh. Seine Hände braun vom eingefrorenen Blut, zerrten an seinem Verband, fahrige Bewegungen in Schatten und Kerzenlicht. Ich setzte mich zu ihm und hielt diese rastlosen, verzweifelten Hände. Es war wie ein Kampf mit seinen blinden, unbewußten Kräften. Einmal riß er sich los und starrte mich aus blicklosen Augen an. Die geisterhafte Hand deutete auf meine Brust, als trüge ich die Schuld an seinem Leiden und Sterben. Das Grauen packte mich, und er sank zusammen. Er entschlief. Aber ich fand keinen Schlaf. Immer sah ich die anklagende Hand, die entsetzten Augen des Sterbenden auf mich gerichtet. Auch ich war Soldat und schuld an seiner Not.

Im Morgengrauen brachte mich ein Schlitten zur nächsten Umschlagstelle: ein kaltes, düsteres Haus, wo sich Verwundete und Kranke wie hilfloses Gewürm auf dem schütteren Stroh wälzten. Wolhynisches Fieber. Ihr Ächzen und Schreien stürmte durch meine Träume. Ich stand auf und ging hinaus. Der Nachtwind sang in den Bäumen. Ich fühlte es wie einen Trost, daß ich krank war und schlafen durfte. Ich wollte nur ruhn. Bald rief mein Schicksal mich wieder zum Dulden und zur Tat.

Schlittenfahrt nach Malo-Archangelsk. Unter mehreren Decken lagen wir im strengen Frost und froren. In Lastwagen nach Ponyri. Dann in einen russischen Lazarettzug. Ein Kohlenofen glühte, die anderen erzählten von ihren Erlebnissen. Ich lag im Halbschlaf da, in einer völligen Apatie und ließ alles mit mir geschehn als sei ich nur noch ein Spielball der Mächte.

Auf dem Bahnhof von Orel stand schon ein Zug bereit. Wir stiegen ein. Gedankenlos saß ich im Abteil. Dann erfuhr ich, daß dieser Lazarettzug bis Warschau fuhr. Ich weinte. –

Tag um Tag, Nacht um Nacht rollte der Zug durch das weiße Winterland. Brjansk. Smolensk. Minsk. Stufen zur Heimat. In Ostrow-Maziecki wurden wir ausgeladen und kamen in ein Durchgangslazarett[24]. Wir wurden entlaust, gebadet, erhielten reine Wäsche lagen plötzlich in weiß bezogenen Betten, brauchten nicht mehr zu frieren, zu hungern, auf Posten zu ziehn, konnten schlafen, wurden behandelt, und begriffen es nicht. Es war wie ein Traum. Wir glaubten, es gäbe nur noch Schnee und Eis auf der Erde, und in einer jähen Furcht vor allem Schönen und Gütigen, überfiel uns das Heimweh. Wir sehnten uns nach Rußland zurück, in die weiße Winterhölle, in Leiden, Entbehrungen, Todesgefahr. Wir wußten nicht, was wir noch mit unserem Leben sollten. Wir fürchteten die Heimkehr und erkannten nun die kriegerischen Verheerungen in unserer Seele.

Ich konnte schlafen und lag doch bis weit in die Nacht hinein wach, hörte Radiomusik und ließ die vergangenen Monate an mir vorüberziehn, ein halbes Jahr, in dem ich Jahrzehnte sah. Wieder erlebte ich die traumhaften Visionen des Sturmes auf Schtschigri und der Flucht von Walowa, des Advents und des Winterkriegs. In einer Nacht hörte ich da plötzlich nach leisem Jazzgeriesel den Auftakt einer Beethoven-Symfonie, und wie in einem feierlichen, atemlosen Lauschen ging ich wieder über die Schwelle jenes Lebens, das unvergänglich jenseits des Krieges blieb.

So vollzog sich die Heimkehr.

Aber in meinem eigenen Leben hatte das Erlebte noch keinen Raum. Ich reiste aus polnischem Winter und Tauwetter in den Vorfrühling der Heimat hinein, sah die Wälder und Berge wie er, die ich liebte und von denen ich auf russischer Ebene geträumt, stand am Fenster des Zuges und spürte Ackergeruch, Wiesenduft und Frieden. In Frankfurt am Main endete die westliche Fahrt. Ich lag zu Bett.

Am Karfreitag schrieb ich mein erstes russisches Abenteuer nieder. Doch als ich nach einem Abschluß suchte, fand ich keinen Weg, als den Erzähler Selbstmord begehn zu lassen, da er sein Leben gelebt, getragen und verloren, wie das Gestirn es befahl.

Immer wieder las ich die leidenschaftliche Anklage, und doch schien mir jedes Wort falsch. In Schauspielertum, Ironie, Verbitterung und Unsicherheit wurde noch einmal die ganze Gefahr des Krieges klar. Doch ich durfte nur im Übergang fluchen, hassen und verneinen. Ich mußte wie er lernen, Ja zu sagen, wie ich es im heroischen Nihilismus gewollt. Anders konnte ich nicht weiter leben.

Es mußte so sein.

Der Krieg konnte einen Menschen zerbrechen, Millionen litten und starben, und weder eine Eroberung noch ein Kreuzzug waren diesen frevelhaften Wahnsinn wert. Der Krieg wies apokalyptische Züge auf, und darin wurde mir seine kosmische Notwendigkeit klar. Ich hatte Größe und Heroisches erlebt: den Todeskampf unserer Soldaten. Doch es gab weder Kameradschaft, Opferwillen, Kampfgeist, Heldentum noch Pflichterfüllung. Nein. Jeder aber starb zur rechten Zeit und hatte seinen eigenen Tod. Wenn nun Viele nach dem Tod im Kriege verlangen mußten: dann mußte auch Krieg werden. Da nannte ich mein Heimweh nach Rußland auch die magnetische Anziehungskraft des Todes.

Was den Toten Vollendung war, letzte Rundung des Lebens, letzte Ergänzung aus einem Zwiespalt heraus, den keiner sah, letzte Notwendigkeit: das wurde den Heimkehrenden ebenso notwendige Wandlung. Vom Krieg erschüttert oder begeistert, betete der Gottlose, fluchte der Gläubige seinem Gott, vertiefte der Fromme sein Vertrauen, besann sich der Tor, floh der Weise in oberflächlichen Genuß, zerbrach jener im Innern und sammelte dieser Bausteine zu einem neuen Weltbild – und eine Wandlung geschah auch mir, wenn ich sie auch nicht begriff.

Es mußte so sein.

Ich dachte weiter.

Stein, Blume und Tier waren der gleiche Ausdruck, dieselbe Manifestation Gottes wie der Mensch: so bedeutete der Menschheit ein Weltkrieg dasselbe wie ein Erdbeben dem Gebirge, der Hagel den Saaten, die Seuche dem Getier, ein Ereignis außer unserer Macht, eine Naturkatastrophe, ein kosmisches Geschehnis: die Waage der Geister und Dinge suchte ihr Gleichgewicht in den Wegen der Zeit, die sich aus dem Kriege gebar.

Und wenn alle Bilder und Worte versagten: was in mir geschehen war, diese unsichtbare und doch so qualvoll gegenwärtige Wandlung: sie mußte Sinn haben. Sonst war ich verloren.

So rettete ich mich in den Wahngedanken der kosmischen und menschlichen Notwendigkeit, ins Zwielicht der Seele gebannt. Aber am Ostermorgen wanderte ich im Park durch Krokus, Akelei, Regenduft und Drosselsingen als ein trauriger Soldat mit meinem zerbrochenen Leben.

Nachher überließ ich mich Erinnerungen. Schemen der Jugend, Freundschaft, Liebe und Wanderungen am Meer glitten vorüber, ein schmerzlich-schöner Film auf der Leinwand der Seele. Ich führte lange Gespräche bei reichlichem Wein. Ich schrieb viel, las und fand doch keinen gültigen Weg mehr nach Innen.

Als ich nach Hause kam[25], ließ mich das Gefühl der Pause zwischen den Wanderungen nicht los. So glücklich und sorglos ich lebte und so dankbar ich meinem Schicksal für diese Begnadigung war, mein geheimnisvolles Heimweh nach Rußland nahm zu.

So reiste ich mit neuer Bereitschaft hinaus, sobald der Befehl zur Abstellung kam. Ich war Soldat, und ehe mir nicht alle Quellen und Mächte der Freiheit und des Friedens wieder offen standen, konnte ich nur als Soldat das Leben bestehn: überall getragen und gestützt, brauchte ich selbst nicht zu sein.

Heimkehr.

RUSSISCHE REISE

Die östliche Reise

Mit heiteren Ahnungen begann ich meine Reise nach Osten[26] und sah sie als ein Abenteuer an, in dem ich eine tragikomische Rolle spielte. Der Krieg und auch Rußland überwältigten und erschreckten mich nicht mehr. Was ich nicht ändern konnte, sollte mich nicht bedrücken, und so wartete ich, was die Mächtigen und Mächte mit mir planten.

Wir fuhren über die Russische Grenze, in die Ukraine hinein, eine blühende, grüne, üppige Landschaft, wie ich sie nach dem trostlos weißen Winter niemals vermutet hätte. Wie in malerischen Idyllen lagen die Dörfer an den Hügeln. Auf den Wiesen trocknete die erste Mahd, aber die Ernte war noch weit zurück, die Kirschen noch klein und grün.

Wir führten ein zigeunerhaftes Leben. Überall blieb der Zug stehn. Güterwagen, Geleise, Bahnhöfe bildeten unsere Welt. Wir fuhren in Personenwagen, schliefen gut auf Bänken und dem Boden und hatten Heimat darin. Wir sprachen von Dichtung und Musik, Lebenshaltung und der Freiheit des Willens und feierten kleine Feste mit unserem Wein.

Dann sahen wir wieder auf Hügel und endlose Felder hinaus, selten ein Fleckchen Wald. Gefangene arbeiteten beim Bahnbau, und die oft schönen Frauen, die hier Steine klopften und Schwellen legten, erinnerten uns schmerzlich an unsere Zeit. Wir sahen die Reise bald als eine Fahrt ins Blaue mit vielen Picknicks an und wunderten uns über die Schönheit der bloß durchfahrenen Welt, vom schaukelnden Wagen gewiegt.

Tarnopol. Ich saß am Fenster und schrieb. Die anderen schliefen. Ich lauschte ihrem Stöhnen und Atmen im Schlaf, so allein, wie nur ein einsam Wachender unter Schlummernden war. Draußen rieselte der Regen, Frauen gingen über eine Brücke, ein Greis bat um Brot. Seltsam fremd ging das Leben im Morgenzwielicht an mir vorbei.

Die Ebene wurde mächtiger, als zögen sich selbst die Hügel vor dem Osten zurück, daß der Mensch unter dem weiten Himmel, im weiten Land ganz alleine mit Gott und sich selber war, nirgends eingeengt und unsagbar klein in seiner Sterblichkeit. Die Landschaft machte nachdenklich, ohne traurig zu stimmen. Denn es war Sommer, die Erde grün, der Himmel bewölkt und hoch, und Mohn, Raps und Wicken blühten überall.

Ich beobachtete das Land und stellte architektonische und kulturkritische Studien an. Aber mehr als alle Bauten und Pläne der neuen Weltordnung, die in Rußland ihren ersten Ausdruck und ihre Vorbereitung fand, fesselte mich die russische Erde. Wie eine Vision. Das Unkraut wucherte, und die Saat wuchs mit. –

Jahrtausende vergingen über Rußlands wandellosem Tropfenfall. Unbemerkt streute das Stundenglas seinen Sand. Die Erde fügte sich dem Gesetz der Jahreszeiten, blühte und wucherte im Sommer maßlos auf, brannte dem Herbst entgegen und ging in die Öde der Regenperiode ein. Der Winter hüllte sie in tiefen Schnee, und der Frost wuchs und schwand sieben Mal mit dem Mond.

Doch niemals änderten die Ebenen, Hügel und Wälder ihr Gesicht.

Der Mensch war dort ein Fremdling nur und Gast. Er mochte die schwarze Erde pflügen und bestellen, die Wälder roden, sän und ernten Jahrhunderte lang, er meisterte dieses Unland und seine Geister doch nicht. Er war nicht in Schönheit und Reichtum der Dörfer der Ukraine zu Hause, nicht in den sauberen Flecken Rutheniens und dem Waldland dort, nicht in Armut und Öde südlicher Steppen, nördlicher Sümpfe und Urwälder, und die Riesenstädte hatte er sich umsonst als Zuflucht erbaut. Er wohnte doch weiter auf der Brücke zwischen Himmel und Hölle, in Aufbruch und Einkehr. In Dulden, Sehnsucht und Bereitschaft verrann seine flüchtige Zeit, und Generationen waren ihm Eine Gestalt.

Der Zug der Goldenen Horde, Napoleons Marsch ins Ungewisse, der Brand von Moskau und die Flucht des Korsen, die Türkenkriege und der Kampf gegen Japan hatten das Bild der Ebene kaum gestreift und dem Land keine Geschichte gegeben. Die Erde trank Schweiß und Blut, nahm die Leichen auf, Acker und Wald gediehen auf dem Aas, und die verbrannten Dörfer standen wieder auf: Schnell waren Bäume gefällt, gesägt, mit Axt und Hammer zusammengefügt, und die Häuser standen wieder in der Landschaft, geduckt, mit Lehm bestrichen, als wollten sie sich verstecken vor den Großen und vor Gott. Nur die Kirchen mit ihren Zwiebeltürmen, Boten aus Griechenland und Byzanz, prägten sich der Landschaft wie ein Siegel ein, oft auch häßliche Kuppelbauten. Nur das Christentum hatte Bild und Seele der Menschen verändert, lebten Schamanen und Dämonen, Erdgeister und Märchen auch fort. Der Adler der Zaren hatte das Land nicht gestaltet, der Sowjetstern nur die Kirchen zerstört und die schmalen Felder in endlose Äcker verwandelt: die Erde blieb größer und mächtiger als der Mensch, der dort seine Wohnung und doch keine Heimat hatte. Der Bauer verbarg sich im Haus, nährte die Lampe mit Öl, hatte Brot und Arbeit und vertraute träge dem Segen der Erde. Der Muschik blieb die herrschende Gestalt. Das Land hatte keine Geschichte. Nur am Zarenhof spielte sich ein irres Welttheater ab, nur Grundbesitzer und Fürsten hatten Zeit zur Kultur, und die Maschinen der neuen Zeit trieben nur Arbeitsuchende in die Städte, Flüchtlinge vor den Traktoren. Das Zeitalter des Arbeiters begann, jeder hatte seinen Raum und seine Not, aber niemals sein Leben, und in der Seele blieb der Mensch dort ewig unterwegs.

Mochten die stolzen Frauen und aufrechten Männer der Ukraine auch die Erde lieben, die Kosaken des Don in der Steppe wie Kalmücken und Tartaren zu Hause sein, die sie nährte und trug, mochten die Entwurzelten auch den Großstädten gehören: im Zwiespalt ihrer Seelen und unter den Geistern der Landschaft fanden sie keine Rast, Sklaven und Tyrannen, Mörder und Heilige, Narren und Profeten: so wurden sie im Innern niemals eins, und die Massen lebten wie in einem unendlichen Schlaf. Der Anarchist in seinem Patos, der Nihilist in Hohn, Haß und Verachtung wohnten neben dem schläfrigen Bauern und geduckten Arbeiter. Der Bruder des Demütigen und Gläubigen wurde zum fanatischen Zerstörer der Kirchen, und der Urmensch und Fatalist hatte den Suchenden, Kritiker und Trotzigen zum Nachbarn. Zerrissen wie das Klima, ein Wechsel grellster Kontraste, so war auch das Volk.

So erlebte ich das gigantische Bild Rußlands auf dieser Reise, oft mehr von Träumen und flüchtigen Anschauungen als von einem ohnehin mehr literarischen Wissen geführt.

Wir Westlichen begriffen diese Menschen nicht und nicht ihr Reich. Jahrhunderte trennten uns von ihrem Alltag, ihrem Geist und Willen, und der Reisende brachte nur Früchte heim, die er schon reifend dorthin trug. Es war das Grenzenlose, Unfaßbare, Überwältigende dieser Erde, dieses Zwielichtland, das uns in unsere Grenzen zurückwies, das wir fürchteten und nur als Fremde und fragenvoll schauten und nicht ertrugen, als bewahrte Rußlands Dämon und Geist sein Land vor den Unberufenen. Wir trugen nur Rätsel, Deutungen und Zweifel nach Hause, und unsere Bekenntnisse und Lösungen hatten weder Wahrheit noch Sinn. Tausend Worte und Aussagen ergaben keine gültige Gestalt, und nur das im Kriege erlebte und gesehene Leiden blieb wahr.

Vielleicht hatten jene Recht, die den Russen den Menschen im Advent nannten und glaubten, daß auch der Gast dort teil an dieser inneren Haltung hatte: im Aufbruch zu sein, unter dem Morgenrot einer Zeitenwende zu stehn und ins Kommende zu wachsen, von Jahrtausenden zugleich und von Jugend genährt. Auch wir erfuhren diese große Vorbereitung, Einkehr der Seele und Aufgeschlossenheit vor dem Geschick. Aber als wir den Winter erlebten, da wurde uns Rußland zum Kreuzweg, zu einem Golgata, und der Russe zum Menschen eines ewigen Karfreitags. Dies lehrte uns der Krieg. Aber wir wußten: Nach diesem Kriege lag die schwarze und gelbe Erde, Lehm und Sand, Humus und Moor wieder wie unberührt, die Ebene unbewältigt da, und der Mensch dort war uns fremd geblieben. Die Seele ergoß sich in die Landschaft, wurde leer und füllte sich wieder mit Not. Und am Ende war nichts geschehn.

Vielleicht aber kam uns das Land einst im Frieden williger entgegen, wenn wir unsere Schwermut und Traurigkeit durch die düstere Schönheit von Rutheniens Wälder trugen, einsam unter jenem grauen Himmel waren, die Melancholie der Nebelhügel und dürftigen Gräser im Herbstwind witterten und verschollen gingen in ihrer Erhabenheit. Wenn wir einen Sommer in der Ukraine erlebten wie auf dieser so freundlichen Reise, die Dörfer unter Obstbäumen und Pappeln mit weißen Häusern und Strohdächern liebten, an denen goldene Maiskolben hingen, wenn wir das üppige Blühen, Reifen und Verschwenden der Felder durchstreiften, Einkehr beim Gesang der Frauen unter dem Abendrot hielten und freie Tänze an ihren Festen sahn, und wenn wir dann dort in der Ebene standen, nur Mensch, nackt und ausgeliefert vor Gott, der überall nahe war, drohte und heimsuchte, forderte und fragte, sodaß der Gejagte in jedes Tal fliehen mochte und sich in jeder Mulde vor dem Unerbittlichen verbergen, wenn das Gras Gottes Reigen tanzte, das unwissende Vieh in seinem Frieden weidete und der Bauer sein Tagewerk tat, und wenn dann der Fremdling seinen Dämonen verfiel oder ihn Gottes Ansturm zerriß.

So hatte mich Rilke gelehrt, so auch die Dichter Rußlands. Wir mußten die Modelle der Schriftsteller in den großen Städten sehen, dort in der Oper den Gesang und Tanz der Bojaren, in den Kneipen die Feste von Kosaken und Dirnen erleben, an den Gelagen der Reichen teilnehmen und mit den Armen betteln und leiden, dort arbeiten und wohnen: vielleicht, daß uns dann die Bezwingung dieser Landschaft gelang. Aber vielleicht erlebten wir dann nur Erinnerungen an den Krieg, zogen verirrte Vergleiche, und alles blieb gleich ungreifbar für den westlichen Gast.

Rußlands Erde aber nahm gleichgültig Blut und Gebein in sich auf. Der Verweste nährte den unbekümmerten Baum und die Ähre auf kargem und trächtigem Land, und das Gras richtete sich wieder auf, wo der Stiefel des Soldaten es heute zertrat. Jahrtausende vergingen, und der Russe hatte nur ein Gesicht, und unverwandelt siegte alleine das Land.

So träumte ich in den Sommertag hinaus und glaubte doch nicht an meine Bilder und die Gestalt, die sie in mir empfingen. Ich dachte weiter und suchte nach den Kräften, die heute in Rußland herrschten und eine Wende versuchten.

Einst hatte ich wenig von Rußland gewußt, nur an ein unendlich großes, unbekanntes, menschenleeres und armes Land gedacht, mit Sommern, die wie Strohfeuer verbrannten, endlosen Wintern in eisiger Erstarrung und Schnee. Jagdgeschichten aus Sibiriens Urwäldern, Bergwerke im Ural, Goldwäscher und Abenteurer, an Steppen und Wasserarmut und sagenhafte Städte. Nichts aber als wenige gelernte Einzelheiten entsprach der Wirklichkeit. Die Fantastik Gogols, Dostojewskijs Psychologie, und all die Namen Tolstoj, Puschkin, Tschechow, Korolenko, Andrejew, Gorkij, Turgenjeff, Prischwin, Ljesskow sagten doch am Ende nur von sich. Die Geschichtsbücher schwiegen sich über das Wesentliche aus. Die Musik Mussorgskys, Rimsky-Korssakows, Glasunows, Borodins,

Rachmanninoffs, Strawinkys und Tschaikowskys wurde uns nur Traumland und Zauberwelt, keine Gestalt. Dies war die verlorene Spur aus einer toten Zeit.

Von der lebenden aber erfuhren wir nichts. Die Grenzen waren versperrt, und den Zeitungen glaubten wir so wenig wie den verbotenen Büchern, die wir manchmal bekamen. Und so blieb auch mein Grübeln um das, was ich selber gesehn und dessen Quellen, nur eine planetarische Schau, so traumhaft und wesenlos wie unser Wissen.

Ein gewaltiger Aufbau, unvorstellbar für unsere Begriffe, war geschehn. Ein Jahrhundert wurde in zwanzig Jahren bezwungen, Plan auf Plan entworfen, mit Fanatismus betrieben und mit einem maßlosen Aufwand an Energie und Material durchgeführt. Es kostete Opfer an Entbehrungen, Strapazen, Stoff, Arbeit und Geist. Vieles blieb Versuch, kühnes Experiment. Fassaden entstanden, Fragmente, manchmal mutete es wie das Spiel eines Riesenkindes an. Aber in diesen Generationen Rußlands lagen Kräfte und Vorräte aufgespeichert, die ein Vollbringen versprachen, das Verirrte und Überstürzte ging in einem Arbeitsprozeß unter, der es ohne Schaden verschlang. Die Menschen aber formten sich nach dem Willen der Zeit, wurden Techniker, Ingenieure, Arbeiter, Organisatoren und am Ende Glieder der Roten Armee, die dastand als ein mechanischer Koloß, einem Roboter gleich, eine titanische Summe von Geist, Waffen und Menschen, Glauben und Macht. Die totale Mobilmachung war geschehn. In Rußland wie in unserer Heimat.

Ich erschrak. Ich dachte nicht mehr in meiner eigenen Sprache: diese hatte mich Jünger gelehrt. Was er im Arbeiter sah, war Wahrheit geworden. Und beruhigt, meines fruchtlosen Grübelns und Erkennen-Wollens enthoben zu sein, begann ich sein Werk wieder zu lesen.

Charkow. Der Krieg enthüllte wieder die Ereignisse und das Gewordene in Rußland. Wir sahen Riesenbauten, Prunkpaläste der Verwaltung und Mietskasernen neben winzigen Hütten, die sich in ihrem Schatten duckten. Bahnhof und Bauten waren zerstört[27]. Von ihrem Leben bemerkten wir nichts. Wir sahen Gestalten wie aus den Büchern russischer Schriftsteller und konnten doch nicht in ihre Seele sehn. Wir rauchten Machorka und tranken Limonade, aber von Nahrung und Wohnung erfuhren wir auch dadurch nichts. Wir sahen nur die Uniformen der Soldaten im Kampf, die Menschen nicht, und nun nur die Masse in der Stadt, nicht ihren Sinn und Weg. Ruinen begegneten uns, und wir wußten nie, ob es nicht vielleicht unfertige Neubauten waren. Der Krieg vermehrte die Fremdheit noch. Inferno.

Wir kehrten in unser eigenes Schicksal zurück.

Wir fuhren nach Kursk, dem Abenteuer entgegen. Lazarettzüge mit Verwundeten aus der Sommeroffensive begegneten uns. Es ging in den Krieg, in die Nachbarschaft des Todes, und in einer feierlich getragenen Stimmung empfanden wir uns als die Todgeweihten. Wie Masken nahmen wir auch diese Haltung an. Wir sannen in langen Reden um unseres Schicksals Sinn und Wert, nahmen Ernst und Schmerz in unsere Züge und fügten uns schweigsam dem Gesetz. Träume von Kreuzzügen bewegten uns, und wir schmückten uns mit Rosen für die Schlacht und das Sterben. Die Rosen welkten, am Ende blieb nur der Tod. Sehnsucht der Jugend trieb uns der Ferne entgegen, wir kosteten die Neige der Tage aus und hofften doch Jeder, der Bote zu sein, der einst die Kunde des Untergangs in die Heimat brachte. Wir wollten die Vollendung und hofften doch, dem Schicksal zu entgehn.

Kursk. Wir stiegen aus und lagerten uns in einen verwilderten Garten. Gipsfiguren russischer Knaben und Mädchen standen am Wege. Die Oper lag in Trümmern, die Kirche war ein verwüstetes Gottlosenmuseum, eine kleinere fanden wir mit Ikonen und Altar neu bestellt. Arm und farblos glichen sich die Häuser der Landschaft an.

Wir gingen ins Soldatenheim und lasen, spielten Schach und musizierten auf dem Flügel ohne Pedal. Nachher kauften wir einer Greisin rote Rosen ab und steckten sie uns an die Brust. Wir sahen nur lachende Gesichter, hörten bewundernde Rufe von Kindern und Frauen, und manches Mädchen schenkte uns einen feurigen Blick. Wir nannten uns fortan die Rosenkavaliere[28].

Auf einer Terrasse sahen wir in den sinkenden Abend hinein und sprachen vom Tode, dem nahen Kampf und der Heimkehr in unsichtbarer Ferne.

Bis Ochotschewka fuhren wir noch mit einem Güterzug weiter. Dort bauten wir unsere Zelte. Nachtregen und Sturm trommelten auf die Zeltbahnen, rüttelten an den Leinen. Wir fühlten uns geborgen und erzählten Geistergeschichten.

Unter grauem Morgenhimmel erwarteten wir dann den Befehl. Wir marschierten.

Sonnenglut und Regen wechselten. Bald wurde die Wanderung uns schwer. Wir trugen unser Gepäck, und die Gewehre drückten auf die Schultern. Das Blut stockte, wir schwindelten und wankten. Durst quälte uns, zu trinken fanden wir nichts. Bis in die Nacht hinein waren wir unterwegs, dann durften wir im Regen unsere Zelte bauen und schlafen. Russische Flieger kreisten über uns, deutsche Jäger und Bomber brausten zur Schlacht um Woronesch hin.

Wieder marschieren. Der Weg verging unter unserer Mühe, und der Durst wurde unerträglich.

Ein Brunnen. Kurze Rast. Wir ließen die Eimer hinab. Das Hinaufwinden wurde zu einer Ewigkeit. Dann tranken wir, immer wieder, eisiges, belebendes Wasser, wuschen uns das Schweißsalz von den Gesichtern, kühlten die Pulse und sanken im Schatten hin. Wir verbanden unsre entzündeten, wunden, Blasen-bedeckten Füße. Aufbruch.

Ich marschierte nicht mehr lange. Die Unmenge Wasser schüttelte mich. Übelkeit kam. Schon brachen mehrere zusammen. Rast. Auch ich blieb zurück. Dann fuhren wir auf einem Lastwagen der Kolonne nach und hielten in Kolbnar an.

Dort lag ich im Straßengraben, unfähig zu gehen, von hemmungslosem Herzklopfen geschwächt. Meine Kameraden trugen mich ins Zelt. Am Morgen ging ich zum Arzt und wurde krankgeschrieben. Ich sollte zur Beobachtung der Herztätigkeit nach Kursk zurück. So nahm ich Abschied von meinen Gefährten, den Rosenkavalieren, so wurde ich der Bote, der die Nachricht von ihrem Sterben brachte und ihrer Bereitschaft.

Die westliche Reise

In der Ferne marschierten die anderen zum Feind, eine lange, müde Reihe, weit auseinandergezogen, in russischer Unendlichkeit. Etwas Staub hüllte sie ein, die Straße verlor sich in der Ferne. Ich sah ihnen nach.

Ein Güterzug holte die Verwundeten ab. Für Kranke blieb kaum Raum, doch mit meinen neuen Gefährten stieg ich auf das Dach des vordersten Wagens. Die Lokomotive zog an. Meine westliche Reise begann.

Langsam fuhren wir in den Abend hinein. Dichter Rauch hüllte uns ein. Wie Bergleute, mit schwarzverkrusteten Gesichtern, lachten wir uns an.

Heimkehr!

Ich wurde ganz still. Ich sah den Weg, wo wir am Vortage marschiert waren, elend, am Ende unserer Kräfte, eine der unzähligen Straßen, wo wir gegangen, deren Staub noch an unseren Schuhen hing. Wiesenduft und Heugeruch mischten sich mit dem Qualm. Der Fahrtwind schnitt in mein Gesicht. Ich trieb in eine grenzenlose Heiterkeit hinein.

In Ochotschewka übernachteten wir. Am anderen Mittag waren wir wieder in Kursk.

Lastwagen brachten uns zur Krankensammelstelle und in ein Chaos hinein. Ein roter, vielstöckiger Bau nahm uns auf, ein Gewirr von Soldaten ohne Pflege, Verwundeten in alten Verbänden, Stöhnenden, Fiebernden und Entkräfteten. Einer der Ärzte hatte einen Nervenzusammenbruch erlitten, der andere untersuchte nur betrunken, die Schnapsflasche stand neben Instrumenten und Binden, und er schickte jeden Verwundeten heim. Auch mir gab er den Ausweis für die Reise nach Warschau.

In der Nacht brauste der Krieg noch über Kursk. Russische Flieger bombardierten die Stadt. Ein Munitionszug ging in grandiosem Feuerwerk auf. Scheinwerfer zerschnitten die Finsternis, Abwehrbatterien schossen, und die Bomben sausten in die Nacht.

Güterwagen brachten uns nach Warschau. Unterwegs kauften wir Erdbeeren von russischen Frauen und saßen in der Türe, schliefen auf der Bank oder dem verschmutzten Stroh. Wir fragten nicht danach, wir waren es längst gewohnt.

Tag und Nacht rollte der Zug. Alles war Abenteuer, nichts mehr Gefahr. Die Todgeweihten erlebten die Begnadigung. Abends standen die Wälder unendlich still, der Himmel schüttete seine Sterne aus.

Heimkehr.

Warschau[29]. Ich genas bald. Ich musizierte mit einem Sänger und einem Cellisten und scherzte mit den Schwestern. Nur die Nächte wurden mir schwer. Nervosität ließ mich nicht schlafen, und die Aufregungen der Fahrt, Zweifel und Hoffnungen des Heimkehrenden, wirkten noch nach. Morfium erhielt ich bald nicht mehr.

So stand ich wieder auf, zog mich im Dunkeln an und wanderte durch die stillen Gänge. Die Nachtschwester begegnete mir und brachte mich in ihre Zimmer. Manchmal ging sie durch die Säle, horchte auf den Schlaf der Soldaten, brachte Medikamente und kehrte zu mir zurück. Wir unterhielten uns die ganze Nacht. Ich erzählte wenig. Doch von ihr erfuhr ich die Tragödie der Frau, der Schwester im Krieg.

Keine Frau, auch keine Dirne, erlebte die Männer, die Menschen, so nackt und so schamlos wie sie. Nicht nur der hilflose, blutende, eiternde Körper, den sie pflegte, lag nackend vor ihr. Auch die Seele verbarg sich nicht. Sie führte ein Leben zwischen Wunden, Eiter, Verstümmelungen, Schmerzen und Exkrementen. Eben der Front, einer unfreiwilligen Enthaltsamkeit entrissen, begegneten die Soldaten ihr. Die Schwester war die erste Frau, die sie wieder sahen, auf lange Zeit oft die einzige. Auch ein uniformiertes Wesen, auch nur eine Masse ohne Gesicht, und darum nichts als verkleidetes Geschlecht. Die Schwester begegnete nur Tieren, auch nur Uniformen, und darin einem zuckenden Stück Fleisch, das eben noch litt und nun schon, beim ersten Genesen, gierig war. Sie sah die Augen der Soldaten. Sie folgten ihr, sie beobachteten ihren Gang, sie tasteten sich unter ihr Kleid. Eine Enttäuschung folgte der andern. Wie Kinder übergaben die Soldaten sich zuerst den pflegenden Händen, und ihre Augen bettelten um ein freundliches Wort. Die Schwester schenkte ihnen Vertrauen, half, lachte mit ihnen, und der Patient genas. Sein Zustand besserte sich. Zu Dankbarkeit war er nicht im stande. Die Schwester verlangte auch nichts. Aber nun begannen die Zweideutigkeiten, Annäherungen, eine Zote, ein beleidigender Witz. Die Schwester lachte noch mit, wollte die rauhen Sitten verstehn, den Menschen, den Verwundeten, gelten lassen. Aber die Soldaten kannten die Grenze nicht mehr. Das Tier wurde stärker. Sie begehrten jedes Weib und hatten nur die Schwester. Jetzt wurde deren Kameradschaft mißbraucht. Durchsetzen konnten sie sich nicht, Humor und Herzensgüte versagten. Der Schmutz gewann an Kraft, und der Haß, die Beute nicht zu bekommen, ließ sich in gemeinen Reden aus.

Dies hatte ich selbst gesehn. Doch die Schwester erzählte weiter.

Manche glichen sich den Männern an. Sie wurden zu Dirnen. Sie liebten nicht, sie nahmen sich ein Männchen aus der uniformierten Masse. Das Geschlechtstier gab ihnen ein Exemplar zur Auswahl, am nächsten Tag ein anderes. Diese unbewußten Dirnen ertrugen es noch leicht.

Andere behandelten die Soldaten nur wie ungezogene Kinder, mit jener Skepsis der Mütter, die viel resignieren oder wie die Nonnen, die ihre Arbeit aus Barmherzigkeit taten und um Jesu willen nach der Welt nicht fragten und dem Lohn, die längst entsagten und vor denen die Soldaten sich auch fürchteten. Die meisten Schwestern aber waren jung.

Sie strich sich über das Haar. Ich sah sie nicht an. Sie sprach leiser weiter.

Den Frauen wurde es am schwersten. Sie fühlten sich als Frauen, wollten Frauen bleiben, taten ihre Arbeit im Kriege und halfen gern. Aber einmal wollten sie auch lieben, heiraten, Kinder haben von einem einzelnen, einzigen Mann. Und nun erzählten ihnen tausend Soldaten von Liebe, bis sie nicht mehr an die Liebe glaubten. Durch die Masse verlor jeder Einzelne seinen Wert und seine Gestalt. Sie mußte glauben, alle Männer seien sich gleich. Keine Ausnahme, kein ernster Patient konnte sie darüber hinwegtäuschen. Auch diese sahen nur ihr Geschlecht. Die Schwestern glaubten nicht mehr an Wesen und Herz. Wenn sie einst zärtlich waren, sich hingaben, dann erschien wieder das nackte Tier, der Soldat, dann hörten sie aus jedem Liebeswort versteckte Gier, aus jedem Seufzer nur ein haltloses Stöhnen. So wurden sie kritisch, zogen Vergleiche und fanden doch keine Zuflucht. Schließlich fanden sie selbst ihre Jungfräulichkeit lächerlich in dieser Welt. Vielleicht klammerten sie sich noch an die vornehme Maske eines Arztes. Aber wenn sie an die Liebesstunde mit ihm dachten, erschraken sie. Die Maske würde fallen, die Enttäuschung käme wieder, noch bitterer, nicht wieder auszutilgen.

Ich antwortete ihr nicht. Meine leise Liebe zu der Nachtschwester zerbrach an diesen Geständnissen. Ich wußte nicht, ob ich mich ausnehmen durfte.

So verkümmerte auch in den Mädchen und Frauen, was ihnen teuer und kostbar war. Auch ihr Leben verlor seinen Sinn, ihr Lieben wurde Betrug oder verkümmerte unter der Furcht vor dem Geschlecht. Keinen, keinen verschonte dieser Krieg.

Ich reiste weiter nach Neubrandenburg. So vollzog sich die Heimkehr. Ich genoß den Sommer dort, las und schrieb viel. Nach meiner Entlassung erhielt ich Urlaub. Ich blieb zu Hause. Ich dachte an meine nahe Ausreise, zum dritten Mal nach Osten. Solange der Krieg währte, hielt auch in der Nachbarschaft des Todes die Ungewißheit an. Nichts konnte geleistet und vollendet werden, alles blieb Fragment, und die Pause machte das Kommende noch schwerer.

Alle Wege führten in die Nacht.

LITAUISCHE LANDSCHAFT

Der Krieg ging weiter, und die Pilgerschaft nahm kein Ende. Ich wanderte wieder in mein russisches Abenteuer hinein und trug noch immer die Maske des Soldaten. Jede Heimkehr blieb ein Geschenk des Schicksals vor großer Gefahr, mein Verweilen nur eine Gnadenfrist und Glück und Segen der Heimat eine Henkersmahlzeit vor dem Tod. Rußland ließ mich nicht los.

Ich reiste wieder dem Winter entgegen und in einen der Brennpunkte dieses Krieges hinein: nach Rschew. Wandlung auf Wandlung geschah, daß ich der Mensch wurde, den die Sterne wollten. So erlebte ich die Hölle des Winterkriegs, so meine beschauliche Reise, und trieb doch noch mein altes Maskenspiel, lebte noch mehr im Schein als im Wesen, spielte mit Worten und Rollen und wurde niemals zum Weisen und zum Mönch.

Gott blieb mir fremd. Nur in höchster Not suchte ich ihn, trieb durch Menschenhaß und Verachtung und lernte die Liebe nicht. So mußte das Schicksal mich wieder an die Grenze führen, wo Gefahr, Tod und Schmerzen Geist, Seele und Werte erneuerten. Immer wieder kehrten Anfang und Ende der Wallfahrt, und nur der Weg vollendete das Leben. –

Warschau. Wir warteten auf den Marschbefehl zur Front. Im Nichtstun vergingen die Tage, und die Nächte gehörten unseren Abenteuern unter fremden Menschen und im fremden Land.

Wir schlenderten durch die Straßen. Parkanlagen und Prunkbauten grenzten an Winkelgassen, Mietskasernen und Ruinen. Warenhäuser, schmucklose und goldüberladene Kirchen schlossen sich an Allerweltsläden, winzige Tawernen, Kneipen, Kaffeestuben und Trödler an. Zwischen Flitterkram und Tand lag kostbarer Schmuck. Bettler, Schuhputzer und Soldaten drängten sich durch den dichten Verkehr. Schlanke Frauen, biegsam, mit schönen Gesichtern unter der Schminke und verwahrloste Mädchen begegneten uns. Am Abend kehrten wir im Varieté oder einer Kneipe ein. Dort erlebten wir Stimmung, Atmosfäre und Verzauberung der großen Stadt. Leidenschaftliche Tänzerinnen entkleideten sich auf der Bühne und setzten sich in hauchdünnen Schleiern zu uns. Wir tranken süße Weine, hörten aufpeitschende Musik, sahen Reichtum, Eleganz und Frieden der Gäste und fanden die Seele des Volkes leichter in der spukhaften Dekadenz, in Spiel, Verflachung und unter dem Flimmerhimmel des Kabaretts als in ihrem Alltag und der ernsten Kunst. Lieder und Parodien verstanden wir nicht, fühlten uns heimatlos, Entwurzelte und Wanderer unterwegs und lebten der Gegenwart. Wenn wir heimkehrten, boten sich Mädchen und Frauen uns an für ein Stück Brot, und unsere Liebesabenteuer machten den Sinn dieser Rast vor dem Kriege aus.

Litauen. Wir fuhren durch eine hügelige, herbstliche Landschaft im Oktoberlicht. Ernst und in schwermütiger Schönheit lagen die Felder da, blaßgrün und braun in gedämpften Farben. Laubwälder starben im roten und goldenen Rausch, und düstere Kiefern wuchsen langsam in den düstern Himmel hinein. Melancholie und Traurigkeit wehten uns an. Wir aber liebten die verhaltene Schönheit dieser Welt. Schlicht ging das Leben dahin.

Saubere Dörfer lehnten sich an die Hügel, Holzhäuser in schmucklosen Gärten, ein gelber Fluß zwischen glänzenden Straßen, Friedhöfe und Ruinen, Waldfleckchen und Birken in der Ferne. Das Reisen machte uns Freude.

Wiesen und Weiden umgaben Dünaburg im Abendlicht. Alles zog vorbei und ließ sich nur sehen, nicht erfassen und halten. Wir kannten die Welt, und doch blieben wir immer nur Gäste und hatten keinen Anteil am Schicksal der Menschen, am Atem der Erde, am Werden und Vergehen umher. Witebsk, Smolenk, Wiasma und tausend Dörfer und Weiler blieben nur Bilder einer unendlichen Fahrt.

Nur die Geister des Krieges gewannen wieder an Macht. Zerstörung und Leere, Einsamkeit, Schicksalsnähe und Todesbereitschaft nahmen uns ein. Wir alle träumten nicht mehr von Notwendigkeit und ahnten kaum das Abenteuerliche unserer Reise. Wir dachten nur an den Wahnsinn des Krieges, das Verbrechen der Zeit und setzten nicht mehr die Sterne in Bewegung für unser Geschick. Wir lebten das Leben noch mitten im Tode. Mehr nicht.

So erreichten wir die Front bei Rschew[30].

DAS WÄLDCHEN BEI RSCHEW

Der Schützengraben

Regenschauer und kühle Tage verwehten mit dem Herbst. In den Mulden sammelte sich lehmgelbes Wasser, und grundloser Schlamm überzog das Sumpfgelände im Raum von Rschew. Entlaubt standen die Erlen im Morast, Feuchte tropfte von Kiefern und Birken, verschmutzt und zertreten drückte sich das Steppengras auf den Boden. Trübe Rinnsale flossen über aufgeweichte Straßen. Die Erde triefte. Bei jedem Schritt sanken die Stiefel ein. Ein Sprühregen überschüttete uns, wenn wir die Fichtenzweige streiften. Wir verließen unsere Zelte und machten uns auf den Weg zu den Schützengräben vor Tabakowo und dem Märchenwäldchen.

Mit Lehm bedeckt, von Schlammkrusten überzogen, in nassen Stiefeln und Mänteln stapften wir durch den Kot. Alles war feucht und widrig, das Brot wie die Kleidung. Rost bedeckte unsere Gewehre. Sonne wechselte mit Nachtfrost und Schnee. Es gab keine Zuflucht vor der Regenzeit.

Die Gräben fanden wir versumpft und oft überschwemmt. In den behelfsmäßigen Bunkern und primitiven Schützenlöchern tropfte das Wasser, und die Pferde brachen auf den Wegen zusammen. Ein Pferd war wertvoller als ein Soldat. aber wir nahmen unser Schicksal, wie es kam, lebten in unseren Erinnerungen auf und dachten an unsere Heimkehr. Bald gewöhnten wir uns wieder ein, als hätte sich seit der Schlammzeit des Vorjahres nichts geändert.

Nur die Landschaft berührte uns freundlicher. Erlengesträuch, Sumpfmulden und Hügel mit Waldresten zeigten eine schwermütige Schönheit, bald idyllische Verlorenheit, bald unheimliche Öde. Wir gingen wieder ins Geheimnis der russischen Erde ein.

Wir marschierten nicht mehr, übernachteten nicht mehr in Dörfern und Scheunen. Weit hinter den Gräben noch stand kein Haus, kein Stall mehr unversehrt, von Tabakowo fanden wir nur verbrannte Balken, Ziegel, Gärten mit erfrorenem Gemüse, Espen und Straßen. Bohlen und Bretter hatten zum Bunkerbau gedient.

Wir wohnten in einem erweiterten Schützenloch. Eine Balkenschicht schützte uns gegen leichte Granatwerfer, ein Kastenofen gab etwas Wärme. Brennholz besorgten wir uns irgendwo im Gelände. Waschen konnten wir uns nicht, und die Feldküchen brachten das Essen erst in der Dämmerung in eine entfernte Schlucht. Fast täglich gab es Tote und Verwundete auf diesem Weg. Doch unsere gute Laune und ein ruhiger Sinn blieben uns treu. Die Gefahr wurde zum Alltag, und was uns auf dem Auszug erscheckte, berührte uns nun kaum. Geist und Seele paßten sich den Forderungen des Schicksals an.

Dreihundert Meter vor uns lagen die russischen Gräben, eine Mulde dazwischen und ein Drahtverhau. Ununterbrochen jagten Gewehrgeschosse hinüber und herüber, pfiffen und zwitscherten über unseren Köpfen oder explodierten in der Grabenwand. Ab und zu streuten leichte Granatwerfer unseren Graben und die Umgebung ab. Scharfschützen machten jeden Sprung aus dem Graben zu einem Wettlauf mit dem Tode. Wir wurden gleichgültig und wußten nicht, ob aus Fatalismus oder Gottvertrauen.

Wir Seiltänzer bewegten wir uns zwischen den Lehmwänden, auf Balken und schmalen Rosten über dem Schlamm. Viele wurden durch Nässe und Kälte krank. Der nasse Lehm überkrustete Mäntel und Decken, die Lattenroste versanken im Wasser. Wir konnten Schuhe und Strümpfe nicht wechseln. Tagsüber durfte nicht geheizt werden, weil die Russen auf den Rauch des feuchten Holzes feuerten. In die meisten Schützenlöcher konnten wir nur kriechend gelangen. Eine Zeltbahn ersetzte die Türe. Am Tage wechselten Waffenpflege und Schanzarbeit, und in der Nacht zogen wir alle zwei oder drei Stunden als Posten auf, um ins Niemandsland zu starren, ob ein Feind, ein Spähtrupp sich zeigte, und zu warten, ob eine Kugel uns traf oder ein Volltreffer unser Fleisch und Hirn an die Grabenwand klebte. Dann froren die Eingeweide an den Lehm, Tuchfetzen und Blut lagen umher, die Reste wurden zusammengekratzt und verscharrt, und mancher fand noch nach Tagen Überbleibsel eines Kameraden und erkannte sie nicht.

Die Nächte brachten nur zerstückelten Schlaf. Postenstehen und Bereitschaftswache wechselten, und im Morgengrauen vermehrte sich die Gefahr eines Angriffs. So standen wir und wachten, einzeln oder zu Zweien: Gespenster nur, Schatten, kaum sahen wir des anderen Gesicht. Nur die Leuchtkugeln rissen uns aus der Finsternis, tauchten uns einige Sekunden in ihr bengalisches Licht, grellweiß, goldgelb, fahlgrün, blutrot standen ihre Fackeln über der regungslosen Landschaft, Waldrand und Graben, und erlöschend schleuderten sie uns in die Urnacht zurück. Nebel schwebte über gelbbraunem Gras.

Jeder Strauch wurde zum drohenden Fantom, die Halme riesengroß und im Wind zu nahenden Feinden.

Nach Mitternacht stieg der abnehmende Mond über den Horizont, rot und rund über der Nebelflur, als bräche Blut aus den Hügeln. Langsam wuchs er wie eine Geistermaske in der Nacht, und wie eine zauberhafte Bühne wurde die Nacht im stillen Sammeln und Verschweben des Silbergewölks.

Andere Nächte leuchteten sternklar und weit. Orion und Wega, der Wagen, Fische und Zwillinge und das schimmernde Band der Milchstraße kreisten unendlich ruhig um den Polarstern, gleichgültig gegen Krieg und Frieden auf der Erde. Darunter jagten Leuchtspurgeschosse hin und her. Schönheit und Erhabenheit des Sternenhimmels gingen uns nichts an. Wir waren zum Töten bestellt, todmüde, frierende, sehnsüchtige, machtlose Soldaten, und hielten die Wacht. Maschinengewehre hämmerten kurz und dürr, eine Granate schlug ein: das einzig hatte Sinn in unserer Welt.

Vollmondzeit, helle Nächte des russischen Nordens. Verzaubert lag das Niemandsland im weißen Glimmen und Leuchten, und die Nacht wurde ein magischer Tag. Fast bis zu den russischen Gräben erblickten wir das Land. Nebel stieg, Nachtkälte schnupperte nach uns, und der Traumgott trug uns nach Hause.

Die Morgendämmerung brachte ein heiliges Schweigen. Der Tagesanbruch begab sich wie ein erlösender Traum. Die Schönheit dieser Stunden war manche Nacht voll Angst und Mühsal wert. Manches Erlebnis in diesen Gefahren und der Härte der Zeit erschütterte uns und wühlte uns auf. Das Daseinsgefühl steigerte sich in der Bewährung wie im Leid, und eine sfärische Begeisterung trug uns durch schauernde Stunden. Mitten im Tode wußten wir: Wir sind!

Die Sonne sank in apokalyptischen Farben. Jedes Bild wurde zu einer Kostbarkeit, weil es zwischen Abschied und Heimkehr lag. Die Nacht verging, und wie eine Morgendämmerung lag eine neue, immer wunderbarere Heimkehr hinter all unseren abenteuerlichen Wanderungen.

In einer Nacht verirrten wir uns, als wir mit der Verpflegung zum Bunker zurückkehrten. Wir sprangen über einen versunkenen Graben ins Niemandsland und eilten bis an den russischen Stacheldraht. Doch unbehelligt fanden wir dann unsren Weg und sahen nachher das tollkühne Unternehmen wie eine Komödie an.

Die Nachtfröste wurden stärker, die Erde gefror, und manchmal witterten wir schon den Hauch von Reif und Schnee in der Luft. Der Herbst ging zu Ende. Der zweite Winterkrieg in Rußland begann.

Wir zogen unser Panzerabwehrgeschütz aus dem Graben zurück. Quer durchs Niemandsland schleppten wir es über Gräben und Granattrichter hinweg. Einer wurde verwundet, ein Pferd verendete am anderen Tag. Eine andere Stellung, weniger gefährlich, ferner vom Feind, nahm uns auf. Das Leben ging weiter, doch der Tod blieb unser tägliches Brot.

Verschneite Fernen

Nicht weit vom Märchenwäldchen lag unser Bunker in einem Bombentrichter. Niedrige Sträucher streckten ihre kahlen Ruten über die Laufgräben, und ringsum breitete öde Steppe sich aus. Die Nächte durchwachten wir bei Schanzarbeiten unter dem Sichelmond. Das Feuerwerk der Leuchtkugeln spielte in der Ferne, und wir freuten uns, in größerer Sicherheit zu wohnen. Unsere Kampflust hatte sich längst in ein müdes Ausharren verwandelt.

Wir richteten uns ein, so gut es in der Enge ging. Der Bunker war warm und bot Raum zum Schlafen genug, einen Tisch und eine Bank. Mehr brauchten wir nicht. Mit Branntwein, heißer Zitrone und Röstbrot bereiteten wir uns die kleinen Freuden des Lebens.

Die Front wurde unruhig. Nachts krachte und knatterte es in den Gräben, überall blitzte es auf, und wir sorgten uns mehr. Aber bald trat wieder Ruhe ein. Lodernde Sonnentage kamen, so übermäßig leuchtend, wie sie nur der russische Winter über frosterstarrter Landschaft bringen konnte. Wir fanden noch erfrorene Maßliebchen, winzige blaue Blütensterne und welkendes Kraut. Reif behauchte das Land, und wir saßen am Ofen. Das Holz knisterte, die Flammen tanzten, der Wind sang im Rohr, und draußen wanderten die Sterne.

Nach Mitternacht stürzte tiefe Finsternis herein. Der Himmel bezog sich mit dichten Wolken, ein heftiges Wehen begann, und dann wirbelte der Schnee über die Ebene, die gelben Gräser und das Wäldchen, blieb in weißen Flecken und Streifen liegen, füllte die Mulden und verwandelte langsam das Land. Gelbgrau blickte der Himmel herab. Mit offenen Augen nahmen wir die Bilder auf.

Solange wir wachten, konnte die Seele niemals verkümmern.

Der Winter blieb noch lange mild. Wir wurden mit Wollsachen und wattierten Anzügen gegen Schnee und Kälte ausgerüstet. Filzstiefel trafen ein, und das Soldatenleben war leichter zu ertragen.

Lichtblauer Himmel, Schneefiligran an Zweigen und Gräsern, glitzernder Rauhreif im Morgenlicht, und Ruhe an der Front: so liebten wir unsere Welt.

Meine Kameraden wurden nach Olinin[31] geschickt, wo die Russen einen Einbruch erzielt hatten und ihr Druck sich verstärkte. Sie froren, wurden verwundet, mußten doch aushalten, litten an Erfrierungen, wohnten in Schneehütten ohne Öfen und kehrten nach Wochen fast verhungert, krank, und wie Gespenster zurück, ein Häuflein Überlebender aus großer Not. Ich blieb allein, nur mit einer Pistole bewaffnet, um den Bunker zu bewachen und in Ordnung zu halten.

So führte ich mitten im zweiten Winterkrieg ein Einsiedlerleben[32]. Ich hackte Holz, heizte, bereitete mir Kaffee, schrieb und sang vor mich hin. Nur beim Essenholen begegnete ich noch einem Menschen.

Im Licht einer Öllampe oder Kerze saß ich am Tisch, horchte dem Summen und Knistern des Bunkerofens, sah in die verglimmende Glut, in Tanz und Flackern der Flammen, träumte und versäumte die Zeit. Ab und zu besuchte ein anderer Einsamer mich, und wir erzählten uns von unserem Friedensleben, Kriegsfahrten und Hoffnungen, sahen in den treibenden Schnee und gingen an stillen Tagen durch die Wälle der Gräben wie durch eine winzige Gletscherwelt.

Alles, was draußen so wichtig schien, versank in der

inneren Stille. Nur im Herzen lebte die Fülle der Bilder und Träume. Ich zehrte von einem Vorrat aus vergangener Zeit. Geheimes offenbarte sich nicht, doch Licht und Schneefall, Flammentanz und Mondlicht wurden Ereignisse. So wohnte ich wie ein Eremit einsam im All, fern dem Krieg und dem lauten Getriebe der Welt.

Abenddämmerung. Ich zog den Tarnanzug an, nahm Kochgeschirr und Feldflasche, hob die Decke vom Eingang und trat hinaus.

Schneesturm raste über die Ebene, fast riß er die Luft zum Atmen vor meinen Lippen weg. Ein dichter Schleier tanzender, taumelnder, wirbelnder Flocken hüllte mich ein, und der scharfe Wind schnitt wie ein Rasiermesser ins Gesicht. Ich sah den Himmel durch das grauweiße Treiben und Kreisen nicht, und unaufhaltsam wuchs die Schneedecke unter meinen Füßen. Nur wenige Schritt weit konnte ich noch die Erde, einen Baum und Strauch erkennen. Ich stemmte mich gegen den tosenden Sturm und schlug die ungefähre Richtung nach der Küche ein. Mit dem Tuten und Dröhnen eines Nebelhorns fegte es über das Land.

Lange schon war ich mühsam gegangen, in Schweiß gebadet, und hatte den Weg zur Küchenschlucht noch nicht erreicht. Endlich stieß ich auf einen Weg, doch er war mir fremd. Hier war ich noch nie. Ich überschritt ihn, und die Dämmerung schüttete blaugraue und trübe Tinten in das jagende Weiß. Ich eilte, um mich nicht zu verspäten, und sah plötzlich einen Wald neben mir, ein niedriges Gehölz – nicht das Märchenwäldchen, kein Waldfleckchen, das ich von ferne her kannte. Ich mußte durch eine Lücke zwischen den Gräben wieder ins Niemandsland gelaufen sein.

Ich wurde unsicher und kehrte um. Der Schnee hatte meine Tritte schon wieder verwischt, und im Abendgrau verschwamm der Raum. Ich wußte nicht mehr, wohin ich mich wenden sollte. Dauernd dröhnte mir das Nebelhorn ins Ohr.

Ich fand die Straße wieder und folgte ihr. Keine Wagen- und Schlittenspur zeichnete sich ab. Ich gelangte an ein andres Waldstück, und in der Nähe tönte das langsame Tacken russischer Maschinengewehre. Dann sauste ein Geschoßhagel an mir vorbei. Ich warf mich hin, entsicherte die Pistole. Nichts. Ich kroch zurück, schlug die entgegengesetzte Richtung der Straße ein und stieß auf einen zerschossenen Panzerwagen. Doch es standen viele so umher. In der Nähe entdeckte ich verschneite Ruinen eines Dorfes, nicht Tabakowo, nicht Pondarewo. Ich suchte umsonst. Ich rief in das Brüllen hinein, lief im Kreis, hielt keuchend ein, stand erschöpft, hilflos, voll Angst und Ungewißheit in der Nacht. Es war schwarz geworden, und der Schneesturm ließ nicht nach.

Ich gab das sinnlose Beginnen auf, kroch in den Panzer, rauchte eine Zigarette und beschloß, das Ende des Stürmens oder den Tag zu erwarten. Gleichgültig gegen die Gefahr und müde schlief ich ein.

Nach Mitternacht erwacht, stand ich frierend und schwankend auf der Straße. Das Schneetreiben hatte nachgelassen. Ich entdeckte eine Telefonleitung und ging ihr nach. So kam ich zur Schlucht und fand den Rückweg bald. Erschöpft kam ich im Bunker an, machte Feuer, aß ein Stück altes Brot und legte mich hin. Aber viele Stunden noch fand ich keinen Schlaf. Das Nebelhorn heulte in meinen Ohren, und ich war froh, als der Tag begann.

Als ich erwachte, war ich eingeschneit. Gedämpft nur fiel das Frühlicht herein. Eine breite Schneemauer hatte mich begraben. Meine Kameraden besuchten mich und schaufelten mich heraus. Friedlich stand das Märchenwäldchen da, weiß die Hügel, weiße Mäntel verkleideteten die Fichten, weiß Bunker und Graben, keine Spur im jungfräulichen Schnee. Und doch suchten die Dämonen dieser Landschaft mich heim, füllten die Seele mit eisigem Schweigen und einem Fatalismus, der mich dulden ließ wie Gras und Baum. Aber vielleicht taten sie das Ihre, das Innere dem Schicksal anzugleichen, damit der Mensch das Unmenschliche ertrug.

Ich setzte mein beschauliches Einsiedlerleben fort. Nur in einer Nacht knarrte draußen der Schnee von tastenden Schritten. Ich hörte russische Worte und hielt die Waffe bereit. Aber der Spähtrupp ging weiter und entdeckte den verschneiten Eingang nicht.

Dann verließ ich die verschneiten Fernen.

Das Märchenwäldchen

Im Märchenwäldchen entstand eine unterirdische Stadt. Bunker reihte sich an Bunker, die Straße entlang. Wie in ein letztes Haus am Rand der Welt zog ich zu einer Granatwerferbedienung an der Feindseite, um dort als Maschinengewehrschütze gegen Stoßtrupps und Späher zu sichern.

Wir wohnten geräumig und warm, empfingen reichliches Essen, stellten wenig Posten und hatten genügend Schlaf.

Dort erlebte ich den Advent, die Zeit der Vorbereitung. Sonst immer im Aufbruch, erwartete ich nun die Verheißung. Ein Ahnen furchtbarer Ereignisse wechselte mit Übermut und Launen. Ich gewann mehr Selbstvertrauen und dachte ruhig an den Advent des Vorjahres zurück. –

Die Russen zogen Verstärkungen uns gegenüber zusammen. Erhöhte Aufmerksamkeit wurde befohlen. Tauwetter begann. Der Schnee schmolz und sickerte die Grabenwände hinab, die Erde weichte auf, und das Schneewasser drang durch die Schuhe und machte die Filzstiefel schwer und kalt. Nackt starrten die Bäume in trostlos graue Tage, und in der Fischermulde zerbrach das Eis.

Russische Überläufer verrieten einen geplanten Angriff, und Alarmbereitschaft wurde gegeben.

Vier Tage und drei Nächte blieben wir ohne Schlaf, immer in die schweren Winterröcke gekleidet. Der Ofen brannte, Schweiß floß uns von den Stirnen und im eisigen Zugwind froren die Füße. Die Kälte setzte ihr Wolfsgebiß wieder an. Aber es tropfte noch immer von der Bunkerdecke. Umsonst spannten wir Zeltbahnen auf. Was wir berührten, war feucht und widrig von niedergeschlagenem Schmutz, Hosen und Mäntel klamm, das Lager auf den Pritschen mit Lehmbrocken bedeckt. Wir warteten, würgten das verschimmelte Brot hinunter und nichts geschah.

Bereitschaft. Unsere Waffen froren ein. Das Schuhwerk saß wie Eis um unsere Füße. Bereit. Zum Sterben und zur Flucht. Es war kein Unterschied, ob eine russische Kugel uns traf oder eigenes Sperrfeuer, das dann wahrscheinlich auf unseren Stellungen lag, ob wir unterwegs zusammenbrachen und an Erschöpfung verreckten oder in endlosen Nächten auf Posten erfroren. Eine Stunde, und wir verloren das Gefühl unserer Hände und Füße, eine zweite, und der Körper schüttelte sich wie im Fieber, bebte, stumpfte ab, drei Stunden, und das Blut erstarrte, Träume kamen – und jäh riß die Ablösung den Halbumnachteten wieder ins widrige Leben zurück. Wir tauten uns auf, starrten uns an: ein gespenstiger Kreis von sieben totenblassen Soldaten, von Bunkerluft, Rauch und Ruß verfärbt und verstaubt, mit verwilderten Haaren und trostlosen Augen, von Läusen gequält.

In den Kochgeschirren faulten die Essenreste. Wir versteckten die Uhren, die Zeit verging doch nicht. Das Warten wurde zur Folter. Es zermürbte uns. Alles verlor seinen Sinn, und wir ersehnten die Erlösung des Gefechts. Ein Verwundeter kam zurück, mit Papier verbunden. Es fehlten Leute. Wir mußten aushalten. Wir waren Soldaten und Wegbereiter einer großen Zeit, an die wir nicht glaubten. Alles ging vorüber. Bald sank die Nacht auf das Schlachtfeld, und die Spuren der Wölfe mehrten sich im Schnee. Uns aber nahm die Verwesung in liebende Hände. Unsere Jugend konnten wir erträumen, wenn der Krieg sie uns raubte, unser ungelebtes Leben uns sehnsüchtig ausmalen: es war einmal eine Nacht, wo viel getrunken wurde, gesungen, getanzt und geküßt, und es waren noch tausend andere Nächte voll Musik, Zauber, Rausch, Lachen und Sinnen, Wandern und seliger Traurigkeit. Aber sie gehörten uns nie. Wir sahen den Schnee: Gott hatte ihn geformt, wie er auch uns geschaffen. Wir gedachten der Heimat, der Bücher, die wir verbrennen mußten samt ihren Lügen. Wir mußten heimkehren, die Türen verriegeln, von ferne den Untergang des Abendlandes betrachten und unsere Söhne erwürgen, kaum daß sie die Mutter gebar, damit kein Krieg mehr sei auf dieser Welt. Das Leben war groß, Advent, und der Erlöser nah: schon füllte man in russischen Munitionsfabriken die Granaten für uns. Wir vermehrten die Birkenkreuze, auf denen ein Stahlhelm lag, und wo ein Mensch verweste, aus dem man ein Vieh gemacht. Dies war der Sinn dieses Krieges.

So stürzten wir in die Verzweiflung hinein. Der Galgenhumor versagte. Der Ironie stand dieses Leid nicht offen, und wir lachten nur unserem Elend in das grinsende Gesicht. Teuflische Fratzen blühten auf dem Mistbeet unseres Advents.

Wir hielten das Warten im Bunker nicht mehr aus. Im Anbruch der Dämmerung eilten wir wie auf der Flucht an den Rand des Märchenwäldchens. Frischer Schnee war gefallen, und wir sahen einen langgestreckten Hang hinunter zur Fischermulde.

Vor uns dehnte sich die dämonische Landschaft des Krieges. Nebel stieg in dichten Schwaden aus der Schlucht und verschleierte die Fichtenstreifen auf der jenseitigen Höhe, mit trübem Dunst. In der Ferne verschwamm die Ebene mit grauem, fahlrötlich angehauchtem Abendhimmel. Blauweiße Schatten und gelbe Lichter spielten über den Schnee. Kein Mensch zu sehen, kein Tier, kein Wort zu hören und kein Vogelruf. Nur aus den Bunkern stieg langsam weißer Rauch von Feuern aus nassem Holz und hing in gefrorenen Fahnen über dem Tal, als gössen dort geisterhafte Schmiede die Kugeln der kommenden Schlacht.

Langsam kehrten wir ins Märchenwäldchen zurück.

Über Nacht fiel der Schnee, lag dicht und weich auf der Erde, und die Zweige trugen seine zarte Last. Schön und still hob sich das Wäldchen im Frühlicht aus der Nebelflur.

Jäh setzte die große Symphonie des Krieges ein und brauste darüber hinweg. Wir hörten die Abschüsse der russischen Artillerie und das Echo von den Hügeln hinter feindlichen Gräben. Die Granaten schlugen weit im Hinterland ein. Der Widerhall donnerte, überlagerte sich in einem elementaren Dröhnen und hallte weiter wie ein Geisterchor. Dann krachten die ersten Einschläge im Wäldchen. Artilleriegranaten barsten dumpf und hart, grell heulten die Geschosse der Panzer und Panzerabwehrgeschütze heran und krachten schrill in der Explosion. Jäh zersprang die Granatwerfermunition. Dazwischen spannen Maschinengewehre ihr tödliches Netz. Die Salven russischer Nebelwerfer trommelten darein. Ununterbrochen schrillte, stöhnte, pfiff, heulte, kreischte es heran, wuchs zum Orkan und ertrank in einem endlosen Donnern. Wir konnten die einzelnen Abschüsse und Einschläge nicht mehr unterscheiden. Das war das Trommelfeuer.

Wir saßen im Bunker, fertig angezogen und die Waffen bereit. Nur zwei Lagen Balken und aufgeworfene Erde schützten uns, und wir fühlten uns doch von Lähmung und würgendem Warten erlöst. Die Schlacht hatte begonnen, und das Gefecht konnte nicht furchtbarer als dieser Auftakt sein.

Der Bunker wankte und bebte. Ruhig sahen wir in das Wüten hinaus, in Feuer, fliegende Erdbrocken und Rauch. Schwarzer Staub stieg steil empor und fiel zerstreut zusammen. Ein Regen von Splittern und gefrorenem Lehm ging vor der Türe nieder. Graubraune, gelbliche, schwarze und lichtgraue Schwaden von Pulverdampf verwehten. Der Geruch ätzte unsere Lungen und biß in die Augen.

So plötzlich wie er begonnen hatte, endete der tosende Spuk und verlagerte sich wieder ins Hinterland. Die Telefonleitungen waren zerfetzt, kein Melder durfte sich hinauswagen, aber wir wußten: jetzt stürmte die erste Welle der Russen gegen die Gräben vor uns heran. Wir eilten an den Granatwerfer, brachten unser Maschinengewehr in Stellung. Und sahen sie kommen: in weißer Tarnkleidung, in Gruppen und Reihen. Abwehrfeuer setzte ein. Wir sahen sie fallen, stocken und fliehen. Eine Stunde verging.

Auch die zweite Welle brach im Feuer deutscher Maschinengewehre, Infanteriegeschütze und Granatwerfer zusammen. Dann senkte die Dämmerung sich herein. Weit vor uns lagen die Toten. Verwundete krochen zurück. Unsere Verletzten wurden zum Arzt getragen. Es war unheimlich still, nur ab und zu fiel ein Schuß wie ein Nachhall vom Lärm dieses Tages.

Das Märchenwäldchen aber hatte sich verwandelt. Der Schnee war nicht mehr weiß: Von einer schwarzen Kruste von Pulverschleim überzogen, zerwühlt, mit Staub, Splittern und Erde gemischt, wodurch der helle Grund nur geisterhaft im frühen Abend schimmerte. Das Wäldchen schien wie gerodet. Entwurzelte Bäume lagen gehäuft, Trichter reihte sich an Trichter, und die Granaten hatten das gefrorene Gezweig von den Stämmen gefegt. Zerfetzt und zerbrochen reckte sich das verletzte Geäst, die Rinde von Splittern verwundet. Nackt ragten die Fichten empor, Torsi, der zerschmetterten Nadelzweige beraubt. Schönheit und Leben des Wäldchens waren Opfer des Krieges geworden, wie die Verwundeten und Toten umher.

Wir Überlebenden aber liebten die Gefahr, die das mörderische Warten vertrieb. In der Materialschlacht bewies das Leben sich kräftiger in einer wilden Daseinslust. Der Krieg führte uns in einen traumhaften Bereich, und mancher, der friedlichen Herzens war, spürte eine geheimnisvolle Sehnsucht nach dem Furchtbaren in Dulden und Tat. Der Urmensch in uns wurde wach. Instinkt ersetzte Geist und Gefühl, und eine transzendente Vitalität nahm uns auf.

Doch nun kehrten wir als Ernüchterte, erschöpft und durchfroren, in unseren Bunker zurück.

In der Nacht sprachen wieder die Waffen. Wie ein Zwiegespräch der Maschinengewehre klang es von Graben zu Graben. Wir horchten auf der Wacht. Schneehelle Nebelnacht, worin die Leuchtkugeln hoch im Dunst verglühten und uns regungslosen Gespenstern menschliche Züge gaben. Da rief ein deutsches Maschinengewehr in schnellen, abgehackten Feuerstößen dem Feinde zu, daß wir da waren und wachten, und das ruhigere Tacken eines russischen antwortete nach kurzer Pause oder mischte sich in das Verklingen unserer Waffe hinein. Von den Hügeln hallte ein fugiertes Echo nach.

Es war ein Konzert technischer Orchester, mechanischer Instrumente, von ihren Opfern betätigt. Das Metall regierte. Gras und Wald hatten zu dulden wie der Mensch.

Am nächsten Tage erlebten wir ein anarchistisches Auflösen der kriegerischen Stimmen. Regellos klang das Feuer der Artillerie, Nebelwerfer, Panzergeschütze und Granatwerfer. Die letzten Angriffe scheiterten vor unserem Drahtverhau. Am Abend war es vorbei.

Wir zählten die Gefallenen vor unseren Gräben und suchten unsere Verwundeten und Toten, nannten Namen, deren Träger nicht mehr war. Fast unberührt, ohne Bedauern, wie bloße statistische Tatsachen, worüber wir zur Tagesordnung übergingen.

Einer unserer Gruppe hatte einen Volltreffer erhalten. Wir sammelten seine Glieder aus dem blutverkrusteten Schnee, scharrten die Masse Fleisch und Geweide zusammen und warrfen Erde über Gehirn und Blut. Den leichten Rest wickelten wir in eine Zeltbahn und gruben ihn vor Tabakowo ein, als hätte die Materialschlacht uns selbst zu seelenlosen Maschinen gemacht.

Aber auch die Toten fanden keine Ruhe. Wie sie im Sommer oft Wochen verwesend im Kornfeld lagen und Schmeißfliegen in ihren Augen wühlten, bis einer sie fand, ein Totengräberkommando sie barg und die schleimige Masse auflud und auf einem Heldenfriedhof vergrub: so geschah es, daß auch die Gräber vor Tabakowo wieder aufgerissen wurden und die Gebeine an anderer Stelle verscharrt. Dort ruhten sie in Frieden, und ewig blieb der Toten Tatenruhm.

Danach durften wir endlich schlafen. Einige sanken auch bald in ohnmachtartige Erschöpfung, wir anderen blieben wach. In jedes Eindämmern heulten die Granaten herein und rissen uns auf, und die Stille draußen vermehrte das Tosen der Erinnerung. Wir schwankten noch auf der Brücke zwischen Leben und Tod.

Immer wieder erlebte ich jene Minuten, wo ich schutzlos in einem Bombentrichter lag und das Trommelfeuer aufflackerte, den Trichterrand pflügte und mich mit Schnee und Erde überschüttete, bis ich das Bewußtsein verlor. Meine Kameraden gruben mich aus, trugen mich in einen Bunker und hielten mich für tot. Und als ich erwachte, kam ich wie aus einer anderen Welt.

Denn wir lebten in der Nachbarschaft des Todes. Nicht dass Sterben war schwer. Das Zögern, die Allgegenwart des Todes machten sein Grauen und seine Größe aus. Er hatte nicht die langgeschonten, er hatte nur die schnell Gefällten lieb. Uns aber verwandelte er Jahr um Jahr. Er führte uns durch die Geheimkammern der Seele, weckte die Engel in den Guten und in den Bösen die Geister Kains. Er füllte uns und ließ uns verschalen, trieb Früchte aus uns und schuf aus einem Tropfen Wermut ein Meer der Not. So wuchs er über uns hinaus als siegreicher Baum.

Wie ein Schatten stellte er sich vor den Schwachen, stürzte ihn in das Gelächter der Verzweiflung, weckte fiebernde Gier nach Überschwang und Lust des Lebens, löschte die letzten Feuer von Entsagung und Güte, Andacht und Glauben, riß ihm die Maske herab und ließ ihn fallen wie ein verlorenes Aas.

Mancher neigte sich dem Tod wie eine reife Frucht. Gern ankerte der Weitgereiste in seinem Hades, und die Vorbereitung wurde ihm zum Glück. Da war der Tod fast wie ein Licht aus Innen. Keine Geisterwelt konnte er zertrümmern, und sein Verharren krönte noch die Zeit.

In seiner Nähe aber wurden alle Werte neu. Das Gold wurde eitel, doch kostbar schien jedes Stück Brot. Bücher verflachten oder fanden tieferen Sinn, Liebschaften ihre Vollendung wie ihr Verrinnen. Nur das wesentliche bestand. So machte uns der Tod zu neuen und besseren Menschen.

Birkenkreuze aber erzählten die winterliche Legende.

Das Gespensterwäldchen

Das Stundenglas streute langsam seinen Sand, und jedes Körnchen ruhte in Gottes Händen. Wir aber wußten es nicht.

Wir erlebten den Anbruch des neuen Jahres noch im Märchenwäldchen, begingen die Sylvesternacht mit Branntwein und kühnen Gesprächen und veranstalteten um Mitternacht einen Feuerzauber aller Waffen[33]: 1943! Eine trunkene Wanderung folgte, eine Schlittenfahrt, und wir schliefen am Tage. Aber beim Anblick der geköpften Bäume, der nackten Sträucher, denen auch der Rauhreif, die sichtbare Seele der zarten Dinge, kein Leben mehr gab, in all den Trümmern von Schönheit und Frieden, da überkam uns oft das Gefühl, als führte dies alles ein gleich geisterhaftes, unwirkliches Leben wie wir. Dann tauchte irgendwo der Name Gespensterwäldchen auf, und bald wurde er allgemein gebraucht.

Gespenster schienen auch wir. Granaten und Gefechte waren über uns hinweggegangen und hatten uns entwurzelt wie die Fichten. Unsere Masken aus Laub und Nadeln hatte der Krieg uns geraubt. Innerlich waren wir zerrissen und entstellt wie das Gesträuch nach der Schlacht. Wir konnten nichts mehr denken als: Granaten, Abschuß, Einschlag, schwarzer Schnee, Blut, Tod, und später wurde uns der Schwarze Schnee zum Symbol für die Verheerungen, die der Krieg in unseren jungen Seelen angerichtet hatte. Nur der Rauhreif von Härte und Gefahr und der frische Schnee des Schweigens verbargen diese Wunden, bis im Frost auch das Letzte von uns fiel, Stück um Stück von unserem Wesen brach und wir zu Schatten unseres früheren Lebens wurden.

Wir wollten das Vergangene vergessen und begraben und konnten es nicht. Dann wieder wühlten wir uns in die Erinnerungen hinein und trugen es noch in den Urnen unserer Träume.

Der härteste Frost begann, als wehte unablässig ein eisiger Wind von den Sternen herab. Greller leuchtete der weiße Mond aus dem Wolkendrang. Unsere Hände und Füße wurden nicht mehr warm. Wir litten an Verfolgungswahn. Vom Tod umgeben, gingen wir wie im ewigen Abschiednehmen durch diese Tage. Mitten im Tode leben wir – so verwandelten wir den alten Spruch. Wir lernten, die Zeit zu hassen und den Krieg zu verfluchen. Doch innerlich wehrten wir uns noch gegen das Vergebens aller Opfer, um nicht der Verzweiflung des Soldaten auf verlorenem Posten zu verfallen.

Es war nach den Gefechten. Aber nachher wurde alles erst wahr. Nachher erkannten wir erst, wie unmenschlich alles Erlebte war und versuchten, ihm Sinn zu geben und Wert. Aber die Wahrheit zwang uns, manche geliebte Täuschung abzutun. Ein geistiger Existenzkampf gegen die Realität begann. Aber wir fanden kein Zauberwort und keinen neuen Betrug. Schonungslos fügte sich der Krieg in den Mikrokosmos unseres Weltbildes ein.

Immer währte der Schnee, blieben die Nächte voll Schweigen, als sei alles nur Traum. Wenn wir in unseren Herzen noch Menschenliebe entdeckten, wehte Gottes Lächeln um unsere Stirnen. Wir glaubten wieder an bessere Welten, die aus dem Untergang und Niemandsland entstanden, und wenn wir die Augen schlossen, traten uns die Bilder der Heimat entgegen, wie ein Pilgerzug, in Goldglanz getaucht.

Einst mußten auch die Träume der Soldaten zu gelebtem Leben werden. Wir kamen mit leeren Händen, doch einst würde alles vollbracht.

Wir fragten und sannen.

Wir lebten nicht in einer großen Zeit, wenn auch vieles von gigantischem Ausmaß geschah. Als Atome eines Orkans erlebten wir Erschütterungen und Katastrofen mit und träumten vom Untergang des Abendlandes, das sich selbst zerfleischt. Wir nahmen an einer Tragödie teil: es war der Triumf der Technik über Mensch und Gott. Die Größe der Schlachten von Sprengstoff und Stahl, die Maßlosigkeit der Unternehmungen, die Anstrengungen von Material und Kraft im planetarischen Raum, diese Gewalt ließ sich nicht leugnen, aber nicht die Mechanik, sondern der Geist machte die Größe eines Zeitalters aus.

Unsere Größe aber blieb auch nur ein Wahn. Ohnmächtiger als ein Stückchen Stahl stand der Mensch zwischen entfesselten Mächten, nur eine Zahl, nur eine Waffe und ein gehorsamer Leib, Diener einer Maschine. Wir wollten es nicht. Aber wir gaben uns lieber dem Zufall eines Gefechts, dem Spottbild des Soldatenglücks hin, als dem sicheren Tod durch das Gesetz. Ob wir erschüttert, mutig oder zitternd, tollkühn oder feige, bereit oder verzweifelt in den Kampf gingen, wog nichts vor der Tatsache, daß keiner freiwillig ging. Nur manchmal, am Rande des Wahnsinns, geschah ein heroischer Opfergang von Einzelnen, die nicht mehr an ihr Leben glaubten.

Wir waren Soldaten, stumpfsinnige Wesen, die in Gräben und Bunkern vegetierten, ihre Zeit hoffnungslos vergeudeten, prahlten, fluchten, sorgten, aushielten, gehorchten – entmenschte Karikaturen. Es gab nur selten eine Bewährung des Menschentums im Krieg. Und wollten wir Vereinsamten schreiben, lesen und lernen, so entstand ein Kampf um die Kerze, das Licht, das auch zum Essen und zur Bereitschaftswache leuchten mußte, doch nicht für den Geist.

Einst schien uns der Krieg als eine Notwendigkeit, als Gottes Fügung, kosmisches Ereignis, voll Sinn für die Vollendung und Vernichtung auch des Einzelnen. Aber nun sahen wir, daß der Krieg nicht für Götter und Menschen gemacht wurde, daß nur Unwissende eine Lawine ins Rollen brachten, die alles verschlang. Kein Sieg, keine Eroberung rechtfertigte nur einen Toten, Hungernden, Erfrorenen, Verwundeten, nur ein verwaistes Kind. Der Krieg wollte nur sich selbst.

So wurde uns die Frucht unserer Bereitschaft bewußt, und wir dachten ans den heroischen Nihilismus zurück, mit dem wir einst von Jaroslau ausgezogen waren. Jetzt konnten wir uns als Menschen im Unmenschlichen bewähren und Rausch und Schönheit der Vernichtung lieben, die Scherben des eigenen Schicksals preisen, das Aas verehren und unser Ja dazu sagen. Aber wir taten es nicht, wir hatten uns damals geirrt. Nur Statistik und Geschichte spielten mit uns.

Wer waren wir selbst?

Wie die Winterkleidung zuletzt nichts als die Augen frei ließ, so ließ das Soldatentum auch nur den geringsten individuellen Zügen Raum. Wir waren uniformiert. Nicht nur ungewaschen, unrasiert, verlaust und krank, auch seelisch verkommen, nichts als eine Summe von Blut, Eingeweiden und Knochen. Unsere Kameradschaft entstand aus zwingender Abhängigkeit voneinander, dem Zusammenhausen im engsten Raum. Unser Humor wurde aus Schadenfreude, Galgenhumor, Satyre, Zoten, Bissigkeit, Wutgelächter und einem Spiel mit Toten, verspritzten Gehirnen, Läusen, Eiter und Exkrementen geboren, dem seelischen Nichts. Der Bunkerkoller trieb seine witzigen Blüten auf dem Unrat der Not. Lebensweisheit, Gebote und Gedanken ersetzten wir durch den Selbsterhaltungstrieb. Wir hatten keinen Glauben, der uns trug, und alle Filosofie diente nur, das Los erträglicher anzuschauen. Daß wir Soldaten waren, genügte zur Rechtfertigung von Verbrechen und Verkommenheit und genügte als Basis einer Existenz in der Hölle. Unsere Ideale waren das ich, Tabak, Essen, Schlaf und Frankreichs Dirnen.

Es lag nicht an uns, es lag nichts an Hunger, Frost und Fleckfieber, Ruhr und Erfrierungen, Krüppeln und Toten, an zerstörten Dörfern, geplünderten Städten, Freiheit und Frieden. Es lag am wenigsten am einzelnen Menschen. Wir konnten unbesorgt sterben.

Die Fischermulde

Schneestürme kamen. Wir verließen das Gespensterwäldchen und zogen in die Gräben und Bunker der Fischermulde, einer breiten Schlucht, die ein Bach durchfloß, träge im Sumpf, tief verschneit. Enge Höhlen nahmen uns auf. Kerzen und Brennholz gab es nicht mehr. Es war eine Strafversetzung.

Der Schneesturm brauste über Ebenen und Hügel, als wir mit einem Schlitten durch oft hüfthohen Schnee umzogen, Stunden um Stunden, keuchend, stöhnend, fluchend, zuletzt zu Tode erschöpft. Kraftlos und mit verbissenen Tränen lagen wir atemholend im Schnee. Eiskristalle peitschten unsere Gesichter. Um Mitternacht kamen wir geblendet und kriechend ans Ziel.

Wir warfen unsere Decken auf die Pritschen des ungeheizten Bunkers und fielen in totenähnlichen Schlaf. Eine Stunde lang. Dann trieb uns ein Befehl wieder hinaus in die undurchsichtige Nacht. Wir sollten einen Laufgraben freilegen. Bis zum Morgengrauen schaufelten wir und sahen nur, wie der Schnee die Strecke immer wieder verwehte. Unsere Filzstiefel wurden naß und zerrissen, Schnee hing an unseren bloßen Füßen und taute. Taumelnd erreichten wir den Bunker wieder, als die Russen auf uns zu schießen begannen, mußten Holz sägen, hacken, heizen, und wollten dann schlafen.

Aber es gab keine Ruhe. Nach wenigen Stunden mußten wir Munition und Gerätschaften holen, und die Abenddämmerung sank nach weiten Wegen unter Lasten von Kästen, Spaten und Granaten herein. Wir verfehlten den Fußpfad und stürzten in die Gewässer der Fischermulde, krochen auf festen Boden und wankten zum Bunker. Wir zogen Schnürschuhe an und wurden in das unbekannte Gelände geschickt, um Meldungen zu überbringen. Wir irrten durch die Finsternis, liefen im Kreis, gerieten in ein Minenfeld und stolperten über den Draht einer Fernzündung. Eine Explosion riß uns zu Boden, doch wir blieben verschont.

Spät und erfolglos fanden wir unseren Bunker wieder und wurden ohne Verpflegung in den Hauptkampfgraben geschickt. Im Schein der Leuchtkugeln langten wir dort an, die Hände in vereisten Handschuhen gepanzert, die Stiefel gefroren.

Sieben Stunden standen wir auf Posten, sieben Stunden machten wir Bereitschaftswache in einem Bunker, wo kein Ofen brannte, der Schnee fußhoch lag und Kälteschauer uns überjagten, bis wir wieder hinaus mußten, mit Eisstiefeln an den erstarrenden Füßen, auf Schneemauern stehend ungeschützt vor Geschossen, während der Sturm uns Eisnadeln, Feuchte, Flocken und Schloßen auf Gesicht und Kleidung schlug.

Dies war die erste Nacht. Am Morgen bekamen wir zu essen und durften vier Stunden schlafen.

Eine Woche verging. Der Frost kam wieder, der Neuschnee gefror. Nun wechselten unsere Nächte. In der einen standen wir nur drei Stunden Posten und machten fünf Stunden Schanzarbeit, um Gräben, Bunker und Feuerstellungen schneefrei zu halten, in der anderen standen wir in der Sappe, durchwachten sie, taumelnd, frierend, erschöpft und fiebernd vor Ohnmacht und Zorn.

Der Schneesturm kam wieder mit nie erlebter Wucht. Als wir den Bunker verließen in jener Nacht, sahen wir im schwarzgrauen Wogen weder Himmel noch Erde. Nur graues Nichts. Wir fanden keinen Weg und tasteten uns die Schlucht entlang, krochen, verloren jäh den Boden und rollten in den Bach. Das Eis zerbrach. Das Wasser stieg über die Kniee, die Arme wurden naß und wir sanken immer tiefer. Niemand hörte unsere Hilferufe. Dann fanden wir festeren Grund, arbeiteten uns Schritt für Schritt vorwärts und zogen uns aufs Land. Eine Stunde suchten wir noch, dann fanden wir den Graben.

Wir liehen uns trockene Strümpfe und Handschuhe und zogen auf Posten. Vier mal zwei Stunden lang. Wir standen auf einem hohen Schneewall. Der Sturm pfiff, tobte und schlug wie von überall her, jagte uns Schnee ins Gesicht und trieb die Flocken durch jede Ritze der zerrissenen Tarnanzüge. Sie schmolzen. Wir waren durchnäßt. Kaum sahen wir die Leuchtkugeln im Nichts.

Nach der Ablösung tasteten wir zum Bunker, zogen die gefrorenen Röcke aus und stellten sie hin, hingen uns Decken über und rauchten mit erstarrten Fingern. Kein Ofen, kniehoher Schnee, der Wind fegte durch die zerbrochene Tür. Wir froren. Hände und Füße wurden nicht warm. Trotzdem schliefen wir im Sitzen ein.

Noch dreimal zwei Stunden Wache, dann kehrten wir durch den gleichmäßig rasenden Sturm zu unserem Bunker zurück. Zwei Stunden lang mußten wir noch Holz sägen, den Ofen mit nassen Spänen anzünden, Kaffee kochen, dann erhielten wir die Erlaubnis, zu schlafen. Nach fünf Stunden sollten wir mit der Schanzarbeit beginnen.

Doch als wir geweckt wurden, waren wir wie blind. Der Schneesturm hatte unsere Augen entzündet, als seien sie zerkratztes Glas. Die Lider gerötet und verschwollen, alles verschwamm, die Augen schmerzten und tränten. Wir mußten wach bleiben. Da schrieben wir Briefe, ohne die Zeilen zu sehen und die Schrift. Nur der Gedanke an Mutter und Frieden hielt uns vom Selbstmord zurück. Wir fluchten Gott. Dies ging über eines Menschen Können und Kraft. Wir verzweifelten. Kein Ende war zu sehen.

Am anderen Morgen hatte ich mich gefaßt. Im grellen Sonnenlicht kroch ich aus dem Bunker und richtete mich auf. Eine Kugel pfiff vorbei. Die zweite traf.

Das war die Erlösung[34].

HEIMKEHR

Ich kroch in den Bunker zurück und ließ mich verbinden. Die Wunde, im rechten Oberschenkel, blutete wenig und schmerzte nicht sehr. Der Gedanke, aus der Hölle der Fischermulde erlöst zu sein, ließ mich den Schrecken und das leichte Brennen gelassen ertragen.

Sonne lag noch über Rauhreif und Schnee. Ich mußte die Dämmerung abwarten, um zum Arzt zu gehen. Glücklich und wie in einem einzigen befreiten Aufatmen saß ich auf der Pritsche. Meine Augen wurden wieder klar, und ich schrieb die frohe Botschaft nach Hause und an alle Freunde. Dann packte ich Schreibzeug, Seife, Handtuch und Bücher zusammen. Mehr nahm ich nicht mit.

Auf die Schulter eines Kameraden gestützt, schleppte ich mich im blauen Abendlicht zum Arzt, erhielt die Tetanusspritze und wartete auf einen Schlitten, der mich nach Scharitonowo zum Hauptverbandsplatz bringen sollte, während das Goldgetön einer Mozart-Sinfonie im Radio klang.

Ein Sanitäter nahm mich wie ein Kind auf den Arm und trug mich zum Schlitten. Die Pferde trabten durch sternklare Nacht. Leuchtkugeln glühten, immer ferner, über den Wäldern. Der Schnee knirschte unter den Kufen und ein Meteor stürzte zur Erde. Heimkehr! Meine reglosen Füße erstarrten im Frost, die Wunde brannte, doch ich beachtete Schmerz und Kälte nicht.

Heimkehr!

In Scharitonowo reinigte der Arzt die Wundränder und verband Ein- und Ausschuß durch einen Schnitt. Er zog mir die Schuhe aus und ließ meine angefrorenen Füße massieren. Der Schmerz verging. Das Blut strömte wieder durch die Glieder und selig sank ich in einen wunderbaren, langen, von keinen Träumen und Schrecknissen gestörten Schlaf.

Am Morgen brachte mich ein geheizter Schlitten nach Atinowo. Ich wurde entlaust und in eine Baracke geschickt, auf einer Tragbahre zur Behandlung gebracht, empfing dann Weinbrand und Zigaretten, trank und durchschlief auch diese Nacht.

Ich wurde früh geweckt, nach Papino gefahren und in einen Hilfslazarettzug nach Wiasma[35] verladen. Im Personenzug, als Sitzender, fuhr ich dann gen Westen, über Smolensk und Witebsk nach Dünaburg, wo mir ein gütiger Arzt mehr wegen meines erschöpften Aussehens als wegen der leichten Verwundung den Ausweis zur Weiterreise in die Heimat gab.

Heimkehr!

Am nächsten Abend rollte der Zug in Wirballen[36] ein. Im strömenden Regen wurden wir ausgeladen, doch der Regen schien mir ein tröstliches Wunder nach den Monaten in Schnee und Eis. Ich gab mein geringes Gepäck in Verwahrung und meine Uniform zur Entlausung ab. Sanitäter entfernten die Verbände. Wir wurden gebadet, und in einen Warteraum geschickt, um unsere Kleidung zu erwarten und uns verbinden zu lassen.

Mit zweihundert nackten Soldaten saß ich in einem Saal. Soldaten mit Erfrierungen an Händen und Füßen, Schußwunden in allen Gliedern, Splittern in allen Körperteilen, Geschwüren und, Wenige, mit inneren Krankheiten. Zwei Ärzte und zwei Schwestern legten die Verbände in dieser Sammelstelle menschlichen Elends an, das der Krieg erzeugte. Nur eine Woche versahen die Ärzte diesen Dienst, die Schwestern wechselten täglich, da selbst die härtesten Herzen und stärksten Nerven dieses eiternde, faulende, blutende Chaos von Leid, Zerstörung und Schreien nicht länger ertrugen. Ich sah, wie das Fleisch von toten Zehen fiel und die Knochen bleich aus der Verwesung schimmerten, wie Eiter aus gärenden Wunden sickerte, von Geschwüren entstellte Gesichter, tote Haut, die in Fetzen von Brandwunden hing und die Stumpfe amputierter Arme und Beine grotesk und gespenstig von blutleeren Körpern abstanden.

Ein Soldat hielt dem älteren Arzt den Stumpf seines rechten Armes hin. Die Tampons steckten noch darin, durch tagelang entbehrte Pflege festgewachsen. Der Arzt zog mit der Pinzette daran, und der Soldat wandte das Gesicht zur Seite. Das Grauen trat in seine Augen. Er stöhne, dann heulte er auf wie ein wehrloses Tier, ein langgezogenes, qualvolles, zerreißendes Klagen. Die Hände des Arztes zitterten, Schweiß trat auf seine Stirne. Vergebens suchte er nach tröstlichen und beruhigenden Worten. Hilflos strich die junge Schwester dem Soldaten über das Haar und trocknete den Schweiß auf seinem totenblassen Antlitz. Er sank langsam zur Erde. Seine Ohnmacht berührte uns alle wie ein gnädiges Geschick. Ich suchte Zuflucht bei einer Zigarette. Der Arzt verband ihn schnell und ging hinaus.

Wer dies gesehen und nur noch ein Wort für diesen Krieg zu sprechen wagte, der war kein Mensch, der mußte mehr als ein Verbrecher sein.

Wie eine Erlösung atmete ich dann Kühle und Schweigen der Nacht, als ich, auf einen Stock gestützt, in eine Baracke ging, um den Transport zu erwarten.

Über Dresden fuhr ich nach Thüringen in das Lazarett von Oberhof[37].

Hier war Heimat. Berge mit Fichtenwäldern im letzten Schnee, Täler mit vom Schmelzwasser geschwollenen Bächen, schlichte Häuser und glatte Straßen vor dem Fenster meines Zimmers, wo ich mit guten Gefährten lag.

Meine Wunde begann zu schmerzen. Die Strapazen der Reise hatte sie entzündet. Das Bein schwoll an. Mit hohem Fieber lag ich am anderen Abend zu Bett. Eine alte Schwester betreute mich. Ich las ein fantastisches Buch, und seine kaum begriffenen Geschehnisse mischten sich im Halbschlaf mit Erinnerungen an die weiße Hölle der Fischermulde, das Gespensterwäldchen, längst vergangene Abenteuer im russischen Unland, an Tote und Sterbende, Kindheitsträume und Feste, Frauen und der Vision von Wirballen. Als das Fieber verklang, war ich erschöpft.

Ich las, schrieb und schlief.

Aber bald fand ich keine Ruhe mehr und keinen Weg zu mir selber zurück. Wie Furien verfolgten mich die Erinnerungen. Immer wieder erlebte ich die Schrecken des Winterkriegs, hörte wieder das Heulen der Granaten und das Schreien der Verwundeten, sah Soldaten stürmen und sterben und mich wie einen Fremden in meinem Schicksal am Rande des Niemandslands.

Ich ahnte die Verheerungen des Krieges in mir, sah die verwüsteten Gärten meiner Jugend und wußte mich zu einem Schattendasein im Hexenkessel der Erinnerung verurteilt, fühlte mich von Gott und meinen Engeln ver-

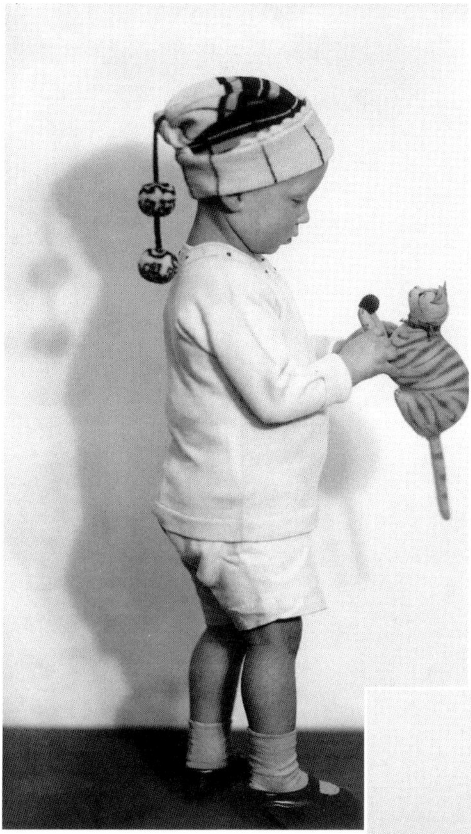

Willy Peter Reese im Alter von zwei Jahren, 1923

Willy mit einer seiner Kusinen, 1925

In Dichterpose, um 1935

Auf der Mercator-Oberschule, Duisburg
Willy in der 2. Reihe, 2. von rechts

Willy als stolzer Abituient, 1939

Festzeitung
zur
ABSCHLUSSFEIER
der
8s
der
Mercatorschule
Duisburg
März 1939

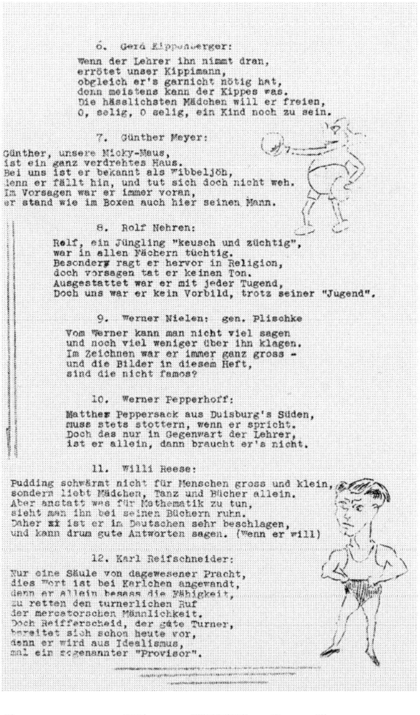

6. Gerd Kippenberger:

Wenn der Lehrer ihn nimmt dran,
errötet unser Kippimann,
obgleich er's garnicht nötig hat,
denn meistens kann der Kippes was.
Die hässlichsten Mädchen will er freien,
O, selig, O selig, ein Kind noch zu sein.

7. Günther Meyer:

Günther, unsere Micky-Maus,
ist ein ganz verdrehtes Haus.
Bei uns ist er bekannt als Wibbeljöh,
denn er fällt hin, und tut sich doch nicht weh.
Im Vorsagen war er immer voran,
er stand wie im Boxen auch hier seinen Mann.

8. Rolf Nehren:

Rolf, ein Jüngling "keusch und züchtig",
war in allen Fächern tüchtig.
Besonders ragt er hervor in Religion,
doch vorsagen tat er keinen Ton.
Ausgestattet war er mit jeder Tugend,
Doch uns war er kein Vorbild, trotz seiner "Jugend".

9. Werner Nielen: gen. Plischke

Vom Werner kann man nicht viel sagen
und noch viel weniger über ihn klagen.
Im Zeichnen war er immer ganz gross -
und die Bilder in diesem Heft,
sind die nicht famos?

10. Werner Pepperhoff:

Matthes Peppersack aus Duisburg's Süden,
muss stets stottern, wenn er spricht.
Doch das nur in Gegenwart der Lehrer,
ist er allein, dann braucht er's nicht.

11. Willi Reese:

Pudding schwärmt nicht für Menschen gross und klein,
sondern liebt Mädchen, Tanz und Bücher allein.
Aber anstatt was für Mathematik zu tun,
sieht man ihn bei seinen Büchern ruhn.
Daher ist er im Deutschen sehr beschlagen,
und kann drum gute Antworten sagen. (Wenn er will)

12. Karl Reifschneider:

Nur eine Säule von dagewesener Pracht,
dies Wort ist bei Karlchen angewandt,
denn er allein besass die Fähigkeit,
zu retten den turnerlichen Ruf
der mercatorschen Männlichkeit.
Doch Reifferscheid, der gute Turner,
bereitet sich schon heute vor,
denn er wird aus Idealismus,
mal ein sogenannter "Provisor".

Was die Mitschüler des Abiturjahrgangs über Willy in der »Bierzeitung« sagen ...

Mit der Mutter

Mit dem Vater

Sommerfrische in Prerow auf dem Darß, um 1937

Dem Vater zuliebe macht Willy eine Lehre beim Duisburger Bankverein. Die Ausbildung endet vorzeitig, als er Anfang 1941 zum Militär eingezogen wird.

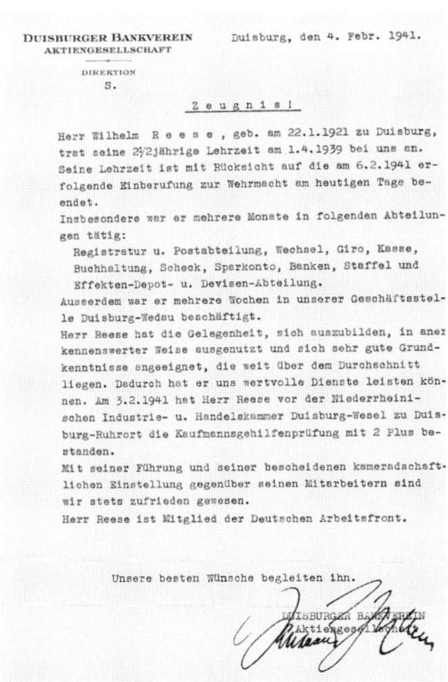

DUISBURGER BANKVEREIN
AKTIENGESELLSCHAFT

DIREKTION
S.

Duisburg, den 4. Febr. 1941.

Z e u g n i s !

Herr Wilhelm R e e s e , geb. am 22.1.1921 zu Duisburg, trat seine 2½jährige Lehrzeit am 1.4.1939 bei uns an. Seine Lehrzeit ist mit Rücksicht auf die am 6.2.1941 erfolgende Einberufung zur Wehrmacht am heutigen Tage beendet.
Insbesondere war er mehrere Monate in folgenden Abteilungen tätig:
Registratur u. Postabteilung, Wechsel, Giro, Kasse, Buchhaltung, Scheck, Sparkonto, Banken, Staffel und Effekten-Depot- u. Devisen-Abteilung.
Ausserdem war er mehrere Wochen in unserer Geschäftsstelle Duisburg-Wedau beschäftigt.
Herr Reese hat die Gelegenheit, sich auszubilden, in anerkennenswerter Weise ausgenutzt und sich sehr gute Grundkenntnisse angeeignet, die weit über dem Durchschnitt liegen. Dadurch hat er uns wertvolle Dienste leisten können. Am 3.2.1941 hat Herr Reese vor der Niederrheinischen Industrie- u. Handelskammer Duisburg-Wesel zu Duisburg-Ruhrort die Kaufmannsgehilfenprüfung mit 2 Plus bestanden.
Mit seiner Führung und seiner bescheidenen kameradschaftlichen Einstellung gegenüber seinen Mitarbeitern sind wir stets zufrieden gewesen.
Herr Reese ist Mitglied der Deutschen Arbeitsfront.

Unsere besten Wünsche begleiten ihn.

DUISBURGER BANKVEREIN
Aktiengesellschaft

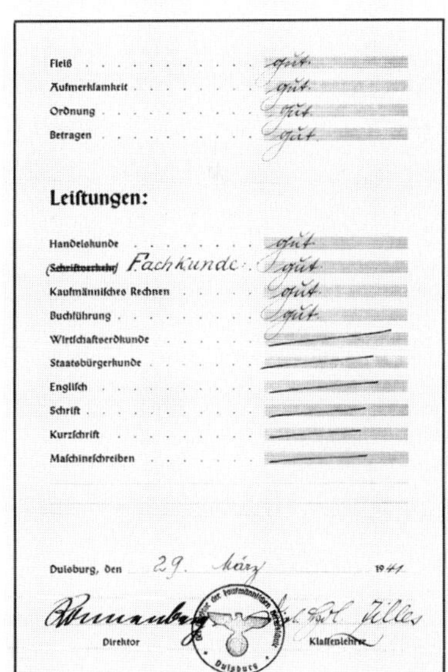

Fleiß	gut
Aufmerksamkeit	gut
Ordnung	gut
Betragen	gut

Leistungen:

Handelskunde	gut
~~Schriftverkehr~~ Fachkunde	gut
Kaufmännisches Rechnen	gut
Buchführung	gut
Wirtschaftserdkunde	—
Staatsbürgerkunde	—
Englisch	—
Schrift	—
Kurzschrift	—
Maschineschreiben	—

Duisburg, den 29. März 1941

Direktor Klassenlehrer

Duisburg

Auf dem Truppenübungsplatz in der Eifel, Juni 1941
Willy stehend, 4. von rechts

»Im Urwald von Brjansk«, Rußland, Sommer 1943.
Willy ganz links

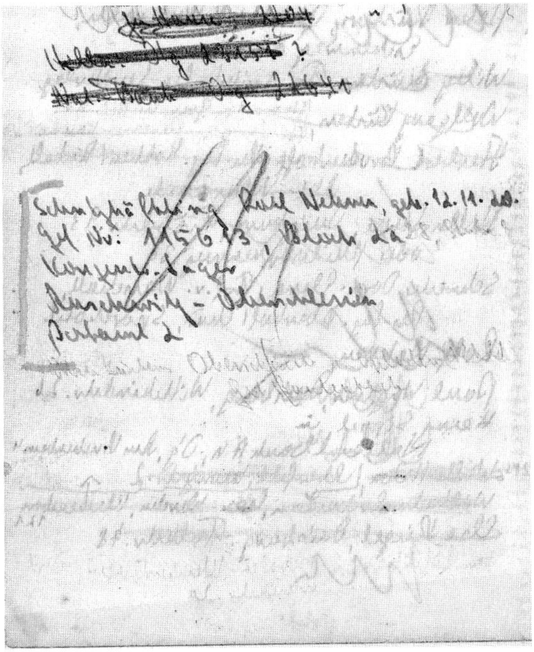

Auf einem kleinen Zettel hält Willy die Adresse seines in Auschwitz internierten Freundes fest. Sie lautet: Schutzhäftling Rolf N., geb. 12.11.20, Gef.Nr. 115613, Block 2a, Konzentr. Lager, Auschwitz – Oberschlesien, Postamt 2

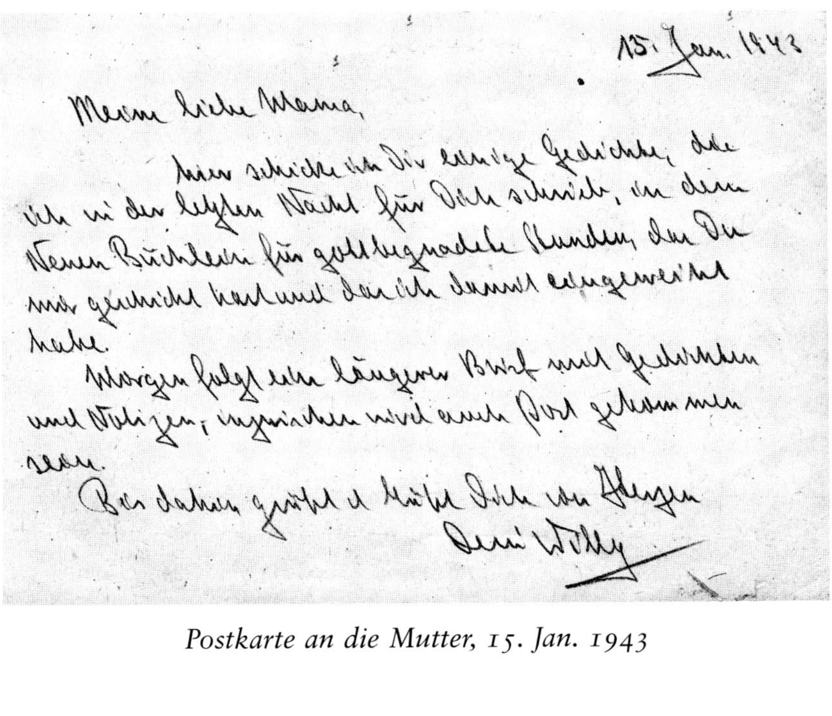

15. Jan. 1943

Meine liebe Mama,

hier schicke ich Dir das einzige Gedicht, das ich in der letzten Nacht für Dich schrieb, in dem Neuen Büchlein für gottbegnadete Stunden, das Du mir geschickt hast und das ich damit eingeweiht habe.

Morgen folgt ein längerer Brief mit Gedichten und Notizen, inzwischen wird auch Post gekommen sein.

Bis dahin grüßt u. küßt Dich von Herzen

Dein Willy

Postkarte an die Mutter, 15. Jan. 1943

Gezeichnet »unterwegs« auf der Reise, dem Brief vom 12.7.1943 entnommen

Versuch eines Selbstbildnis,
20.7.1943

Willy bei seiner Einheit, ganz links stehend

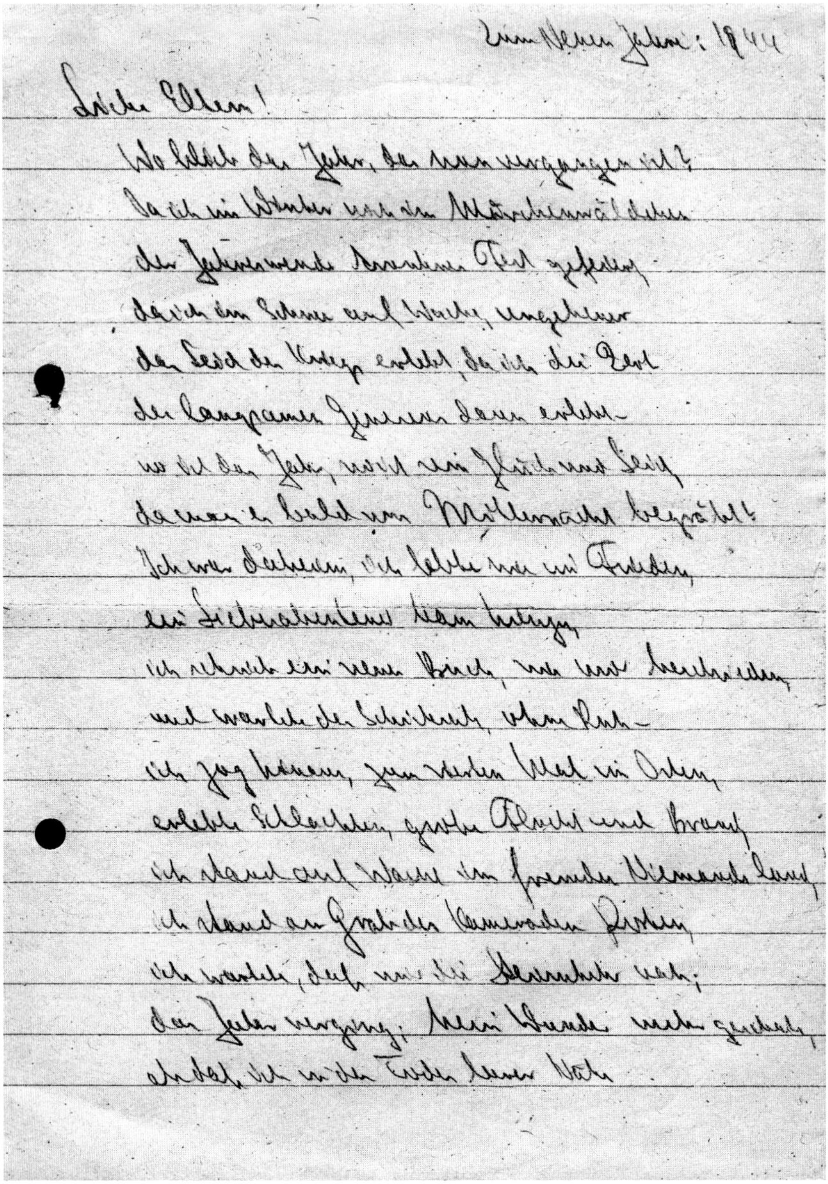

Zum Neuen Jahr: 1944

Liebe Eltern!

Wo blieb das Jahr, das nun vergangen ist?
[illegible]
[illegible]
[illegible]
[illegible]
des langsamen Genesens dann erleben –
[illegible]
[illegible]
Ich war daheim, ich lebte nur im Frieden,
[illegible]
[illegible]
[illegible]
ich zog hinaus, zum vierten Mal in Osten,
[illegible]
[illegible]
[illegible]
[illegible]
das Jahr verging; [illegible]
[illegible]

Brief an die Eltern zum Neuen Jahr 1944

doch steht mein Leben still, wie ein Geschenk.
– Wenn aber auch der Wunderbaum gestorben,
bald wird mein Schritt zur Heimat hingelenkt.
Dann kann kein Jahr es noch das Schicksal zwingen,
die Heimkehr & den Frieden noch zu bringen,
vollendet, worauf langer, schwerer Nacht
die Sehnsucht sich im kühlen Traum erdacht –
vielleicht schon bald. Ich will es still erwarten
ich hab Geduld, Vertrauen und den Mut;
bald enden meine einsamen Fahrten,
ich bin bei Ende der Wanderung gar ...
So liegt auch nun ein neues Jahr der Hoffen
das alles noch versöhnt & glücklich fügt
von Leiden weiter, dessen einst getroffen:
die Wanderschaft, die Fremde & der Krieg.

Diese Improvisation als kleinen Neujahrsgruß; mir geht es gut, und ich glaube auch daß die Heimkehr nicht mehr fern ist.

So grüße & küsse Euch recht herzlichst

Euer Willy

Im Lazarett in Oberhof, Thüringen, März 1943

Bitterkalter Winter in Rußland, 1943

Marsch zur Rollbahn Smdensk-Minsk

Aufwärmen am Waldrand von Selez

te für die Überschwemmungszeit im Frühling zu sammeln. Wir hungerten weiter, und unsere Därme und Mägen heilten nicht. Täglich mußten mehrere Stunden Dienst im Freien durchgeführt werden, Waffenreinigen kam hinzu, aber für Brennholz und Verpflegung hatten wir selber zu sorgen. Auf Post warteten wir einen Monat lang.

Die Russen griffen Dubrowka an. Sie kamen in der Nacht. Wir leisteten keinen Widerstand mehr, denn uns lag nichts mehr an Kampf, Opfer und dem Krieg. Wir flohen nach Belaja über die Ebene, ein Rest. Panzerwagen fuhren auf uns zu. Wir banden die Tarnhemden an die Gewehre, schwenkten sie und ergaben uns. Es waren aber deutsche Sturmgeschütze. Wir wurden gezwungen, aufzusteigen und fuhren nach Dubrowka zurück, nahmen es wieder, und die Russen hatten hohe Verluste. Eine andere fliehende Gruppe war auf Befehl von der Artillerie beschossen worden und hatte Ausfälle.

Unsere Quartiere waren zerstört, und überall lagen Tote umher. Über die deutschen Soldaten deckten wir eine Zeltbahn, den Kosaken zogen wir die Filzstiefel, Mützen und auch Hosen und Unterwäsche aus und zogen sie an. In den übrig gebliebenen Häusern rückten wir enger zusammen. Ein Soldat hatte keine Filzstiefel mehr gefunden, die ausgezeichnet gegen die Kälte schützten, und fand erst am nächsten Tag einen steifgefrorenen toten der Roten Armee. Vergeblich zerrte er an dessen Beinen. Er nahm eine Axt und schlug dem Leichnam beide Unterschenkel ab. Fleischsplitter flogen. Er nahm die Stümpfe unter den Arm und stellte sie neben unser Mittagessen in den Ofen. Als die Kartoffeln kochten, waren auch die Beine aufgetaut, und er zog sich die blutigen Filzstiefel an. Uns machte das Aas neben dem Essen so wenig aus wie wenn einer zwischen den Mahlzeiten seine Erfrierungen verband oder Läuse zerknackte.

Die Toten blieben liegen. Nach Wochen wurden sie mit Schlitten zusammengefahren, gemeinsam mit Pferdekadavern in zerstörten Häusern aufgestapelt, mit Petroleum übergossen und angezündet.

Sonst veging ein Tag wie der andere im müden Einerlei von Postenstehn, zerstückeltem Schlaf, Sorge für Holz und Essen und dem befohlenen Dienst. Wir waren arm geworden. Erst nach und nch trafen einzelne Decken wieder ein und das unentbehrliche Gerät. Ich verzweifelte vor Heimweh und Übermüdung und bekam im bittersten Frost auf Posten einen Nervenzusammenbruch, schoß

Typoskript des »Kriegsbuches«

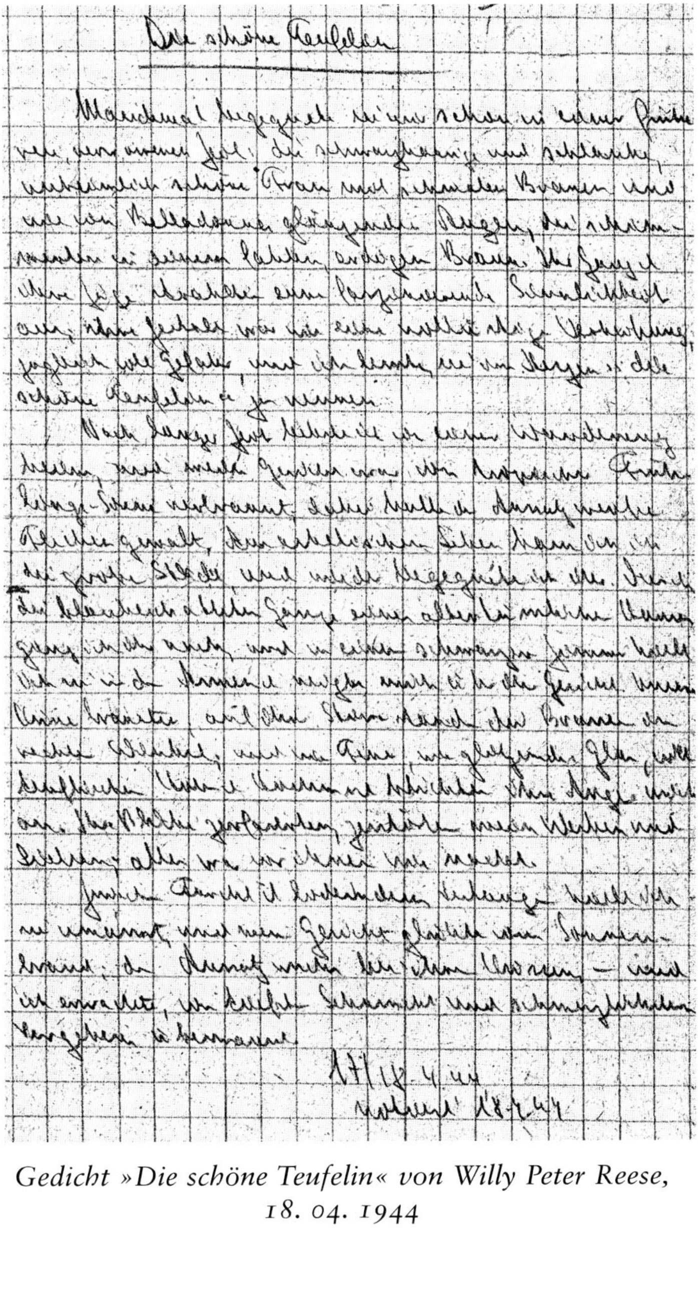

Gedicht »Die schöne Teufelin« von Willy Peter Reese, 18. 04. 1944

DEUTSCHES ROTES KREUZ
IN DER BUNDESREPUBLIK DEUTSCHLAND
SUCHDIENST MÜNCHEN

G U T A C H T E N

über das Schicksal des Verschollenen
Wilhelm R e e s e , geb. 22.1.21

Truppenteil: Grenadier-Regiment 279
der 95. Infanterie-Division
Vermißt seit 26. Juni 1944
DRK-Verschollenen-Bildliste Band BO, Seite 307

Ausgangspunkt für die Nachforschungen waren die dem Suchantrag entnommenen Angaben, die in die Verschollenen-Bildlisten aufgenommen wurden. Damit sind alle erreichbaren Heimkehrer aus Krieg und Gefangenschaft befragt worden, von denen angenommen werden konnte, daß sie mit dem Verschollenen zuletzt zusammengewesen sind. Diese Befragungen fanden sowohl in der Bundesrepublik als auch in Österreich und anderen Nachbarländern Deutschlands statt.

Ferner sind von anderen Stellen, die Unterlagen über die Verluste im 2. Weltkrieg besitzen, Informationen eingeholt worden. In erster Linie handelt es sich hierbei um das Internationale Komitee vom Roten Kreuz in Genf, die Deutsche Dienststelle für die Benachrichtigung der nächsten Angehörigen von Gefallenen der ehemaligen deutschen Wehrmacht in Berlin und die Heimatortskarteien.

Über diese individuellen Ermittlungen hinaus wurde die Frage geprüft, ob der Verschollene in Gefangenschaft geraten sein konnte. Dabei wurden die Kampfhandlungen, an denen er zuletzt teilgenommen hat, rekonstruiert. Als Unterlage dienten dem DRK-Suchdienst Angaben über Kameraden, die der gleichen Einheit angehört hatten und zum selben Zeitpunkt und am selben Einsatzort verschollen sind, Heimkehrerberichte, Schilderungen von Kampfhandlungen, Kriegstagebücher sowie Heeres- und Speziallandkarten.

Das Ergebnis aller Nachforschungen führte zu dem Schluß, daß

Wilhelm R e e s e

mit hoher Wahrscheinlichkeit bei den Kämpfen, die zwischen dem 22. und 30. Juni 1944 im Raum Witebsk geführt wurden, gefallen ist.

Suchmeldung des Roten Kreuzes von 1970: »Das Ergebnis aller Nachforschungen führt zu dem Schluß ...«

lassen, ausgesetzt in einem eisigen Weltall, zwischen fernsten Sternen im Nichts.

Mein Grübeln kreiste unentwegt um den Krieg. Ich war im Aas und Grauen nur zu Hause, immer noch Soldat, frevelnder Krieger, ein lebender Leichnam, Fremdling unter Fröhlichen, Teilnahmsloser unter Traurigen, zu Glück und Schmerz so unfähig wie zu Mitleid und Liebe. Meine Geisterwelt versank, und auf den Trümmern tanzte noch der Tod. Nur ein Dasein im Schein, in Lüge und unter Masken war mir geblieben. Dies hatte der Krieg gemacht aus meinem Leben.

Ich schwieg.

Als ich aufstehen durfte und auch auf langsamen Wanderungen im Vorfrühlingswald des Berglands keinen Frieden und keine Vergessenheit fand, als auch meine Nächte schlaflos wurden, suchte ich meine Zuflucht beim Wein und fand zuletzt Hilfe beim Morfium. Es brachte nur bleiernen Schlaf, und mit dem Erwachen zogen Verzweiflung, Erinnerungen und Leere wieder ein.

Nur von neuen Erlebnissen und Begegnungen erwartete ich dann noch eine Genesung und Schicksalswende.

Ich wurde entlassen und kam nach Hause.

Ich las, aber kein Buch brachte mir Deutungen und Zeichen. Ich schrieb, aber Worte und Gedanken verwirrten sich, blieben farblos und ohne Gestalt. Ich hörte das Requiem von Johannes Brahms: des Menschen Fleisch, es ist wie Gras und wie des Grases Blumen, das Gras ist verdorret, und die Blume ist abgefallen – aber Musik vermehrte nur meine Trauer um eine verlorene Welt.

Doch langsam lernte ich zu vergessen und fand wieder Hoffnung. Ich reiste an den Bodensee, und dort versank endlich alles Vergangene im flüchtigen Glück eines Liebesspiels. Ein neues Leben, ein neues Abenteuer begann, und blieb alles Beginnen auch nur eine Botschaft aus besserer, schönerer Welt, so tat es doch sein gutes Werk an mir. Und ruhig konnte ich dann Abschied nehmen. Es mußte so sein.

Das Leben ging weiter[38].

DIE RUSSISCHE WANDERUNG

Die Fahrt in den Sommer

Das Leben ging weiter. Aus meiner Heimkehr war eine Flucht in das Erlebnis geworden. Wie ein Abenteurer konnte ich nur noch in Festen, Liebschaften, Reisen und Ereignissen einen Sinn meines Lebens entdecken und den Krieg im Innern überwinden oder wenigstens mit einem dünnen Firnis verbergen.

So meldete ich mich freiwillig zur Front.

Ich wollte das Feuer durch das Feuer besiegen, den Krieg durch den Krieg. Ich verlangte nach Wanderungen, Leiden, Mühsal und der Welt, um endlich mein Grübeln abzutun und das Leben zu bezwingen, indem ich es lebte. Ich forderte mein Schicksal zum Verzweiflungskampf heraus. Ich brachte kein Ja-Sagen, keine Bereitschaft und auch keine Hoffnung mit. Ich warf mich fort, weil ich den Glauben an Geist und Seele verlor und auch die Liebe keine Wandlung und Erfüllung gab.

In Rußland mußte ich das Zerstreute wieder sammeln, dort mußte meine Bahn sich vollenden, im Werden oder im Untergang. So rettete ich auch die letzte Freiheit, die dem Soldaten noch als Funken im Aschenrest blieb: früh schon freiwillig das Los auf mich zu nehmen, dem ich später doch nicht entgehen konnte.

Kein heroischer Nihilismus, kein Notwendigkeitsglauben und Gottvertrauen begleiteten mich. Nur ein Wanderer und Abenteurer zog diesmal hinaus.

Ich erwartete den Aufbruch in Wahn. Dort zog ich einen Schlußstrich unter mein Leben, schrieb einen Dank für meine Geliebte, feierte noch einmal in der Tafelrunde, weilte noch eine Nacht zu Hause und fuhr am Strom entlang, als hätte ich den Hauch des großen Abenteuers schon gespürt.

Gewitter lasteten über der Landschaft. Die Reise begann. Die zerstörten Städte der Heimat blieben zurück, Trümmer meiner Jugend, und ich stellte mich in das Gebot der Stunde. Mit Wein und Champagner feierten wir den Auszug, und betrunken fuhr ich um Mitternacht durch die lichtlose Masse meiner Heimatstadt, Häuser, einer Schattenexistenz preisgegeben, dem Krieg geopfert, Ruinen glücklicher Vergangenheit.

Ich wollte mein Schicksal und mein Verhängnis, und hoffte ich auch heimlich schon auf eine neue Heimkehr, so wollte ich doch leben, wie Zeitgeist und Sehnsucht es verlangten, und wollte sterben, wenn die Sterne es so bestimmt.

Langsam rollte der Zug nach Osten. Lodz, Warschau, Orscha, Smolensk. Ich trank Tag und Nacht, Weinbrand, Wodka, Genever, und war selten mehr als eine Stunde nüchtern. Denn dann kam das Elend mich an, das Grauen vor dem Kommenden überwältigte mich, und der Krieg nahm mich wieder in Besitz. Meine Gedanken griffen in weitere Räume, und der Widerspruch vermehrte sich noch. Eine Weltanschauung hatte ich nicht mehr.

Der Krieg war zum Fegefeuer Gottes geworden. Nur das Suchen Gottes hatte noch Sinn. Doch überall spürte ich schon den Verwesungsgeruch der Ironie, und wo die Grenzen verschwammen, fingen erst die Geheimnisse an. Aber mich selbst verstand ich nicht. Der Krieg war ein wahnsinniges Mittel zu einer inneren Heimkehr. Auch ich trug Schuld daran, hatte ich auch Not und Todesangst nicht gewollt. Doch ich ging mit den Büßenden, und mein Leben wurde mir zur Legende. Aber im Herzen versöhnte die Welt sich nicht mehr, und nur im Alkohol vertrugen sich die Geister.

So sah ich meinen Aufbruch als eine Komödie an, ein Chaos von Widersprüchen, Irrtümern, Verkleidungen mit Worten und Bildern, und plötzlich überkam mich wieder der Hauch des Abenteuers, der göttliche Leichtsinn, der alle Verantwortung von sich warf und meinte, nachher sei Zeit genug, zu weinen.

Die ungeheure russische Ebene lag wieder vor den Fenstern. Grauer Himmel, Wiesen, verstreute Bäume, selten ein Haus. Regen fiel. Heu und Getreide verfaulten. Ich trank und schlief.

Im Abendrot vom Smolensk hörte ich die Frauen singen. Sie sangen zwischen den Zügen, die sich nach Osten und Westen kreuzten, schwermütig, verloren an ihr unheimliches, so fruchtbares, so grausames Land und eine Erde, die kein Opfer belohnte.

In der Mondnacht klangen die Hörner. Es rief aus verhangener Ferne, nahte und verklang in anderer Weite, wehmütig, ein Klang voll Sehnsucht, Müdigkeit und Heimweh, und doch ein romantischer Gruß, eine Botschaft des Lebens in Feindesland.

Am Abend wurden wir bei Jarzewo ausgeladen. Wir übernachteten in einer Scheune und rasteten am nächsten Tag in Filipowo. Dort sah ich nach langer Wanderschaft wieder den Tanz der Mädchen im Abendlicht. Zu eintöniger Balalaikamusik schritten und drehten sie sich im Kreis der jungen Männer, sangen manchmal wie in leiser Klage und wanden sich dann wieder im stummen Reigen, reichten sich mit schleppenden Bewegungen die Hände, trennten sich wieder und schieden mit leichter Verneigung aus dem Ring. Die weißen Kopftücher glühten im Sonnenuntergang, schimmerten noch im steigenden Mond; die Ferne spiegelte sich auf ihren reglosen Gesichtern. Grillen zirpten in den melancholischen Balalaikaklang, und wir Soldaten sangen und lachten mit den fremden Menschen, als hallte nicht von Ferne der Lärm der Front in den uralten Reigen hinein.

Ich war glücklich. Mitten in Rußland fühlte ich mich endlich wieder zu Hause. Hier war Heimat, nur in dieser Welt, in ihren Schrecken und spärlichen Freuden, war es gut sein. Nur hier fand die Seele ihr seltsames Element.

Gewitterregen rauschte und fahlgelbes Licht durchbrach die Wolken. Ein Regenbogen baute seine Brücke über Erlengesträuch, Weideland und lichte Waldflecken. Ich ging zur Stellung bei Worotinowo, einem Dorf, wo nur die Ruinen aus hohem Gras und wirrer Blumenfülle ragten. Dort war die größte Gefahr unserer Wopez-Stellung. Die Russen lagen nahe vor unseren Gräben, und Tag und Nacht wechselten Geschosse und Granaten.

Ein regelloses Grünen und Blühen überwucherte unsere Gräben, und der Bunker verschwand unter Ähren und Kraut. Der geräumige Bunker ragte trotzdem wie ein Hochhaus über den Hügel, und manches Geschoß pfiff darin über uns hinweg und schlug hart in die Wände.

Ich brauchte mich nicht einzuleben. Ich hatte hier mein Haus und war nicht nur ein Gast[39].

In den Nächten schanzten wir in der dunstverschleierten Landschaft, Mondlicht und Sterne, bis zur blaugrauen Dämmerung. Leuchtspur flitzte vorbei,

Explosivgeschosse schlugen ein, Feuerüberfälle der Granatwerfer zwangen uns in Deckung, doch die Gefahr erschreckte mich nicht. Es beruhigte mich, allem Geistigen und allem freien Wachsen und Wandeln der Seele fern zu sein, und Briefe halfen mir gegen die große Einsamkeit.

Die verhaltene Schönheit der Landschaft am Wopez bedeutete nun mein Leben. Nicht der Krieg. Sonnenaufgang, Morgenrot und das Wandern der Wolken, Abenddämmerung und Sternennächte schufen meine Welt, worin ich heiter beheimatet war. Nichts als ein Wanderer, Abenteurer und Vagant des Lebens sah ich dem Krieg wieder in das namenlose Angesicht. Zwar strebten alle Mächte zur Vernichtung, zwar standen sich kaum noch Menschen in den Schützengräben gegenüber, eher seelenlose Werkzeuge der Zerstörung, Fanatiker des Untergangs, und kaum gab es noch eine Pause zwischen den Schlachten, wo der Einzelne sich auf seine Gotteskindschaft besann und die Gegner ihr gemeinsames Schicksal fühlten, zwar war die Gefangenschaft ein Schreckgespenst und ein Todgeweihter der Verwundete im Niemandsland, – aber nun, wo elementare Gewalten herrschten, Tod und Töten das einzige Ziel dieses Ringens war und kein Streit der Weltanschauungen mehr mit Waffen ausgetragen wurde, wo jeder nur für sein Leben kämpfte und nicht mehr für Ideale und einen trügerischen Sinn, wo alles am Ende zu einer fruchtlosen Vergeudung von Material und Menschen wurde: da konnte ich in seinem magischen Grauen leben und sein, ein Wanderer zwischen Staub und Sternen in irrsinniger Zeit.

Wenige Tage blieben wir noch, von der Julisonne gebräunt. Dann traf ein Befehl zur Ablösung ein, und in der Nacht brachen wir auf. So begann meine russische Wanderung. Die ungewissen Fahrten dieses Jahres nahmen ihren Anfang.

Der Kampf

Um Mitternacht brachen wir auf. Sterne strahlten über dem Niemandsland, Kühle wehte von betauten Wiesen, Nebel verschleierte den Wald. Wir schritten ruhig in den werdenden Tag, dem Abenteuer entgegen, von seltsamer Bereitschaft und neu gewecktem Lebenswillen getragen. Blasses Morgenlicht hob die Konturen aus ihrer Verborgenheit, grünliche, rötliche Lichter schimmerten am Wolkensaum, und tiefste Stille lag über den Wegen und den Soldaten, die in lockeren Reihen marschierten.

Die Sonne brannte. Wir schliefen auf einer dürren Wiese. Braun versengtes Land in steigenden Schwaden dehnte sich zu unseren Füßen, dürftiges Gesträuch und falbes Gras, und am Horizont dämmerten Hügel und Wälder im Dunst. Ich ahnte den Anfang einer grausamen, verzehrenden Zeit. Aber meine Zuversicht ging schnell über die Zukunft hinweg. Nie war der Tod so nah und so einfach wie da.

Wir marschierten in finstere Nacht hinein. Sonnenglut des Mittags hatte den Schweiß auf unsere Stirnen getrieben, nun froren wir im staubfeinen Regen erschöpft und mit schmerzenden Füßen. Gewitter stießen über der Rollbahn zusammen. Die Fackeln der Blitze beleuchteten das Schattenland, und Leuchtkugeln zeigten die Front zu unserer Seite. In Wyschegor rasteten wir. Der Regen endete, und wir wanderten weiter. Wenige Stunden des fahlgrauen Morgens verschliefen wir in einem Finnenzelt, und über Sandwege und rote Steinstraßen marschierten wir wieder, manchmal schwankend vor Müdigkeit, auf Jarzewo zu. Regengüsse wechselten mit stechender Sonne und durchnäßten uns wie der Schweiß. Keiner dachte an Marschordnung. Jeder ging seiner Wege und trug das Gewehr auf seine Art. Zerrissene Stiefel und verschmutzte Uniformen ergänzten wir durch Stöcke, die wir von den Zäunen brachen, rollten die Ärmel auf und steckten die Feldmützen ins Koppel. Die Sonne bräunte unsere von Schweiß und Anstrengung hart und scharfgeschnittenen Gesichter und bleichte mein Haar.

In Jarzewo wurden wir verladen. Fahrzeuge und Geschütze wurden flüchtig auf Rungenwagen befestigt, wir dreizehn Soldaten mit sechs Pferden zusammen in einen Güterwagen geschickt.

Julisonne durchglühte das Dach. Hitze, die Ausdünstungen der Pferde und ihr Urin und Kot erzeugten eine unerträgliche Atmosfäre. Wir öffneten beide Türen, aber die Schwüle hielt an, und der stechende Ammoniakgeruch legte sich wie ein bleierner Reifen um unsere Lungen. Wir alle hatten Herzklopfen und Kopfschmerzen, einige übermannte die Übelkeit.

Nachts froren wir im Zugwind, der über den Boden strich. Den ganzen Tag saß ich in der Türe, atmete die sausende Luft, die, obwohl stickig von Staub, Schwüle und trockener Sommerglut, eine Wohltat im Vergleich mit dem Pestaroma im Innern des Wagens war. Dörfer und Hügel, endlose Getreidefelder und die Sumpfwälder von Brjansk flogen an mir vorüber. Die Ähren reiften, Garben standen in geraden Reihen. Feuchte, Moder und

Harz wehten aus den Wäldern heran. Staubwolken tanzten auf fernen Straßen, und viele Bäche waren versiegt.

Ich fühlte mich der Erde seltsam nah. Wie ihre Bäume und Blumen blühte mein Leben im Rausch dieses Sommers auf, wie Gras und Getreide sank es bald zu Ernte und Verfall. Moder und Fäulnis durchdrangen das Steigen der Säfte, das Aas morscher Stämme nährte den jungen Wuchs wie einst mein Leichnam die Saat. Ein Geborgenheitsgefühl überkam mich. Das Leben war ohne Gefahr, das Große Leben. Auf jenen Strauch, jenen Halm kam es nicht an. Geduldig blühte und litt das Kraut im Kreis der Jahreszeiten, und auf Schlaf und Sterben folgte der Frühling wie eine Geburt. Ich brauchte mich nicht zu sorgen, das Sterben war leicht: Ich war Soldat, ein Wanderer und Abenteurer im Niemandsland, im Innern frei und frei vor dem Tode, dem Leben doch so unverloren wie der Eberesche Blüte, Frucht und Samen.

In Beresewka wurden wir ausgeladen.

Gluthitze dörrte das Land. Der Durst quälte uns auf dem Marsch. Das Wasser der Bäche und Teiche war lau, kühlte kaum unsere Pulse. Wir tranken gedankenlos, und keiner wurde krank.

Wir schritten durch ein goldleuchtendes Land. In den Dörfern sahen wir Mädchen und Frauen in bunten Trachten, Kopftücher und Röcke von feurigem Rot, rot bestickt die weißen Mieder über schweren Brüsten, breite Hüften im dumpfen Gang. Aus ihren kantigen, fast schlitzäugigen Gesichtern sprangen die Backenknochen vor. Strähnig-schwarzes Haaf fiel in niedrige Stirnen. Wenige Männer begegneten uns, meist Greise in malerischen Lumpen. Weiße Bärte, weißes Haar umrahmten die wetterfarbenen Züge.

Wir tauschten Salz und Brot gegen Milch ein, tranken durstig wie Fieberkranke, hielten kurze, erschöpfte Rast und wuschen den Schweiß im Brunnenwasser ab.

In den nächsten Dörfern fanden wir von Granaten zerstörte Häuser, von Trichtern aufgerissene Straßen, sahen ferne Rauchwolken und hörten das weite, verworrene Tosen einer Schlacht. Dort lag Orel.

Verschreckte Greisinnen und Kinder lugten aus den Fenstern und schrieen auf, wenn sie unsere Geschütze sahen. Sie fürchteten, wir brächten wieder den Krieg zu ihren Hütten. Mit einer Handvoll Salz erkauften wir ihre Freundschaft und ihr Vertrauen. Sie erzählten vom jähen Einbruch der Roten Armee, dem deutschen Gegenstoß, und sahen uns mit bangen Augen nach. Wir zogen weiter.

Verwüstete Gärten, zertretene Felder lagen an unseren Wegen. Ein Wald nahm uns auf, und dankbar genossen wir den spärlichen Schatten, feuchte Kühlung unter Eichen und Buchen und das gebrochene Licht im Kiefernschlag. Wir rasteten; ich suchte Himbeeren im Gesträuch, fand eine Flechtenart, die ich am Meer nie gesehn, steckte Blumen an meine Feldmütze und in die Mündung meines Gewehrs.

Vor uns, in einem blauverhangenen Wald, lagen die Russen.

Durch Wiesen und Sumpfmulden marschierten wir der Landstraße entlang, wo einzelne Granaten einschlugen. In einem Dörfchen zwischen Hecken und Waldresten bauten die Einwohner sich Bunker neben ihren zerschossenen Häusern. Bei einem schönen Mädchen hielt ich mich auf. In gebrochenem Deutsch erzählte sie vom Tod ihrer Geschwister beim Gefecht der Vortage. Ich küßte sie und eilte den anderen nach.

Die Sonne sank, und im Zwielicht erreichten wir ein großes Dorf, das um eine verfallende Kirche aus roten Ziegeln lag. Lange Häuserreihen zogen sich vom Hügel in sumpfige Täler. Bäche durchströmten die Weiden. Dies war Millejewo, unser Ziel. Hier erst war der russische Durchbruch aufgehalten worden. Wir sollten im Angriff die nächsten Dörfer nehmen, Verbindung nach Süden und Norden schaffen und die neuen Stellungen halten.

Übermüdet schliefen wir, nur von wenigen Posten bewacht, und wußten nicht, daß sich die Russen erst in dieser Nacht aus dem anderen Dorfende zurückzogen.

Am Morgen begann der Kampf.

Unsere Truppen drangen auf Pankow vor, ein kleines Dorf im Osten von Millejewo. Frühmorgens begann das Gefecht ohne jede Vorbereitung durch schwere Waffen[40]. Wir gingen in Bereitstellung, um die Flanke zu sichern und mit unseren Panzerabwehrgeschützen zu folgen.

Unregelmäßiges Feuer russischer Artillerie streute das Dorf und das Vorfeld ab. Im Rieselregen warteten wir hinter den Häusern. Ich spielte mit einem Kätzchen und horchte auf das ferne Gewehrschießen und die Salven der Maschinengewehre, bis der Befehl zum Vorgehen kam.

Um die Pferde keiner Gefahr auszusetzen, schleppten wir die Geschütze, mit vier Kästen Sprenggranaten behangen, im Mannschaftszug. Ungesehen erreichten wir eine Mulde und überquerten einen Bach. Das Wasser floß in unsre durchlöcherten Stiefel. Bergauf. Arme und Hände ermüdeten schon an den Holmen.

Auf halber Höhe setzte heftiges Granatwerferfeuer ein und scheuchte uns vom Wege. Wir suchten Deckung in den Furchen eines Kornfeldes. Dort lagen wir hinter den

Geschützen, rauchten und hörten das nahe Fallen und Bersten der Granaten. Ich betrachtete die Filigranarbeit der Natur an Grannen und Körnern einer Ähre und blinzelte in die Sonne.

Endlich zogen wir die Geschütze weiter vom Wege ab, um dem Granatenhagel auszuweichen und fanden auf einem Wiesenhügel Raum zum weiteren Vorgehen. Ungestört erreichten wir nun das vorläufige Ziel. Weiße Leuchtkugeln stiegen aus dem Wald. Unsere Truppen dort mußten im raschen Vorgehen begriffen sein.

Nun strömten dichte Scharen von Soldaten aus dem Wald. Unsere Aufgabe schien erfüllt. Plötzlich bemerkten sie uns und eröffneten ein rasches, regelloses Gewehrfeuer, während wir nun erst die fliehenden Reste unserer Angreifer entdeckten.

Rückzug. Im Laufschritt zogen wir die Geschütze den Hügel hinab und gerieten in einen Sumpf. Eine Kanone nach der anderen schleppten wir gemeinsam hindurch und den Steilhang drüben hinauf. Die Räder sanken bis über die Achsen, wir bis an die Kniee in Morast und Wasser.

Nur eine kurze Atempause gönnten wir uns, dann schleppten wir, von Versprengten unterstützt, die Geschütze weiter bergauf. Wir kamen wieder in Sicht und Feuerbereich der Russen, die nur noch vierhundert Meter hinter uns lagen und sich unaufhaltsam näherten.

Der Rückzug wurde zur Flucht. Wir blieben mit unseren Lasten immer weiter zurück. Verzweifelt schossen wir Sprenggranaten in die eilenden Reihen. Wenige Schuß. Die übrige Munition ließen wir liegen und keuchten weiter auf Millejewo zu.

Unsere Arme erlahmten, die Kniee knickten ein, aber

nun gab es keine Rast, kein Atemholen mehr. Maschinengewehrgarben peitschten um uns, klatschten auf das Schußfeld, rissen die Erde zu unseren Füßen auf. Der erste fiel durch einen Fersenschuß aus. Er kroch weiter, das Gesicht von Schmerz und Entsetzen verzerrt. Den zweiten traf ein Kopfschuß, einen Schritt vor mir. Wir stiegen über den Toten hinweg und sahen uns nicht mehr um. Wieder brach einer zusammen, schrie, hielt sich die Hüfte, stolperte auf, kroch noch ein Stück und blieb liegen. Den vierten traf die Kugel in die Brust. Er röchelte noch, dann regte er sich nicht mehr. Wie Traumbilder zogen die Ereignisse an mir vorbei, gedankenlos registriert. Sie hatten in mir so wenig Gewicht wie der Geschoßregen, die Kugeln, die nun meinen Rock und einen Stiefel durchschlugen, die nahenden Russen und das Leben überhaupt. Mit unserer letzten Kraft hielten wir die Holme, während das Blut in unseren Schläfen hämmerte und das Herz raste. Wir kannten keine Furcht. Wir zogen nur die Kanonen.

Dann jagten die Pferde mit unseren Protzen[41] heran, wir hingen die Geschütze an, warfen uns auf Holme und Rohr und rasten im wilden Galopp ins Dorf.

Dort brachten wir zwei Übrig-Gebliebenen das Geschütz in Stellung und sanken, zu Tode erschöpft, ins Gras. Unsere Lungen wogten, der Schweiß trocknete auf unsren verzerrten Gesichtern zu salzigen Krusten, aus Armen und Beinen schwand die letzte Kraft. Nun flackerte das Grauen in unseren Augen, doch nur wie ein Flimmern, Aufleuchten und Erlöschen tanzten die Bilder der letzten Stunden durch die Erinnerung. Wir nannten die Namen der Toten. Ich schwankte noch zwischen Traum und Wachen, sah alles verschleiert und doch übermäßig scharf und klar, wie ohnmächtig und zugleich überwach.

Da trug mich keine Begeisterung mehr, kein brausendes Lebensgefühl, da war alles erloschen, Willen und Furcht, Geist und Seele, und nur ein mechanisch wandelndes Wesen blieb, das die Geschehnisse wie eine Kamera aufnahm – und war nun am Ende aller Kräfte.

Die Nacht begann mit einem Wolkenbruch. Wir kauerten unter den Zeltbahnen, doch das Wasser drang durch und näßte unsere Röcke, und in der Wäsche trocknete noch der Schweiß. Wir froren, zitterten, rauchten mit erstarrenden Fingern vor Müdigkeit und Elend in der Julinacht. Wir wollten zusammen Wache halten, aber gegen Mitternacht schliefen wir beide ein, auf den Holmen sitzend, bis das Morgengrauen uns weckte. Auch da bedachten wir nicht die Gefahr. Es war kein Leichtsinn. Vielleicht war es das Vertrauen des Abenteurers in seine Sterne. Gottvertrauen oder Fatalismus, Ergebenheit oder Trotz, in unserer Müdigkeit wurde die Apatie grenzenlos.

In windiger, grauer Morgenkühle setzte ein heftiges Feuer von Artillerie, Granatwerfern und Panzerabwehrgeschützen auf unsre Schützenlöcher und kaum ausgebauten Stellungen ein. Der russische Angriff begann.

In breiten Wellen und lockeren Gruppen verließen die Russen ihre Bereitstellung am Waldrand, tausend Meter vor uns, und gingen aufrecht den weiten Hang voran. Zu beiden Seiten der Straße wuchs hohes, überreifes Korn, erst in der Senkung begann das Wiesenland.

Abwehrfeuer von Infanteriegeschützen riß die ersten Lücken, doch unsere Artillerie hatte keine Munition. Wir schossen. Unsere Sprenggranaten jagten in die

Feinde, Maschinengewehre verdichteten das Sperrfeuer, aber die Russen drangen ohne Rücksicht auf ihre Ausfälle vor.

Die ersten unserer Verwundeten gingen zurück. Tote lagen schon vor uns, und wir blieben zu Zweien am Geschütz. Vor uns verbluteten die Stürmenden, doch neben uns starben die Reste der am Vortage fast aufgeriebenen Infanterie. Dort stießen die Russen weit in Millejewo hinein.

Gegen Mittag zogen sich die letzten der Gegner vor uns aus dem Kornfeld zurück. Einzelne Granaten sandten wir ihnen noch nach. Neben uns wogte noch der Kampf. Die Verbindung war abgerissen, wir waren auf uns gestellt.

Wir wischten den Schweiß von unseren von Pulverdampf geschwärzten Gesichtern, faßten wie in Lehm und Staub und atmeten auf, lauschten dem Gefechtslärm, der sich langsam nach Osten entfernte. Ein Melder kam. Auch dort hatten Reserven die Russen zurückgeworfen und die Front wiederhergestellt.

Wir starrten uns an. Unsere Uniformen waren beide wieder durchschossen, wir aber unverletzt geblieben.

Ich brach in ein hemmungsloses Schluchzen aus. Noch lange liefen Tränen über meine Wangen und gruben weiße Streifen in die Schicht von Schwärze und Staub. Ich suchte vergebens Halt bei einer Zigarette und beruhigte mich erst nach einer Stunde.

Nicht die Nähe des Todes, nicht die ungeheure Spannung der Gefahr, nicht die Furchtbarkeit des Kampfes: erst die Erlösung ließ mich zusammenbrechen, die flüchtige Besinnung, die mir das Entsetzliche des Erlebten erst zu Bewußtsein brachte und die Seele aus dem Mechanismus des Handelns löste, daß sie ihre eigene, unsichere Existenz wieder begann[42].

Mehrere Panzerabwehrgeschütze schweren Kalibers belegten nun unsere Stellung mit einem anhaltenden Feuerüberfall. Ich lag in meinem schnell gegrabenen Schützenloch und schlief trotz der in geringer Entfernung krachenden Granaten ein. Eine Verstärkung des Feuers und ein Splitterregen weckten mich. Ich sah die Russen am Waldrand erscheinen und raste ans Geschütz. Auf dem Weg überschüttete mich die Erde meines Deckungsloches, das einen Volltreffer erhielt. Eine Sekunde zwischen Leben und Tod.

Wir lagen hinter dem Geschütz und wagten nicht uns aufzurichten und zu schießen, da das feindliche Feuer noch dichter wurde und auch Maschinengewehre uns niederhielten. So wurde unser Leichtsinn, in einer erkannten Stellung zu bleiben, zum Verhängnis.

Die Russen näherten sich schnell. Jetzt war es gleichgültig, ob wir liegen blieben und überrannt und abgeschlachtet wurden oder im Verzweiflungskampf untergingen. Wir eröffneten das Feuer.

Viele standen dort nicht mehr auf, wenn sich der weiße, etwas bläuliche Pulverdampf der Einschläge verzog. Der Abschußknall gellte in das Krachen umher, immer noch heulte es heran. Ein Splitter ritzte meine Hand. Ich ließ das Blut fließen und lud weiter. Die wenigen Gewehrschützen vor uns waren verwundet oder tot. Auch das letzte Maschinengewehr fiel aus, und zwanzig Schritt neben uns tauchten die Angreifer aus mannshohem Korn. Dort hatte ein Geschütz von uns gestanden. Vielleicht lebte dort keiner mehr.

Ich nahm mein Gewehr. Mein Kamerad riß den

Schlagbolzen aus dem Verschluß, ohne aufzusehen. Steckte ihn ein; wir verschossen die letzten Patronen und flohen.

Ein Schlag im Rücken warf mich zu Boden. Ich riß mich empor, fühlte, wie das Blut die Hüfte herabrieselte, warf Gewehr und Koppel fort und hetzte weiter.

Zwischen den wenigen Überlebenden hielt ich ein. Wir waren die Letzten, schon aufgegeben. Ich riß den Rock herunter und zog den Splitter aus der Haut. Ein Pflaster mußte als Verband genügen. Ich nahm das Gewehr eines Toten und steckte Munition in die Taschen.

Wir gingen zum Gegenstoß vor, dreißig Soldaten gegen eine unbekannte Übermacht. Sturmgeschütze rollten heran und bogen zur Seite ab, wo der Einbruch noch tiefer war.

Aufrecht gingen wir durch die Gärten, an Toten und Verwundeten vorbei, Deutschen und Russen. Am Getreide trocknete das Blut.

Die Sonne stürzte zur Nacht. Die meisten unserer Kampfgruppe fielen. Wir erreichten wieder unser Geschütz. Nach Sekunden schon begannen wir zu schießen. Die letzten Russen flohen an uns vorbei.

Der Kampf war zu Ende. –

Zwischen Leichen hielten wir Wacht. Stunde um Stunde. Meine Wunde schmerzte, doch ich lebte. Die Russen wußten nicht, wie Wenige wir waren, als wir den verzweifelten Sturmlauf wagten, wie Wenige nun zu Tode erschöpft in ihren Löchern lagen und in die Finsternis starrten. In unserer Stellung blieben wir beide allein.

Reserven trafen ein. Wir konnten unser Geschütz in eine Lauerstellung zurückziehen. Da kamen wir an den

Toten vorbei, die man dort zusammengetragen hatte, vom Feuerschein eines brennenden Hauses und den Fackeln der Leuchtkugeln fantastisch beleuchtet.

Rostbraune Blutflecken verkrusteten auf den Uniformen. Schwarzrot klebte das Blut an zerfetzten Gesichtern, hing in verwirrten Haaren, an zerschossenen Stahlhelmen. Verkrampfte Fäuste streckten sich sinnlos empor und warfen drohende Schatten. Lose Glieder lagen notdürftig an blutleere Leiber gefügt. Ein Kopf grinste allein neben einem Zaun, Zwei, deren Verletzungen die Dunkelheit verbarg, lagen sich gegenüber wie im geisterhaften Gespräch. Im Flammenschein gewannen die toten Augen ein geheimnisvolles, wildes Leben. Ein Lachen aus Licht und Schatten zuckte um stumme Münder, im Todesschrei erstarrt, oder ein hämisches Grinsen, ein verbissener Trotz flog um gepreßte Lippen. Andere Köpfe waren nur noch eine Masse von Knochen, Blut und Hirn. Aus aufgerissenen Bäuchen quollen die Därme.

Schweigende Soldaten umstanden die regungslose Versammlung. Wir falteten die Hände.

Am nächsten Tage wurden sie verscharrt, und als man die Birkenkreuze auf die Hügel setzte, wußte keiner mehr, ob der Name dem Aas darunter angehörte, in dem nun schon Hitze und Würmer arbeiteten und woraus bald Moos wuchs und das Gras. Die russische Erde nahm leicht alle Leichname auf, – die ihrer Söhne und auch die der fremden Soldaten.

Aber ich lebte, und auch den nackten Tod fürchtete ich nicht. Wenn ich morgen fiel: das Leben ging weiter, auch ohne mich und mein Glück oder Leid. Ich brauchte mich nicht zu sorgen. Noch Tausende waren bereit, zu schaffen und zu vollenden, mit dem Schicksal zu streiten und zu siegen oder unterzugehn wie ich. Auf mich kam es nicht an, und ob ich ein Grab bekam oder nicht: im Tode fühlte ich es nicht mehr.

Um Mitternacht zogen wir noch weiter von der Hauptkampflinie zurück, ins Tal an einen Bach. Wir tarnten das Geschütz und schliefen endlich mehrere Stunden.

Wir erwachten zwischen toten Russen. Überall lagen die Gefallenen im Gras, am Wege und im Bach, junge, kräftige Männer, neben ihnen ihre Waffen. Es waren die Opfer des Vortages, keine Feinde mehr, doch wir klagten sie an, daß sie unser Trinkwasser verdarben. Die Gewitterluft begünstigte ihre Verwesung. Aber wir wuschen uns doch und aßen endlich nach zwei Tagen wieder und hatten doch solange keinen Hunger gehabt. Ich sah mich im Spiegel und erschrak. Drei tiefe, steile Falten standen auf meiner Stirn, scharfe Linien glitten von den Nasenflügeln abwärts, und mein Mund war weiß, blutleer gepreßt. Ich hatte den Tod gesehen und erlebt. Vielleicht war ich nun gezeichnet mein Leben lang.

Pestgeruch und Schwüle lag über dem Tal. In der ersten Dunkelheit zog ich als Späher aus, um die Frontlage und die Besetzung des Geländes vor uns zu erkunden. Ich schritt durch eine menschenleere Dorfstraße. Ein Hund folgte mir, Katzen klagten in einem Haus. Sonst war alles ausgestorben, die Einwohner geflohen. In manchen Ställen fand ich verhungertes Vieh. Unkraut überwucherte die Gärten, reifes Gemüse verdarb.

Ich überstieg die Zäune und Reste zerschossener Hütten. Durch Roggen und Kartoffelkraut ging ich weiter, das Gewehr schußbereit. Nachttau streifte auf meine Stiefel ab und kühlte meine Hände. Einen Stahlhelm trug ich nie und hatte meine Feldmütze mit Ähren und Kornblumen besteckt, Schmuck und Tarnung zugleich.

Immer weiter wanderte ich in tiefere Dunkelheit, und über mir brannten die Sterne. Keine Leuchtkugel zeigte mir an, wo ich war. Erst weit im Niemandsland ging ein Zeichen hoch, und ich erschrak. Ein eisiger Schauer packte mich. Drei Russen lagen wenige Schritte vor mir. Ich riß das Gewehr an die Schulter. Sie regten sich nicht. Plötzlich erhob sich der Wind und blies mich mit Leichengeruch an.

Wie von Gespenstern gejagt kehrte ich zurück, fand auch jetzt keinen unserer Soldaten und atmete erst auf, als ich die Silhuetten der Dorfstraße wieder vor mir sah. In einem Haus rauchte ich eine Zigarette. Meine Gefährten riefen, und ich fand zu ihnen zurück.

Wir brachten das Geschütz einen flachen Wiesenhang hinauf und stelten es vor einen Garten. In der Nacht stand ich Posten und hörte Kanonendonner im Norden und Süden. Vor uns war Ruhe. Sterne wanderten im schwarzen Himmel, die Milchstraße blinkte, und nach Mitternacht stieg der abnehmende Mond rot aus Wolkenflor und Finsternis. Wie Gespenster standen Bäume und Sträucher in seinem spärlichen Glanz. Grasduft wehte in der Kühle. Kein Aasgeruch mehr stäubte darein. Kein Schritt, keine Stimme erklang. Regungslos hielt ich die Wacht, und nichts geschah.

Ablösung kam. Dann schlief auch ich, wie Ähren, Gesträuch und die Toten.

Früh schon bezogen wir eine Stellung an der roten Kirche von Millejewo. Vor uns tobte die Schlacht. Russische Artillerie zerschoß die Kirche zu einem Schutthaufen von Ziegeln, Mörtel und Staub. Splitter fegten umher, der Luftdruck preßte sich in unsere Lungen, aber wir blieben unverletzt. Noch vier Tage währte die Schlacht, mit Panzern vorgetragene Angriffe scheiterten, und Sturzkampfflieger bombardierten die Bereitstellungen der Russen. Dann trat Ruhe ein. Die Front wurde befestigt, unsere Stellungen mit den restlichen Geschützen neu besetzt.

Wir kamen an den Südausgang von Millejewo. Nahe am Bach fanden wir ein gutes, sauberes Haus in einem reich bestellten Garten und richteten uns ein. Vor uns dehnte sich eine Wiese mit einzelnen Erlen und Pappeln zum Wald. Wir hatten keine Nachbarn, und nur Stützpunkte trennten uns vom Feind.

Wir aber führten nach den Kampftagen ein heiteres und sorgloses Leben, brieten uns Hühner und schlachteten eine Kuh, bereiteten uns Bratkartoffeln und Gurkensalat, aßen frische Möhren und spielten Karten. Nach kurzem Regen brach tropische Hitze herein, und wir lagen tagsüber nackt im Bach. Nachts quälten uns Erdflöhe und Wanzen. Schlaflos vor Schwüle und juckenden Stichen wälzten wir uns auf den Pritschen und schliefen schließlich im Freien, bis wir fröstelnd in Tau und Morgennebel erwachten und die Mücken uns umschwirrten. Fliegen strichen wir aufs Brot und konnten uns kaum noch wehren.

Ein Gewitter milderte die bleierne Atmosfäre. Dichter Nebel verbarg die Landschaft am Abend, um erst im Zwielicht wieder zu weichen. Wir hielten Wacht, während Geschosse um uns pfiffen und in die lockere Erde schlugen.

In diesen Nächsten wehte mich jener Hauch wieder an, der Gefahr und Abenteuer wie eine gesteigerte Elektrizität umgab, eine Höhe des Lebens, wie sie nur im Kriege gedieh. Denn auch dem trunkensten Fest und der kühnsten Leistung im Frieden fehlte der Glanz solcher Gefahr und der Zauber von des Todes Nachbarschaft. Freund Hein war mir vertraut und seltsam kostbar geworden, ein Element, aus dem ich wie aus fruchtbarem Boden wuchs. Er arbeitete in mir und gestaltete das willige Wachs. Er gab den Dingen ihren Sinn, Rang und Namen, festigte das Echte, zerstreute die Lügen und Schleier der Seele wie Spreu und schreckte mich nicht. Ich floh nicht vor ihm und liebte doch niemals mein Leben so heiß und inbrünstig wie da.

Wenn das Abendrot verblaßte, glühte der Horizont noch von zahlreichen Bränden fort. Dort sank Dorf um Dorf in Schutt und Asche. Die Menschen wurden nach Westen getrieben, das Vieh abgeführt oder getötet, die Ernte verbrannt. Ein restloses Zerstörungswerk bereitete das Land für unseren Rückzug vor. Straßen und Feldwege um Millejewo wurden vermint, Brücken und Häuser zur Sprengung vorbereitet. Wir erwarteten den Befehl zum Aufbruch.

Nachtregen rauschte. Machtvoll stürmte dann die Sonne über die Nebelflur. Der letzte Tag in Millejewo. Ich träumte vom Sommer am Meer und nahm nun ganz meinen Abschied von der Geliebten. Mein Schicksal genügte, ein Leben zu erfüllen, und meine unbestimmte Sehnsucht verging unter dem Anhauch der kommenden Abenteuer.

Ich war bereit.

Wanderung in den Herbst (1943)

Aufbruch. Wir schritten lautlos in die Nacht hinein, nur die Wagen knarrten im Sand der Wege, und das Wiehern der Pferde klang in das Geigen der Heimchen. Nebel wanderte über Felder und Weiden, Sterne blitzten im dünnen Gewölk, und der Vollmond tauchte Häuser, Sträucher und Bäume in milchigen Glast. Feuerschein ferner Dörfer gloste am Horizont und spiegelte sich an den Wolken. Der Rückzug begann[43].

Wir marschierten. Weit hinter uns dröhnten die Sprengungen der Brücken. Millejewo ging in Flammen auf. Öde und Niemandsland blieben zurück. Wir erreichten die Rollbahn, sammelten uns und ordneten uns zum hinhaltenden Widerstand. Mit unseren leichtbeweglichen Geschützen wurden wir der Nachhut zugeteilt. Durch taufrische Wiesen eilten wir gen Westen, von Bränden geführt, fröstelnd im Nachtwind und müde. Bald trieb der schnelle Marsch den Schweiß auf unsere Stirnen.

Wir durchquerten die Trümmer eines Dorfes. Kwastowitschi[44]. Ausgestorben die Straßen, verkohlte Balken lagen im Sand. Ein Hund heulte zum Mond. Öfen starrten aus der Asche, und wie Gespenster jagten herrenlose Pferde in die Finsternis.

Zwischen Rauch und verglimmenden Bränden empfingen wir Verpflegung. Düstere Glut bemalte zerstörte Öfen, gestürzte Mauern, versengtes Gesträuch. Brandgeruch schwängerte die Luft, und ein feiner Aschenregen ging nieder.

Wir brachen wieder auf. Die Augen fielen uns zu, und wir hielten uns an den Wagen, stützten uns auf die Geschütze. Es ging bergauf.

Am Rand eines Obstgartens hielten wir an. Unter uralten Buchen stellten wir die Kanonen hin. Schlafen durften wir nicht. Im Osten loderte der Brand von Millejewo, im Norden dehnten sich unbekannte, lichtlose Wälder. Vor uns hoben sich die Schattenrisse des verödeten Dorfes aus der Dunkelheit, Pfeiler, Kamine, Zäune zwischen schwelendem Holz. Zerstörung und Tod bezeichneten unseren Weg, unsere Flucht.

Wir standen zusammen, froren in unseren Mänteln, kämpften mit Erschöpfung und Schlaf und sprachen dann wieder leidenschaftlich mit jener Überwachheit, die uns nur äußerste Müdigkeit verlieh, von belanglosen Dingen. Wir sangen die wilden, sinnlosen Lieder jener Zeit, von Trunk, Abenteuern und Huren, und schließlich tanzten wir, wie Bären schwerfällig, groteske Traumgestalten in russischer Nacht. Wir führten nur noch ein Gespensterdasein, Flüchtlinge, Versprengte im ungeheuren Land, und im Tanz von Kwastowitschi flatterte der Wahnsinn um unsere Stirnen, ein Tanz auf den Trümmern des Dorfes wie unseres Lebens, von Flammen geblendet, wie Gehenkte schaukeln im Wind.

Zögerndes Morgenlicht versickerte im Osten. Wir holten uns Garben, breiteten die Decken aus und schliefen bis die Sonne aufging und bald brennend über der Verwüstung hing.

Mit fieberheißen Gesichtern wankten wir weiter, mit schmerzenden Gliedern und entzündeten Füßen und erhielten unsere Stellung in einem Kornfeld am Dorfausgang zugewiesen. Dort legten wir uns in den spärlichen Schatten der Garbe, von Hitze und Erschöpfung gequält, von Erdflöhen zerstochen, im Innern unendlich leer und spielten Karten wie träge, leblose Maschinen.

Wir waren verkommen, verlaust, verdreckt, haltlos und apatisch. Welt und Leben gingen uns längst nichts mehr an.

Die Russen durchquerten Millejewo und folgten uns in langen Kolonnen auf der Rollbahn. Wir zogen uns durch tiefen Sand in eine Auffangstellung zurück. Wir umgingen Minensperren und Barrikaden. Verloren standen die letzten Häuser in verfallenen Gärten, Trümmerstätten umher.

Am Rand jenes Waldes, der uns auf dem Marsch nach Millejewo, in die Katastrofe hinein, etwas Rast und Schatten gespendet, fanden wir die wartenden Soldaten, die neben ihren Waffen schliefen, wie gefällt. Wir folgten der Landstraße in den Wald hinein. Laub und Moder gärten in Mittagsglut. Wir ruhten uns aus, entgegen dem Befehl. Überreife Blaubeeren stillten unseren Durst.

Wir gelangten zum Nordflügel, Sicherung für unbekanntes Gebiet. Die Verbindung war abgerissen, unsere Truppe auf sich alleine gestellt. Am frühen Abend lagen wir am Ausgang des Waldes. Hügelketten mit Fichtenschleiern und Gesträuch umgaben ihn im weiten Kreis. Wir wußten nicht, wohin wir unsere Geschütze richten sollten.

Gleichgültig warfen wir uns ins Gras und schliefen, bis Kälte und Feuchtigkeit uns weckten. Das Land gab schnell die Glut des Tages ab. Wir schauerten, deckten uns mit Heu und Zweigen zu und schliefen wieder. Erwacht, kauerten wir uns enger zusammen, rauchten und starrten in den runden Mond.

Endlich hörten wir gedämpfte Stimmen, Waffenklirren und das Rasseln der Fahrzeuge und schlossen uns wieder der Nachhut an. Im dichten Nebel glitt unser Geisterzug über endlose Wiesen, und im beschleunigten Schritt folgten wir der Rollbahn. Der Morgen verscheuchte den Nebel. Wir erreichten die Überreste eines Dorfes, stellten die Kanone an den Straßengraben und schliefen, bis der Hunger uns weckte. Es war Abend geworden. Totenstill das weite Land, und der Abendstern strahlte über den Hügeln. Ein rotes Leuchtzeichen stieg steil in die abgehellte Luft, löste sich in ein Sternbündel auf und erlosch. Die Russen griffen Bujanowitschi an.

In einer endlosen Kette sahen wir ihre schwarzen Silhuetten über die Hügel nahen und langsam wachsen am Horizont. Granaten heulten über uns hinweg, Abschüsse dröhnten hinter uns. Wir sahen die Einschläge, schwarzgraue, weißliche, gelbbraune Wolken von Pulverdampf, Erde und Staub, hörten das Krachen, vom Hämmern der Maschinengewehre durchsetzt. Wir schossen nicht. Artillerie und Infanteriegeschütze zerschlugen die Wellen der Angreifer, zersprengten die Reste, und ein russischer Funkspruch befahl den Rückzug. Wie ein fantastisches Schauspiel erlebten wir dieses Gefecht und begriffen es nicht.

Ein Befehl zum schnellsten Abmarsch traf ein. Die Truppen lösten sich vom Feind. Wir blieben als Nachhut im Dorf. Zornig und verzweifelt ließen wir die Geschütze aufgeprotzt und schliefen im Straßengraben. Erst morgens marschierten wir weiter auf einem Eilmarsch wie auf einer überstürzten Flucht. Doch die Russen holten uns ein. Wir flohen mit unseren Pferden, aber die anderen Geschütze fielen in Feindeshand, und ihre Bedienungen wurden vernichtet.

Wir marschierten nach Westen. Wir wußten nichts vom Ziel, und sorgten uns nicht. Doch der Marsch wurde uns schwer. Die durchwachten Nächte wirkten nach, hingen wie Blei in unseren Gliedern, die Stirnen fieberten, unsere Gedanken flackerten vor Überhelligkeit und Erschöpfung. Nun kam noch ein unaufhörlicher Landregen hinzu. Die Straßen wurden zum Morast, Zeltbahnen und Mäntel schützten nicht mehr gegen die schwere Nässe. Wir rutschten, stolperten, fielen, rafften uns auf und eilten weiter. Die Russen folgten uns schnell, und wir wanderten immer noch im Niemandsland. Erst gegen Mittag erreichten wir ein Dorf. Dubrowa.

Die Küche erwartete uns mit warmem Essen, aber es war sauer und ungenießbar geworden. Sonne durchbrach das fliehende Wolkenheer. Schnell trockneten Wege und Wiesen, und in einem Stoppelfeld stellten wir unser Geschütz zwischen die Garben und erwarteten die Nacht.

Vor uns dunkelten ferngestreckte Hügel im braungrauen Licht. Ganz vereinzelte Granaten schlugen ein. Die Gefechtsvorposten zogen sich zurück, wie Zwerge klein im gnadenlosen Land. Doch die Russen drängten nicht nach.

Dämmerung hüllte Hügel, Täler und Erleninseln in trübe Schleier. Es wurde kühl. Hinter uns loderte Dubrowa in schnell wachsenden Bränden, wie Gold vor dem Nachthimmel. Wir schritten hinter den Wagen in sternenleere Nacht.

Der Durst quälte uns. Seit Tagen hatten wir kaum etwas getrunken. Doch als wir nun in die Brunnen starrten und schon die Eimer bereit hielten, erblickten wir eine schmutzige Schlammflut, worauf faules Holz und Stechapfelbüsche schwammen. Andere Brunnen waren gesprengt, die letzten von Minen gesperrt. Tränen von Elend und Wut traten uns in die Augen. Was den Vormarsch der Russen erschweren sollte, wurde uns zur unnötigen Qual.

Wir gingen durch Feuer und Rauch. Balken stürzten von brennenden Häusern, Funken wirbelten empor, Holz gloste auf der Straße. Aschenregen und heißer Staub rieselten auf uns herab, deckte unsre Gesichter mit einer grauen Schicht, brannte in unseren Augen. Gluthauch wehte uns an und beizte die Lungen. Unsre Kehlen zogen sich zusammen. Grelle Flammen blendeten uns. Mehr tastend als sehend schwankten wir vorwärts. Plötzlich brausten Flieger über uns und warfen ihre Bomben in die langsamen Kolonnen. Das Schreien Verwundeter hallte ins Bersten und Sausen der Flammen. Pferde rissen sich los und rasten in die Brände. Langsam sammelten wir uns wieder.

Ich ließ mir Feldflaschen und Kochgeschirre geben und eilte voran, um Wasser zu suchen. Ein fremder Soldat schloß sich mir an. Am Dorfausgang entdeckten wir einen unbeschädigten Brunnen. Wir stiegen über Mauerreste, Asche, verkohltes Gebälk. Ich fiel in einen Keller und er stürzte auf den Brunnen zu. Eine Detonation ertönte und machte mich taub. Der Luftdruck riß mich in die heiße Asche. Erde und Holzstücke schlugen auf mich herab. Ich sprang auf. Der Brunnen war verschwunden. Den Soldaten sah ich nicht wieder.

Eine Gruppe der Nachhut ereilte auf der Flucht das gleiche Geschick, und nur einer entrann.

Finsternis über nebligen Wiesen nahm mich auf. Ich war allein. Unter einer Brücke fand ich ein Sumpfloch. Wasser! Es schmeckte fad, nach Algen, Öl und welkem Kraut. Ich trank es in durstigen Zügen, füllte die Gefäße und erwartete meine Kameraden.

Die Wege wurden schlechter. Vor uns ragte wie eine schwarze Mauer der Wald. Tiefer Schlamm erschwerte das Gehen. Die erschöpften, ungetränkten und ungefütterten Pferde schwankten vor den Wagen. Wir tasteten durch die Nacht. Später, bleicher Mond stieg über die Wipfel. Knüppeldämme, Sandboden, versumpfte Wegstrecken wechselten ab. Hochwald, Birken, Erlen und Fichten schlossen sich an kleine Lichtungen, Heideflächen und Moor. Wir verloren den Weg.

Wir fuhren Geschütze und Fahrzeuge am Waldsaum einer Lichtung auf, breiteten Zeltbahnen und Decken über das nasse Gras und schliefen. Am Morgen wanderten wir weiter, und der Marsch wurde etwas leichter im wehenden Licht. Dann glühte wieder die Sonne über Laub und Geäst, trocknete den Schweiß auf unseren Stirnen, verdampfte den Tau und füllte die Luft mit feuchter Schwüle. Wir pflückten Preißelbeeren und kühlten die Hände im Moos, netzten die Pulse mit Sumpfwasser, tränkten die Pferde und verließen endlich den Weg. Wir lagen im Sumpfwald von Brjansk und verschliefen den Tag.

Abend. Regen trommelte auf dem Laub, und eine undurchdringliche Dunkelheit breitete sich aus. Wir fuhren in Stellung über schmale Waldwege, an verfallenen Scheunen vorüber, und endlich lichtete sich das Baumgewirr. Vor uns lag eine Ebene mit hohem Steppengras, wildem Kraut und Gesträuch. Jenseits am Waldrand verliefen die niedrigen Schützengräben. Wir sahen sie nicht. Im Regen bauten wir mit klammen Händen ein Zelt und wärmten Konserven am offenen Feuer. Kein Posten zog auf, wenn auch niemand wußte, wo die Russen nahten, ob Gefahr drohte oder nur Niemandsland uns umgab.

Schon am nächsten Mittag kehrten wir an den Rastplatz des Vortages zurück. Wir kamen noch nicht zum Einsatz. Doch langsam begriffen wir das Ausmaß der Katastrofe von Orel und fluchten, daß wir für ein Stück Wald und Sumpf geopfert werden sollten.

Wir bezogen eine Blockhütte. Rohe Balkenwände trugen ein Dach aus Fichtenzweigen, Binsen und breiten Gräsern. Die Fugen verstopften wir mit Moos, trugen Gras und Farn als Lagerstatt hinein, zündeten eine Kerze an und konnten endlich schreiben.

Alarmbereitschaft. Wir hörten Schüsse und ihr vielfaches Echo im Wald. Eine Maschinengewehrgarbe prasselte in die Stämme über uns. Wir warfen uns zu Boden und lauschten. Es blieb unheimlich still.

Wir unternahmen einen Spähtrupp in den seltsamen, gefährlichen Wald. Mondlicht beschien die Wege, moderndes Holz glomm gespensterhaft auf, Schatten tanzten einen drohenden Reigen im Wind. Verschlafene Vogelrufe tönten, ein Kauz schrie ins Nichts, Fledermäuse flatterten durch das Geäst. Zweige knackten. Flüchtiges Wild durchbrach das Gestrüpp. Die Nacht war voll fremder Geräusche und Gefahr.

An einer Lichtung hielten wir an, die Gewehre bereit, lauschten lange und starrten in das blass beleuchtete Gras. Nur der Nachtwind sang seine eintönige Melodie. Das Laub rauschte auf. Dann schraken wir zusammen, ein Schauer jagte durch unsere Leiber: fliehende Schritte entfernten sich, Gehölz raschelte, Zweige zerbrachen, flüsternde Stimmen sprachen. Wir verstanden ein russisches Wort. Wir schossen in das Gesträuch, lehnten Rücken an

Rücken und beobachteten. Die Augen schmerzten vom angespannten Schauen, doch nun regte sich nichts mehr. Der Feind war nirgends und überall. Wir kehrten zurück. Mein Herzklopfen ließ nach, und bald schlief ich im Blockhaus im getrosten Vertrauen auf meinen Engel und mein Geschick. Der Abenteurer war in guter Hut.

Wir richteten uns wohnlicher ein. Geborgen hörten wir den Wind singen und das Trommeln des Regens auf dem Dach, sammelten Beeren am Tage und standen nachts, vom Gebüsch verdeckt, an Baumstämme gelehnt und wie mit ihnen verschmolzen regungslos auf der Wacht, horchten und starrten in Schwärze oder mondene Waldestiefe und schliefen unruhig, von Träumen verfolgt. Ich las Rilke und Claudius, und endlich fühlte ich wieder eine schmerzlich-süße Sehnsucht nach meinem eigenen Leben: Büchern, Musik und Frieden.

Ich sammelte Moose und Flechten, Sumpfblumen und krankes Laub. Wespen und Fliegen schwärmten, Hornissen sausten wie Freibeuter über die Wege, abends tanzten die Mücken ihren Reigen nach einem geheimnisvollen Gesetz. Unter geraden Kiefern und Buchen, Fichten und Birken breiteten seltene Eichen ihre Kronen aus und schafften sich derb ihren Lebensraum. Erlen, Ebereschen und Ahorn kämpften um Licht, Haselsträucher, Weiden, Faulbaum und Dornengestrüpp säumten Lichtungen und Wege. Darunter wucherten Farnkraut, Himbeeren und Schilf. Moos, Heide und Flechten bedeckten den Boden. Sumpfottern schnellten durch das Gras, Ameisen wanderten auf unsichtbaren Pfaden durch welke Nadeln, faulendes Laub des Vorjahres und Humuserde. Duft von Fäulnis, Moder, Harz und warmem Boden, von Laub, Beeren und morschem Holz trieb im leisen Wind. Morcheln dämmerten im Schatten, Boviste verstreuten ihren schwarzen Sporenstaub, und auf toten Stämmen wohnte der Schwamm. Manchmal fand ich ein Aas im Gebüsch, von Fliegen übersät, während unten Totengräber ihre Arbeit taten. Ekel überkam mich.

Manche Stunde lag ich träumend da, sah einem vereinsamten Falter nach, sah das Sonnenlicht blitzen im Gezweig, horchte den Stimmen des Waldes und dachte an Kindheitssommer und die Zauberwälder des Darß. Hier gab es keine reine Lebensfreude, keine ungetrübte Schönheit, kein berauschtes Wandern. Alles war feindlich und fremd, Blumen und Bäume, Erde und Gewässer, wie das ganze, unheimliche Land. Es bedrückte, es machte düster, schwermütig, traurig und stumm. Es trank die Seele aus und gab sie leer zurück. Hier war ich heimatlos, nur ein Gast, nicht geladen und müde, die Geister mieden mich, nichts sprach mich an. Und doch dachte ich, daß ich hier eher zu Hause war als in der Heimat. Ich führte ein seltsames Leben.

Auch unsere Stellung nahe Batogowo wurde aufgegeben. Ein unvollendeter Bunker blieb zurück. In mondloser Nacht rückten wir ab. Finsternis wogte im Wald, nur über der breiten Straße zog sich ein lichterer Streifen hin, wo manchmal die Sterne erschienen. Aufgewühlter Schlamm bedeckte die Rollbahn, nur selten erleichterten Knüppeldämme den Pferden ihre Last. Stunden um Stunden mühten wir uns durch den Morast, stürzten in Schlaglöcher, stießen gegen Bäume und Zweige, die uns wie Peitschen in die blinden Augen schlugen und ließen uns schließlich von den Fahrzeugen mitschleifen. Wir konnten nicht mehr.

Der Morgen brach mit fliegenden Lichtern an. Eine

große Lichtung tat sich auf, Ebene, weite Hügel, am Horizont endloser Wald. Silberlicht lag über der stillen Landschaft. In ihrer Kühle trug sie noch den Atem der Nacht. Im feinen Dunst ragten Birken und Fichten am Wege, ein Bild zauberhafter Schönheit, Filigranarbeit erlesenster Innigkeit und Zartheit.

Meine Müdigkeit schwand. Ich sah das gedämpfte Spiel der Farben vor Tagesanbruch, die milde Schönheit der Formen, und plötzlich liebte ich wieder das Leben und trank mit dankbaren Augen Größe und Reichtum der Welt. Wohin mich das Schicksal auch trieb, wie schwer die Zeit auch sein mochte, wie trostlos das Dasein oft auch schien, solange ich nur die Fülle der Wunder schauen und den tausend Stimmen der Allmutter lauschen konnte, ging mir kein Tag verloren. Jede Stunde besaß ihren geheimen Sinn und Wert. Unvergeßliche Bilder fielen mir zu und stillten den Hunger der Seele. Träume ergänzten, was Not der Vollendung verwehrte. Kaum erfaßte Gaben wurden zur Aussaat, und große Ereignisse reiften auch den schlummernden Geist. Ich brauchte nur zu wandern, und das Leben war mein, jenes große, unfaßbare Leben, das wie ein Abenteuer aus Schönheit und Schrecken wuchs und erst durch die Gefahr des Krieges seinen höchsten Reiz und seine klarste Kostbarkeit bekam, das die Todesnähe verzauberte und mich zum Zerspringen füllte, das doch nicht übersättigte und mit Gras und Getier in den Kreis aller Wesen und aller Verwandlungen schloß.

Diese Stunde vor Tagesanbruch lehrte mich wieder mein Ja- und Amen-Sagen, zu meinem Schicksal und der ganzen Welt. Da betete ich, daß ich es nie wieder verlor.

Die ganze Landschaft wurde voll Licht, jedes Blättchen vergoldet, jeder Grashalm strahlte Wärme aus. Ich war stolz auf mein gefährliches Leben, auf alles, was ich ertragen und überstanden, gesammelt und gedacht. Das Leben ganz zu leben, mit allen Geisteskräften und wachen Sinnen, niemals zu verneinen: darauf kam es nur an. Und lange noch hob mich mein Stolz über die schwereren Tage.

Wir rasteten. Dann marschierten wir durch Dörfer und Felder einer idyllischen Landschaft in den Abend hinein. Ich träume noch vom blaßgrünen Laub des Morgens und silbergrauen Birken im Zwielicht. Wir kamen an Werchi vorüber und schlugen an einem Mühlsee unsere Zelte auf. Wir Heimatlosen waren doch überall bald wieder zu Hause. Regen wehte dahin. Die Kerze flackerte im Luftzug. Wir lasen unsere Briefe, wickelten uns in die feuchten Decken und standen Posten in Wolkenbruch und Nacht.

Am nächsten Tage nahm der Wald uns wieder auf, lichter in der milden Septembersonne. Auf immer verschlammten Wegen marschierten wir durch eine Schneise, vom Abend erfaßt. Zwei Gehenkte schaukelten an einem überragenden Ast. Ein fader Verwesungsgeruch umgab die starren Gestalten. Ihre Gesichter waren bläulich verschwollen, zu Fratzen verzogen. Von den Nägeln der gefesselten Hände löste sich das Fleisch, eine gelbbraune Flüssigkeit sickerte aus ihren Augen und verkrustete auf den Wangen, worauf die Bärte noch im Tode gewachsen waren. Ein Soldat fotografierte sie, ein anderer schaukelte sie mit seinem Stock. Partisanen. Wir lachten und zogen weiter über Knüppeldämme im Laubwald. Im Anbruch der Nacht lagen wir nahe am Waldrand, kannten die Stellungen nicht und sandten zwei Soldaten als Einweiser aus. Sie blieben viele Stunden unterwegs. Vermißt. Sie kehrten nicht wieder, und wir fanden keine Spur von ihnen.

Sterne schimmerten durch die Buchenwipfel. Nachtkühle rieselte herab. Wir fröstelten vor Kälte, Hunger und Müdigkeit, doch keiner wagte zu schlafen.

Ich saß an einen Baumstamm gelehnt und hörte den trägen Gesprächen zu. Die Stimmen wurden leiser, die Worte verwischten sich zu wunderlichen Figuren, Fantasie wob ihr irrlichterndes Kleid um das Halbvernommene. Traumweisen und Fragmente klangen an mir vorbei, dann wurde es still.

Ich erwachte. Allein, sorglos eingeschlafen im Partisanengebiet. Nun erschrak ich. Mit schnellen Schritten folgte ich dem Pfad und suchte Spuren unserer Fahrzeuge, doch mein Gewehr hatte ich vergessen. Es war kaum heller geworden. Ein Befehl war gekommen und keiner hatte an mich gedacht. Am Waldrand holte ich sie ein.

Im Osten zögerte das Licht. Vor uns stieg die Landschaft sacht an, Wiesenland zwischen Dünen mit versprengten Strandkiefern, sank ins Tal und stieg jenseits mit braun versengter Heide steil zu kleinen Nadelgehölzen empor. Dort lagen die Russen.

Im Dämmern und vom Nebel gedeckt fanden wir ein schützendes Gesträuch und einen halbfertigen Bunker. Wir versteckten das Geschütz und unseren Wagen im Buschwerk, breiteten unsere Decken aus und schliefen, vor Müdigkeit gleichgültig, ohne Posten, dicht hinter den Schützengräben, wie Zigeuner unterwegs.

Erst am nächsten Morgen fanden wir die vorbereitete Stellung. Sie befand sich in einer Düne nahe der Hauptkampflinie. Junger Kiefernbestand entzog uns der Sicht, und einen Bunker fanden wir vor. So hatten wir immer wieder schnell unser anspruchsloses Zu-Hause, um dort zu wohnen, zu schlafen und einmal zu sterben. Wir teilten unseren letzten Tabak und rauchten froh. Wir fanden Schutz gegen die Witterung, hatten Pritschen, einen Tisch zum Schreiben, konnten unseren Ofen aufstellen und brauchten nicht mehr zu frieren. Und als es am Abend noch Wein und Sekt gab, feierten wir ein heiteres kleines Fest.

Im Morgennebel griffen die Russen an und ernüchterten uns schnell. Ein kurzes Trommelfeuer zerstörte die Gräben im Sandboden, und die Stürmenden drangen in Pawlowka ein, ein verlassenes Dorf, das neben uns auf einer Höhe lag. Unsere Infanteristen schlugen sie zurück, und schon mittags trat wieder Ruhe ein.

Stille Tage vergingen. Ich schrieb Briefe und saß lesend in der Sonne, tat meine Arbeit, Brennholzbereiten und Wasser-Holen im Niemandsland, denn der Brunnen dort war näher als ein anderer weit hinter den Gräben. Mehrmals begegneten wir russischen Soldaten mit Eimern. Dann feuerten wir, ein paar Kugeln pfiffen an uns vorbei, und wir zogen uns zurück. Nach einer Stunde wagten wir das überflüssige Abenteuer noch einmal und nahmen Handgranaten mit, doch wir gebrauchten sie nicht. Leicht konnten die Russen uns umgehen und gefangennehmen, eine sinnlose Kugel konnte uns treffen. Wir fragten nicht danach.

Wir forderten das Schicksal heraus, als wollten wir eine Entscheidung erzwingen, für oder gegen uns und unser Leben, Heimkehr oder Tod. Aber wir verursachten nur unnötige Aufregungen und nahmen auch die geheimsten

Hoffnungen nicht ernst. Wir wußten nicht, ob wir ohne den Krieg und ohne Rußland noch leben konnten. Weckte auch ein windiger Sonnentag meine Sehnsucht nach dem Darß, dachte ich an Liebschaften und Spiele am Strand, so kam ich mir doch bei diesen Vorstellungen wie ein Schauspieler in unmöglichen Rollen vor.

Wir pflegten damals einen berserkerhaften Humor. Wir trieben unseren Spott mit Tod und Gefahr, verzerrten die Dinge und jagten alle Gedanken ins Groteske hinein. Wie Knabenstreiche machten wir unsere Spähtrupps zum Brunnen und wollten die Russen ärgern, indem wir Stahlhelme über dem Grabenrand spazieren trugen. Wir kleideten uns in Komik und Ironie, spielten mit lächerlichen Redewendungen und gewöhnten uns ein albernes Gelächter an.

Unter dieser Maske aber rollte sich eine Tragödie ab, nahm ein inneres Verhängnis seinen unerbittlichen Lauf. Ich trieb in einen Leerlauf der Seele hinein. Die letzten Werte zerfielen, das Gute, Edle und Schöne starb, die Geister verließen mich. Der Panzer der Fühllosigkeit, mit dem ich mich gegen Schrecken, Grauen, Angst und Wahnsinn gewappnet, der mich nicht mehr leiden und aufschreien ließ, erdrückte die zarten Regungen im Innern, knickte die Keime von Hoffnung, Glauben und Menschenliebe und verwandelte das Herz in Stein. Ich war im Untergang und lachte mich aus.

Oft überfiel mich eine grenzenlose Traurigkeit. Ich wühlte im Schutt meiner Jugend und verzweifelte, daß ich die Asche meines Daseins nicht zu neuen Flammen entfachen konnte. Ich wanderte auf der Grenze, tilgte die Erinnerung an Meer, Musik und Dichtung aus, vergaß fast meinen Namen und übergab mich den Schatten, dem

Geistersein meiner Maske: der Maske des lachenden Soldaten. Die Brunnen versiegten für lange Zeit, Dürre hielt Einkehr, die Apostasie verschlang meine Sterne, und ich verstieß meinen Gott. Als Schiffbrüchigen meines Schicksals schleuderte es mich an einen leeren Strand, Unendlichkeiten vor mir, hinter mir die gesprengten Brücken der Vergangenheit, und unter tausend Wegen führt keiner mich heim.

Bereifte Wiesen, Wald und Hügel verstummten. Ich verstand ihre Sprache nicht mehr. Nur manchmal flackerte eine wilde Sehnsucht auf, und ich bangte, daß diese Wunden niemals Heilung fänden. Doch nicht nur das Paradies, auch die Hölle ging uns verloren. Und nie hatte ich mich so sehr als Abenteurer im Niemandsland gefühlt. –

Nichts Neues geschah. Alles war Wiederkehr: Gefahr und Sterben, Flucht und Wanderung, Angst, Leid, Hoffnung und Einsamkeit, und Ebenen und Wälder, Sonnenglut und Nebel hatte ich schon so oft, so oft erlebt. Wie eine Spirale kehrte mein Leben immer wieder zum gleichen Punkt zurück. Leere und Fülle wechselten wie Ebbe und Flut einst am Meer. Am Anfang und am Ende stand das Nichts.

Nichts hatte Sinn, der Krieg nicht und auch nicht der Frieden. Die Freiheit kam nie, und die Heimkehr blieb nur ein Traum. Die Menschheit tanzte weiter um Arbeit und Brot, und noch der Gespensterreigen der Gefallenen drehte sich um das goldene Kalb. Wir aber verachteten die Menschen, die in der Heimat blieben und Tod, Kampf und Gefahr nicht erlebten wie wir, denen das Schwerste erspart blieb, das uns das Leben so kostbar und oft so entsetzlich machte. Es war ein verzweifelter Stolz.

Dabei bedachte ich, daß ich gegen Menschen kämpfte, die ich nicht haßte, in denen ich niemals Feinde sah, die mir in ihrem Los nahe standen wie Brüder, und daß ich nur ein auferlegtes Schicksal getreu zu erfüllen suchte, gleichsam wie ein Mönch, der fremden Götzen diente, und doch alle Inbrunst, alle Leidenschaft in diesen Dienst und Orden legte. Doch nicht unser Schaffen und Handeln, nur unser Dulden machte uns groß. Gott spielte, und wir mußten uns begnügen, Figuren zu sein.

Die Welt aber war groß. Nichts ging darin verloren. Jedoch das große Leben, das der Krieg erzeugte, blieb einst nur ein Blendwerk des Todes.

So schwankte ich zwischen Deutung, Sinngebung und Widerspruch, immer ins Ungewisse gestellt und in die Nacht.

Die Urwaldstellung wurde kampflos geräumt. Im frühen Mondglimmen rückten wir ab und marschierten wie ins Hoffnungslose hinein. Es wurde kalt. Nebel geisterte über die Wiesen, wie Duft dunkeler Grotten wehte es aus dem Wald. Ferner blendeten die Leuchtkugeln der Nachhut auf. Wir verirrten uns im Nebelland. Über Bäche, Äcker und durch dichtes Gesträuch strebten wir eine Höhe hinan und fanden nach langem Suchen einen Waldweg, der uns zur Rollbahn führte.

In unserer Nähe warfen russische Flieger Fosfor ab. Taghell wurde die Landschaft, und wir erblickten marschierende Truppen, soweit wir nur sehen konnten. Unsere Pferde ermüdeten. Wir blieben zurück. Nur die Nacht trennte uns noch vom Feind. Stille umgab uns. Wir verweilten und lauschten. Wie eine Vision hörte ich da Glockentöne und eine sfärische Musik und versank in einem grenzenlosen Lauschen. Wie eine Schale öffnete ich mich der Nacht, und das geheimnisvolle Klingen füllte mich bis an den Rand, strömte wieder in die schweigende Welt. Ich schrak auf. Die anderen hörten nichts. Es war nur ein Klingen aus Innen.

Wir kamen an eine Brücke. Gesprengt. Mit Schlägen und Rufen trieben wir die Pferde über den Bach, schleppten selbst die Geschütze und schoben die Wagen. Eine Mine, von unseren Pionieren gelegt, zerriß Fahrer, Pferde und das erste Geschütz. Wir kümmerten uns nicht darum. Wir wußten nur, daß Niemand mehr mit unserem Entkommen rechnete. Aufgegeben, auf uns alleine gestellt, durcheilten wir das Niemandsland. Immer wieder beschleunigten wir den Schritt, wenn uns auch die Beine versagten.

Granatwerferfeuer versperrte uns den Weg. Wir warteten, aber die Russen stürmten nicht. Dann rafften wir die letzten Kräfte zusammen und rasten hinter den durchgehenden Pferden in einen Hagelsturm aus Eisen, Erde und Geäst. Wir erreichten die letzte Brücke.

Entsetzte Soldaten winkten uns, umzukehren. Die Zündschnur brannte schon, keiner dort wagte, zu löschen. Wir jagten hinüber, aufrecht auf Protzen und Wagen, die Pferde peitschend und schreiend, warfen uns drüben zu Boden. Die Explosion überschüttete uns mit Splittern und Lehmbrocken, riß uns die Luft vor den Lungen weg und versprengte die Pferde. Keiner war verletzt.

Wir fingen die erschöpften Tiere schnell wieder ein, und im ersten Licht gewannen wir die Auffanglinie, stellten die Geschütze ins bereifte Wiesenland, fanden Stroh und schliefen.

Schon vor Abend brachen wir wieder auf. Feldwege,

Straßen, immer geradeaus. Als Nachhut rasteten wir in einem eingeäscherten Dorf. Irgendwo vor uns lag ein Stützpunkt, sonst wußten wir nichts.

Wir trugen Balken und Bretter zu den glimmenden Resten eines Hauses, schürten ein mächtiges Feuer, legten uns in die heiße Asche umher und schliefen. Kein Posten bewachte uns. Manchmal weckte uns die Kälte, und wir warfen neues Holz in den Brand, starrten in den Flackertanz der Flammen, wischten die Staubasche von unseren ausgezehrten Gesichtern und schliefen wieder ein.

Vom Wiehern der Pferde geweckt, sahen wir die Letzten der Nachhut vorüberschleichen und schlossen uns an. Ich fühlte mich krank und legte mich über die Holme, schlief auf der Kanone und erwachte erst, als wir über Äcker fuhren und im Erlengesträuch hielten. Wir fanden eine Quelle und tranken das eiskalte Wasser und ruhten uns aus.

Am Abend an der Bolwa fanden wir nur Schützengräben und einen Feuerteller vor, keine Bunker. In einem Gehölz am Saum einer Mulde hoben wir ein Erdloch aus, spannten Zeltbahnen darüber und warteten auf Fahrzeuge, die uns Holz und Bauklammern bringen sollten.

Durch eine Lücke des Gesträuchs sahen wir den Graben und ein weites braunes Sumpfland im Nebel, in der Ferne den Wald von Brjansk. In der Nacht sausten Leuchtspurgeschosse nach beiden Seiten, wir hörten das Rollen von Panzerwagen schon diesseits der Bolwa, und unruhig erwarteten wir den Tag.

Erst gegen Mittag setzte ein jähes Trommelfeuer von Panzern, Granatwerfern und Artillerie ein. Es sammlte sich auf den Gräben und streifte uns im Hinterland. Wir kauerten in unserem Erdloch, kaum geschützt. Splitter rieselten herab, Rauchwolken und Staub verdeckten die Sicht. Ein Splitter traf mich über der Schläfe. Ich sah das Blut in den Sand tropfen, fühlte aber vor Erregung keinen Schmerz. Ich ließ mich verbinden und blieb bei meinen schweigsamen Kameraden[45].

Keiner wagte mehr, zu beobachten. Die Russen stürmten, wir lagen im Brennpunkt des Granatfeuers, hörten das Urräh und konnten nicht mehr ans Geschütz, der Weg war ungedeckt und ein Chaos von Rauch und Staub.

Ein Panzer fuhr an uns vorbei, und wir zogen uns ans Ende der Mulde zurück. Das Feuer der schweren Waffen hielt an, Maschinengewehre hämmerten darein, und nahe schon knatterten die kurzen Feuerstöße der Maschinenpistolen.

Die Landschaft brodelte von Sonne, wirbelnder Erde und Pulverdampf. Zwei Gewehrschüsse neben mir ließen mich auffahren. Wenige Schritt hinter mir brach ein Russe zusammen, andere schlichen durch das Gebüsch.

Wir sprangen auf und liefen durch ihr wildes Schießen und vereinzelte Einschläge den Hügel hinauf, einer ohne Schuhe, ich mit weißleuchtendem Verband. In einer Senkung schöpften wir Sekunden lang Atem. Ich keuchte, meine Stirn schien zu zerspringen, das Herz dröhnte, aber die Russen folgten uns immer noch.

Wir überschritten eine Höhe, langsam, vor Entkräftung gleichgültig gegen die Gefahr. Wenige Hundert Meter neben uns gingen die Russen in langen Reihen gegen ein Dörfchen vor, und in der Ferne erblickten wir unsere Grenadiere auf überstürzter Flucht. Wir berieten und ließen die Russen auf uns schießen, es kam nicht mehr darauf an. Ruhig gingen wir weiter und stiegen eine Schlucht hinab, horchten, witterten nach dem Feind und sanken am Bach auf die nasse Erde, kühlten unsere Pulse und schlürften voll Gier.

An Gesträuch und Dornen zogen wir uns die Höhe hinauf und sahen die Russen das kaum genommene Dorf verlassen. Sie zogen sich zurück. Die Panzer brannten mit steilen Rauchsäulen. Der Graben vor uns war wieder besetzt, nur bei unserem Geschütz noch eine breite Lücke. Unberührt stand es da im Abendlicht.

Es dämmerte, und wir fünf Soldaten gingen zum Gegenstoß vor. Wieder durchquerten wir die Schlucht und stürmten über die Höhe. Maschinengewehre zwangen uns zu Boden. Einzeln sprangen wir vor, lagen wieder, und neben uns schlugen die Geschosse ins Gras. Wir spürten den Luftdruck. Wir erwarteten die Dunkelheit.

Mit gellenden Schreien rasten wir ans Geschütz. Wenig später rollten Reserven den Graben auf und säuberten das Gelände. Ich fuhr zum Arzt, ließ die Wunde reinigen und jodieren und kehrte zu meinen Gefährten zurück. Totenstill blieb dann die Nacht.

Am Morgen begruben wir den Toten, einen jungen Tartaren, der die Maschinenpistole noch in erstarrten Händen hielt. Wir warfen ein Loch neben dem Leichnam aus, zerrten ihn hinein und bogen seine Glieder nach dem Maß des Grabes. An Hals und Brust sahen wir das getrocknete Blut der Wunden. Als wir ihn bewegten, knickte sein Nacken ein. Mit einem Röcheln flossen Blutschleim und trübes Wasser aus seinem Mund. Gestank stieg auf, Fliegen umkreisten das Aas, und von Ekel geschüttelt warfen wir schnell die Grube zu. Ein Kreuz konnten wir ihm nicht mehr geben, nichts als ein Erdaufwurf zeigte an, daß dort ein toter Krieger lag, gefallen, damit wir lebten. Doch er verfolgte mich noch lange Zeit.

Abmarschbefehl. Flucht. In jagender Hast beluden wir die Wagen mit Munition und Gepäck, spannten die Pferde vor unser Geschütz und marschierten, marschierten.

So marschierten die geschlagenen Truppen, der Einkesselung zu entgehn. Wir wußten nicht, wohin.

Wir marschierten, marschierten[46].

UNGEWISSE FAHRTEN

Die Flucht

Wir marschierten durch mondhelle Wälder, über endlose Landstraßen, Ebenen und Hügel, bis der Tag begann. Da hielten wir noch einmal Rast, schliefen zwischen Garben und Disteln und verschossen im Abenddämmern den Rest unserer Munition auf ein verlassenes Dorf, nur um die Fahrzeuge zu erleichtern.

Zerstörte Dörfer, Trümmer und Brandreste bezeichneten unseren Weg. Hinter uns loderten die letzten Häuser auf, Waldbrände flackerten am Horizont, Munitionslager wurden gesprengt, und Leuchtkugeln, Granaten und Minen stiegen dort als brausendes Feuerwerk zum Nachthimmel. Neben uns zogen fremde Kolonnen, hin und wieder die Bevölkerung geräumter Dörfer mit Karren und Vieh, oder sie schleppten ihren Hausrat auf dem Rücken. Greisinnen, junge Frauen, Kinder, Schwangere, einzelne Männer, barfuß, in zerrissenen Schuhen, Sackleinwand um die Füße gewickelt. Wir überholten Herden von Rindern und Schafen. Eine endlose Schlange vor und hinter uns wand sich unablässig gen Westen. An manchen Stellen brannte schon der Wald, letzte Deiche gegen die siegreichen Russen.

Wie ein planetarisches Feuer brannte das Morgenrot mit der schrecklichen Macht des Schönsten. Wir überquerten die Desna. Kaum fand sich unser Häuflein noch in der Masse der Fliehenden zusammen. Hier wurde noch von Frauen, Gefangenen und Soldaten an Stellungen gearbeitet, die den Russen schon am nächsten Tag in die Hände fielen. Regen setzte ein und nahm kein Ende. Wir marschierten, marschierten. Der Tag verging. Nacht sank auf verschlammte, aufgewühlte Straßen. Wir marschierten immer noch.

Drei Stunden Schlaf fanden wir in einem verödeten Dorf. Weiter. Schon um Mitternacht brachen wir wieder auf. Es wurde Tag. Niedriges Hügelland, Sumpfweiten, Wiesen, Felder und Weiden. Ganz langsam nur wandelte die Landschaft ihr Gesicht. Kaum sahen wir ihre reichen Dörfer und ihre Schönheit im letzten Septemberlicht. Aus unserem Gehen wurde ein Schwanken, ein Kriechen fast. Wir klammerten uns an die Wagen, legten Gewehre und Brotbeutel ab, ließen uns von den zitternden Pferden mitschleifen, während die Beine mechanisch vorwärts gingen.

Gleich wenig Schlaf in der Nacht. Einer erschoß sich aus Verzweiflung und Müdigkeit. Andere waren zurückgeblieben, verschollen, manche mit Fahrzeugen vorausgeeilt und versprengt. Urangst trieb uns voran, Ungewißheit würgte uns. Marschieren, marschieren.

Am späten Morgen kamen wir in Potscheb an und sollten dort verladen werden. Die Russen drängten uns nach, am nächsten Tag sollte Potscheb aufgegeben werden. Wir warteten bang, am Ende unserer Kräfte. Mehr als hundertundfünfzig Kilometer hatten wir in zwei Tagen und drei Nächten zurückgelegt[47].

Das war die Flucht.

Wir warteten auf das Verladen. Panzerwagen, Sturmartillerie fuhren auf die Rampen. Lastwagen ohne Motoren, zerschossene Geschütze, unbrauchbare Traktoren wurden aufgeladen, verkeilt, festgebunden, und Zug umd Zug rollte gen Westen. Für uns blieb kein Raum. Die Eisenbahner waren betrunken. Lokomotivführer und Heizer schliefen auf den Tendern. Wir plünderten die Verpflegungsläger und Marketendereien, beluden unsere Wagen mit Kisten voll Rotwein und Likör, erbeuteten Tabak und Zigaretten, zogen uns neue Uniformen an, schleppten Süßigkeiten, Schreibzeug, Seife aus den Kellern, wo schon die Sprengladungen vorbereitet waren und begannen zu trinken. Das Meiste verdarb, wurde vernichtet oder fiel in die Hände der siegreichen Roten Armee. Waggons mit Balken, Brettern, Kohle und Schrott wurden gerettet. Wir mußten wieder marschieren. Unetscha war nun unser Ziel.

Wir verzweifelten fast. Marschieren, marschieren. Mittagssonne glühte auf staubige Straßen. Wir folgten der Rollbahn. Dann meuterten wir.

Mit wenigen Kameraden stieg ich auf einen langsam fahrenden Lastwagen, andere Einheiten lösten sich auf, nur die Fahrer blieben bei ihren Pferden. Wir anderen schlugen uns durch. Kein Befehl konnte die Erschöpften halten, und der Lebenswillen brach noch einmal durch. Wir fuhren und fragten nicht mehr.

Der Wind kühlte unsere Stirnen, und erst im Abenddämmern sprangen wir ab. Endlose Kolonnen von Motorfahrzeugen schoben sich auf der Rollbahn nach Westen, langsamer marschierten bespannte Truppen auf allen Seitenstraßen. Wir rasteten am Straßenrand und suchten auf einer Karte das Dorf Starosselje, wo wir übernachten sollten.

Langsam folgten wir einem Weg durch Wiesenhügel und friedliche Felder in den Abend hinein, fünf todmüde Soldaten mit blutenden und entzündeten Füßen. Kühl und schweigsam entschlief schon das Land. Lichter blinkten in einem Dorf auf dem Hügel. Ein Mädchen zeigte uns den Weg.

Es dunkelte, als wir die ersten Häuser von Starosselje erreichten. Wir durchstöberten sie nach Eiern, Brot und Schmalz, beachteten das Staunen der Frauen und Murren der Männer nicht. In einer hellen Stube kehrten wir ein, verhingen die Fenster und ließen die Frauen Feuer im Ofen machen, um uns Essen zu bereiten. Sie gehorchten nur widerwillig und träge unter ärgerlichen Reden. Ein seltsames Gefühl überkam uns. Wir hatten keine Waffen. Draußen tönten Stimmen, flüsternd, doch erregt.

Ich öffnete mein Messer und ging hinaus. Eine Gruppe junger Männer stand am Fenster und horchte. Sie musterten mich und fragten in gebrochenem Deutsch, ob wir dies Dorf anzünden wollten. Nein. Aber sie glaubten mir nicht.

Mit klopfendem Herzen trat ich auf die Straße. Es war Nacht, nur spärlich von Sternen und blassem Sichelmond erhellt. Pfiffe ertönten in der Dunkelheit, Rufe klangen aus dem Gesträuch. Ich ging ins Haus zurück und berichtete schnell.

Drei meiner Gefährten schlichen durch die Gärten, horchten und vernahmen Stimmen einer erregten Versammlung. Alles junge Männer mit Stöcken und Sensen, die sich nun auf unser Haus zu in Bewegung setzten.

Die drei Soldaten eilten zurück und verständigten uns. Wir hatten schon Schemel und Hausrat zerbrochen und uns mit Knüppeln und Stangen bewaffnet, die Seitengewehre in die Hand genommen.

Nun stürmten wir hinaus und warfen uns gegen den

Gartenzaun, brachen mit ihm ins Gras und hetzten den Hügel hinab. Schüsse krachten hinter uns. Wir jagten über den Weg und ruhten erst am Fuß jener Höhe, wo wir die Lichter gesehn. Totenstille umher. Niemand verfolgte uns. Im Dorf fanden wir Unterkunft, Soldaten und etwas zu essen. Wir schliefen unruhig, doch die Partisanen störten uns nicht.

Träume suchten mich heim, Träume von Flucht, Gefangenschaft und Tod. Früher sah ich mich nur manchmal wandern im Nebelland, und der Hauch des Abenteuers durchwehte auch diese Kämpfe und Fahrten. Nun jagten mich die Dämonen durch Folterung und Flucht, und diese Träume nahmen kein Ende mehr.

Frühmorgens kehrten wir an die Rollbahn zurück. Ein Lastwagen nahm uns nach Unetscha mit. Im sausenden Wind saß ich auf dem Kotflügel, sah Wiesen und Stoppelfelder vorübergleiten, Waldflecken, Sträucher und Dörfer und fühlte einen seligen Rausch. Dies Abenteuer, versprengt zu sein, auf mich gestellt und frei auf der Erde, die Fahrt nach Westen und das glückliche Entkommen in der vergangenen Nacht trugen mich in eine Stimmung überströmender Lebensfreude.

Kraftlose Sonne beschien die Ebene, der Fahrtwind zerrte an meinen Haaren, Wangen und Stirne brannten von peitschender Luft und Staub. Schnelligkeit, ein Fliegen und Jagen wurden wie zum inneren Stürmen. Für einige Stunden war ich frei, ein trunkener Wanderer im Ungewissen, der Heimat näher, und ich genoß meine Freiheit wie ein belebendes Getränk. Ich fühlte mich nicht als Soldat, nur als Mensch, Landstreicher in herrlicher Welt.

Fabriken und Lagerhallen von Unetscha erschienen

hinter lichten Wäldern. Geleise. Transportzüge fuhren vorbei. Abends langten wir an, sammelten uns und fanden die Versprengten unserer Einheit wieder. Immer noch trafen Einzelne ein. Wir erfuhren, daß die anderen schon in Klinzy verladen wurden und erwarteten am nächsten Tage die Züge am Bahnhof.

Abends stiegen wir ein. Wir wurden nicht bestraft und kaum getadelt. Unsere Kameraden bewirteten uns mit Wodka und rotem Wein. Ich aber trauerte der verlorenen Freiheit und der abenteuerlichen Reise nach

Langsam fuhren wir auf Gomel zu, und immer sahen wir das gleiche Bild: Geerntete Felder im Sturm, Rauchwolken am Horizont. Rußland wurde zu einer entvölkerten, rauchenden, brennenden, trümmerbedeckten Wüste und der Krieg hinter der Front bedrückte mich noch mehr, weil er die Wehrlosen traf. Auch ich war schuldig an dieser Verwüstung und allem Leid, das sie den Menschen brachte, schuldig wie alle Namenlosen und Geopferten, wie alle Soldaten. Daß es noch mehr als Krieg gab und Flucht, hatte ich beinahe vergessen. Von meiner Heimkehr träumte ich nicht mehr.

Vor uns war eine Brücke gesprengt. Der Zug hielt auf freier Strecke in einer endlosen Kette von Transporten. Scharen von Pionieren arbeiteten fieberhaft an der Wiederherstellung. Es ging nicht schnell genug. Partisanen eroberten Dörfer in unserer Nachbarschaft, die Rote Armee näherte sich, und die letzten Züge standen schon in der Hauptkampflinie. Granatwerfer beschossen uns, und wir richteten uns zur Verteidigung ein.

Aber das Reiseleben ging ungehemmt weiter. Wir verzehrten die Beute von Potscheb, brachen noch Verpflegungszüge auf und plünderten die Waggons, trugen Kisten mit Zucker, Wein, Konserven und Fleisch herbei, brieten und kochten den ganzen Tag, und die Küchen wetteiferten im Schlachten und im Zubereiten besten Essens. Wir schrieben Briefe, die wir nicht absenden konnten, und zechten bis tief in die Nacht hinein[48].

Wir sangen bei Rotwein und Likören, Wodka und Rum, stürzten uns wie Todgeweihte in den Rausch, tranken und tanzten, sprachen von Wissenschaften und Erotik mit betrunkenen Stimmen, schwankten an den Wagen vorbei, saßen ums Lagerfeuer draußen, wurden von billigen Spirituosen und übermäßigem Fettgenuß krank und feierten doch weiter, hielten groteske Reden über Krieg und Frieden, wurden melancholisch, teilten uns Liebeskummer und Heimweh mit, lachten wieder und tranken weiter, jauchzten, tobten über die Geleise, tanzten in den Wagen und schossen in die Nacht hinein, ließen eine gefangene Russin Nackttänze aufführen und bestrichen ihr die Brüste mit Stiefelfett, machten sie so betrunken wie wir selber waren und wurden erst nüchtern, als wir nach fünf Tagen Gomel[49] erreichten. Ein Befehl vernichtete den Rest des Alkohols. Wir fuhren über Slobin, Mogilew und Orscha nach Gorki. Dort wurden wir ausgeladen.

Die Flucht war zu Ende, der Stellungskrieg an der Dnjepr-Linie begann.

Die Schlacht

Oktobersonne hüllte die Landschaft in blassen Goldhauch. Kühler Wind wehte über Hügel und Felder, das Gras vergilbte, die feuchte Erde duftete in der blauen Luft, und ein klarer Tag verging. Wir marschierten zur Front. Abends rasteten wir in Andrjuchi. Wir lagerten uns um ein Feuer aus Torf, Holz und Stroh. Die Nacht zog mit ernsten Wolken herauf, und in einem Farbenrausch aus Purpur, Zinnober, Karmin, Violett und Gold versank die Sonne hinter den Gärten.

Das Feuer brannte nieder. Wir hüllten uns enger in die Mäntel und schlugen die Kragen hoch. Russische Flieger bombardierten das Dorf im Fosforlicht. Wir hatten zahlreiche Tote und Schwerverwundete, und die meisten Pferde fielen aus. Doch um Mitternacht brachen wir auf.

Finsternis erschwerte uns den Weg durch Sumpfmulden und über Hügel, wo die Wintersaat zu keimen begann. Erst spät spendete der Brand von Luki uns ein nebeliges Licht.

Dicht hinter dem Schützengraben fanden wir einen Feuerteller und ein Erdloch zum Schlafen, nachdem wir uns verirrt hatten und übermüdet auf der Kanone geschlafen. Wir durchschritten den Graben. Zeltbahnen hingen breit an den Wänden und verbargen Löcher, in dem ein Soldat auf dünnem Stroh übernachtete, und der Nachtfrost bereifte das Land, die Sonnentage brachten frischen Wind und die Abende feuchten Nebel, und sie durchwachten oft die Nächte hier. Ihre Gewehre lagen in schmalen Rillen, ein kleines Loch im Lehm nahm Verpflegung, Munition und Rauchwaren auf.

Ein Stützpunkt lag noch vor uns. In aller Ruhe fuhren wir Balken heran und Bretter, schachteten einen Bunker aus und schliefen, kaum bewacht, während im Norden vor Lenino schon ein Gefecht toste und in unserer Nähe russische Stoßtrupps nachts am Stacheldraht erschienen. Die Front war ruhig. Auch in uns blieb es still. Wie Sand rann uns die Zeit aus ermüdeten Händen, die kein Goldkorn mehr fanden im Staub.

Läuse und Krätze quälten uns. Wir wanderten zur Entlausung und behandelten uns mit Schwefelsalbe. Endlich empfingen wir reine Wäsche. Unsere alten Hemden waren schwarz geworden. So zogen wir in unsere Winterstellung ein. –

Trommelfeuer verheerte die Gräben und weckte uns aus traumverworrenem Schlaf. Granaten aller Waffen explodierten, doch Abschüsse, Einschläge und Heranheulen gingen in einem einzigen monotonen Getöse unter. Wir warfen uns in die tiefen Gräben. Erde und Splitter fielen auf unsere Stahlhelme. Auch ich setzte die Feldmütze ab. Nur Sekunden wagten wir ins nebelverhangene Niemandsland zu sehn. Dort regte sich nichts. Stunden vergingen. Das Feuer ließ nicht nach. Wir bemerkten, daß wir nicht im Schwerpunkt lagen. Die Russen stürmten schon. Welle auf Welle strömte ins Tal und entzog sich bald unserer Sicht. Wenige Granaten schossen wir in ihre dichten Reihen, stürzten vom Geschütz weg, warteten liegend, wagten wieder den Wettlauf mit dem Tode, bis die Nacht dem Gefecht eine Pause auferlegte. Die Russen hatten tausend Meter neben uns einen Einbruch erzwungen.

Es fror. Blutrot ging der Vollmond auf, der erst im Dämmern versank. Gelb und verschleiert hob sich die Sonne über die russischen Stellungen. Der Stützpunkt vor uns wurde geräumt. Ein Häuflein zerlumpter, elender und schlafloser Soldaten floh zu uns und verbarg sich hinter den Gräben, saß erschöpft und zermürbt in einer Schlucht und starrte noch in das erlebte Grauen.

Das Granatfeuer setzte wieder ein. Die Schlacht ging weiter. Ein Inferno von Feuer, Stahl und Blut. Um Mittag begann das Trommelfeuer wieder wie eine dämonische Steigerung. Die Russen erweiterten ihren Erfolg des Vorabends. Panzerwagen und Sturmgeschütze kamen zu spät und wurden abgeschossen, umsonst griffen Sturzkampfflieger immer wieder die Bereitstellungen des Gegners an. Flammenwerfer versagten. Nichts rettete uns vor der Übermacht. Eine Kompanie räumte den Graben, und zwei unserer Geschütze gingen dort verloren.

Die Russen trieben ihren Keil weiter ins Hinterland. Unsere Reserven verbluteten schon vor dem Gegenstoß. Dann kam keine Hilfe mehr. Wir schrieben Abschiedsbriefe und erwarteten den Tod.

Stück für Stück des Schützengrabens wurde aufgegeben. Tote häuften sich, und hinter den Mauern ihrer Leiber kämpften die Verzweifelten weiter. Von Volltreffern zerstückelt, verwundet, mit Nervenzusammenbrüchen fielen meine Kameraden aus. Wie durch ein Wunder entging ich immer wieder den Granaten und wurde leichtsinnig. Es kam nicht mehr darauf an. Niemandem schien noch an uns zu liegen. Wir wagten nichts mehr, grübelten nicht, warteten nur auf das Ende. Wie eine Maske bewahrten wir unsere Haltung und Ruhe, rauchten, aßen. Dann flohen wir überstürzt durch den verstopften Graben und retteten nichts. Die Russen waren noch weit, doch keiner dachte an Widerstand. Keiner hatte mehr Willen und Kraft. Nicht Gefahr und Tod, nicht der Feind schreckte uns. Aber da keine Hilfe kam, weder Nebelwerfer noch Sturmgeschütze eingriffen, taten auch wir das Unsere nicht mehr. Granaten schlugen in die überfüllten Gräben. Wir sprangen hinaus und gingen im Maschinengewehrfeuer langsam über die Höhe. Alles war gleichgültig, und wir wollten lieber heute als morgen fallen oder, wenn das Schicksal uns gnädig war, verwundet werden.

Einem Kameraden half ich zum Arzt. Er kehrte heim.

Wir wurden geopfert wie Schlachtvieh. Es war kein Kampf mehr, nur noch ein Morden. Bei kurzen Gegenstößen fanden wir unsere Vermißten zerstückelt und verstümmelt wieder, und auch wir machten keine Gefangenen. Wir verteidigten uns nur, bis wir Gelegenheit zur Flucht fanden. Wir kämpften nicht.

Aber in der Nacht unternahmen wir einen Spähtrupp ins Niemandsland. Wir überschritten die Verteidigungsstellung auf der Höhe, stiegen in die Schlucht und krochen auf dem jenseitigen Hügel an unser Geschütz. Gräben und Stellungen lagen verlassen in der Dunkelheit. Wir lauschten. Nur das Blut rauschte in unseren Schläfen. Wir zogen das Geschütz in die Schlucht, holten Unterstützung und schleppten es den Hang hinauf. Eine versprengte Gruppe kam an uns vorbei. Die Letzten. Keiner sprach. Nur die Räder schleiften im Gras. Einzelne Geschosse sausten über uns hinweg. Wir schöpften Atem.

Zu Zweien gingen wir noch einmal. Langsam näherten sich die russischen Leuchtkugeln. Auf breiter Front drangen sie im Leeren vor. An unserem Bunker hielten wir an. Gedämpfte Stimmen tönten irgendwo, noch weit. Unser tollkühnes Abenteuer grenzte an Selbstmord. Ich legte mich hin mit entsichertem Gewehr, auch die Pistole bereit. Mein Kamerad holte unsre Brotbeutel und Packtaschen, brachte die Decken heraus. Kein Wort fiel. Wir packten die Bündel. Die Stimmen wurden lauter, ganz nah, wir verstanden russische Worte. Wir nahmen die Sachen auf und rasten in die Schlucht. Schreie und das Schnellfeuer der Maschinenpistolen verfolgten uns. Schatten, Silhuetten überschritten die Höhe, ein Feuerzauber von Leuchtkugeln glänzte taghell über der Landschaft. Wir liefen weiter, fielen in Trichter und Gräben, stolperten über Tote und erreichten unsere neue Stellung wieder.

Mit letzten Granaten endete am Tage die Schlacht. Wir waren gerettet, bedingt begnadigt für unbestimmte Frist[50].

Ruhige Tage verrannen. Die Schrecken wirkten noch. Immer noch sah ich die Mauer von Feuer, Rauch, Erde und Staub vor mir, in der wir gelebt hatten und gekämpft. Es gab kein Entrinnen vor diesen Visionen, und wer dem Tode entkam, trug das Brandmal jener Stunden sein Leben lang. Ich hatte den Krieg endlich wieder in seiner ganzen Furchtbarkeit erlebt, als eine Apoteose der Vernichtung und des Todes.

Das Blut trocknete im Lehm und verschwand unter unseren Schritten. Die Toten wurden verscharrt. Aber nach diesem Erlebnis konnte das Leben nicht weitergehn, durfte kein Mensch mehr Mensch und Gotteskind heißen. Und es ging doch weiter, es mußte getragen und einmal überwunden werden.

Mein Willen zum Leben erwachte. Die Kräfte von Geist und Seele regten sich wieder, wie aus einem geheimen Speicher ergänzt. Ich löschte diese Tage und Nächte aus meinem Leben. Begrub sie so tief, als seien sie nie gewesen. Ich baute eine Brücke über den Abgrund jener Zeit und begann am anderen Ufer ein neues Leben.

Eine ruhigere Stellung nahm uns auf. Einige Tage erhielten wir Ruhe hinter der Front. –

Wir wanderten wieder im Nebel und durch die Nacht. Wir sahen uns kaum. Nur Schatten führten ein Geistergespräch und suchten das Licht. Die Luft war schwer von Feuchtigkeit und Kühle, und die erzene Musik der Front hallte zu uns her. Die Nacht war ohne Gefahr, und unsere Stellung gut, weit hinter den Schützengräben, ein warmer, fertiger Bunker. Dort zogen wir ein.

Flüchtige Regenzeit verging. Im Novemberanfang schneite es zum ersten Mal. Der Sturm johlte und trieb den nassen Schnee sausend über das Gras. Unser Ofen brannte. Wir hörten das Holz knisternd zerfallen und den Singsang des Windes. Der Schnee am Hügel zerschmolz noch vor Tag. Wir wurden still.

Ein Feuer, eine Hütte im Regenland standen dem Wanderer immer noch bereit. Gott gab dem Tier das Seine und schenkte auch uns Pflege und Segen zur rechten Zeit. Gefechte und Tod kehrten wieder, doch auch die Pause kam stets einmal zurück. Aus Gefahren und Schmerzen wuchs neues Erz in der Seele, und an uns lag es, das Metall zu Stahl und Gold zu schmieden. Begruben wir auch die treulosen Gestirne in eisernen Särgen, so blieb doch im Innern das Licht.

In der Nacht brannte ein Dorf, doch über dem Flammenreigen ruhten die Sterne. Ich war unterwegs und verirrte mich zwischen den Gräben. Ohne es zu wissen, wanderte ich durchs Niemandsland, und erst nahe vor den russischen Gräben wies mir die rote Leuchtspur der feindlichen Maschinengewehre den Weg zurück. Doch alles glitt an mir vorbei mit jener bizarren Sachlichkeit und Konfusion einnes traumhaften Lebens, das die Dinge und Ereignisse nur wie ein Spiegel aufnahm und nicht begriff.

Ruhe. Die Ruhe tat uns nicht gut. Wir fieberten noch von der Schlacht, und suchten nach Betätigung, fanden sie nur im Weinbrand und Kartenspiel, lauschten dem urweltlichen Gesang der Stürme und grübelten.

In dieser verfluchten Zeit war es doch das beste, Soldat zu sein und so mitten in diesem Leben zu stehn. Ich fühlte mich in einer Harmonie mit meinem Schicksal, die ich nicht rechtfertigen konnte. Ich wehrte mich nicht mehr gegen das Unvermeidliche, tat meine Arbeit mit einer gewissen Freudigkeit und wunderte mich über mich selbst. Eine Erinnerung an Musik und Gedichte brachte mir die Groteske meines Soldatenlebens in Rußland zum Bewußtsein, wie ein inneres Gelächter, und ich ahnte, daß dies alles beim nächsten Trommelfeuer wie eine Seifenblase zerplatzen mußte.

Doch da gewann die Komödie einen tieferen Sinn. Der Krieg war ein so elementares, planetarisches Ereignis geworden, daß sich alles andere zu Rauch und Schaum verflüchtigte wie Rauhreif im Sonnenlicht. Freiheit, Dichtung und Gesang hatten nur noch symbolischen Raum jenseits der Realität. Ich mußte Soldat sein, Innen wie Außen, um in dieser Wirklichkeit aus Töten und Sterben bestehn zu können, und um ein Lebensrecht auf der verheerten Erde zu haben, mußte ich auf verlorenem Posten fallen.

So dachte ich, als es ruhig war, und begriff mich nicht. Plötzlich sehnte ich mich wieder nach Wanderungen und

Fahrten im Ungewissen. Es war wie eine Wiederkehr von Hoffen und Wollen. Ich fand den Glauben an mein Schicksal wieder, fand Vertrauen zu allem Leben und junge Zuversicht und sah dem Kommenden gelassen entgegen. Ich wartete auf das Abenteuer.

Und mein heimlicher Wunsch wurde erfüllt.

Zigeuner unterwegs

In lichtloser Regennacht brachen wir auf. Wir wanderten neuen Katastrofen entgegen, Entbehrungen, Schmerzen und Abenteuern. In Kojuchi und Ssukino hatten wir wie im Frieden gelebt. Die Schicksalswende konnte nur Bitteres bringen. Aber ich war zufrieden. Meinem seltsamen Soldatentum blieb ich treu. Nicht nur als Abenteurer im Niemandsland, als Getriebener und Opfer des Geschicks, auch im Innern blieb die Waage im Gleichgewicht. Die Hoffnungslosigkeit des Krieges und das Sinnlose meines Wanderns, die Verzweiflung an jeder Wende, Furcht vor den Segnungen der Heimkehr und der Güte des Friedens, Ekel an der Menschheit, ihrem Irrsinn und ihren Verbrechen, ließen mich die letzte Möglichkeit eines vollendeten Lebens nur noch im Tode mitten in Rußland sehen. So zog ich mit verirrten Geistern hinaus.

Wir marschierten nach Nordwesten. Ich gab mich der traurigen Schönheit herbstlicher Landschaften hin. Regen fiel, die Rollbahn wurde zu Schlamm, fror in der Nacht und taute wieder auf. Wir überschritten den Dnjepr und wanderten endlich auf dem Westufer des Stroms. Vor uns näherte sich das Tosen der Schlacht an der Rollbahn von Smolensk nach Minsk. Keiner wußte, wohin die Straße uns führte. Sie verlor sich in der Unendlichkeit.

In Budy übernachteten wir in einer Scheune. Ein Riesenofen brannte, doch der Wind fegte über uns weg, Sterne blitzten durch das Strohdach und Schnee rieselte herein. Wir zogen die Winterkleidung an, die doch besser und reichlicher als im Vorjahre war, tranken Champagner und Rum, schliefen einige Stunden und suchten im Dämmern die Stellungen. In der Finsternis kamen wir an, bezogen einen Bunker und schliefen in Fragmenten, vom Höllenkonzert der Nebelwerfer, Feuerüberfällen und Posten immer wieder geweckt.

Die große Schlacht aber war schon zu Ende. Wir nahmen ein Dorf und befreiten eine Gruppe, die sich eingegraben hatte und auf die Befreiung wartete oder den Hungertod. Der Gegenstoß der Russen blieb aus. Nur die Nachwehen der Gefechte streiften uns noch. Tauwetter setzte ein. Wir lagen auf den Pritschen, sangen Lieder in allen Sprachen und betranken uns Nacht für Nacht. So vergaßen wir unsere Sorgen und das Leben. Es war nur noch ein müdes Wegwerfen wert.

Stellungswechsel. Wir marschierten über die Rollbahn zurück. Regenschauer streiften das Land. Wir sangen und wanderten in einer frischen Lebenslust aus Sekt und Rum und nahmen die kommenden Abenteuer mit jener Gelassenheit hin, die der Weingeist erzeugte. In Chljustino wurden wir verladen, verbrachten die Nacht mit Glücksspielen und Wein im Güterwagen und stiegen in Staraje-Bychoff[51] aus. Durch Schlamm, Regen und Schnee marschierten wir der Rollbahn wieder nach und überschritten den Dnjepr wieder.

Wie Todgeweihte, zum Ertrinken verurteilt, starrten wir in das Wasser, fröstelten, maßen die Wassertiefe mit ängstlichen Augen und marschierten weiter, dumpf in unser Schicksal ergeben, müde des Krieges und des ewigen Loses, immer an der östlichsten Frontspitze zu stehn.

Wir erreichten Selez, ein erst am Morgen zurückerobertes Dorf. Panzerbüchsen und Maschinengewehre der Russen standen noch an der Straße, und Tote lagen neben ihren Waffen. Wir erwarteten die Nacht, frierend und durchnäßt um ein Feuer geschart, doch erst am Morgen brachen wir zu unseren Stellungen auf.

Wir marschierten durch einen verschneiten Wald, und bei einer Pause schlief ich unter einem Strauch. Als ich erwachte, zogen die anderen weiter und hatten Gefangene gemacht, versprengte Russen, die sich nach wenigen Schüssen ergaben.

Wir näherten uns der Hauptkampflinie. Granaten begrüßten uns auf der Rollbahn schon. Einer wurde verwundet, und seine Kameraden ließen ihn im Stich. Zu Zweien trugen wir ihn in Deckung und verbanden ihn im Krachen der Panzergranaten, während Splitter und Erde auf uns niederfielen. Sein Gesicht war gelb, vor Schmerzen zur Fratze verzerrt, und er schrie. In seinen Schenkeln lagen Adern und Sehnen frei, und sein Blut fror auf unseren Händen. Er starb. Wir eilten den anderen nach.

Im Schneesturm der mondlosen Nacht brachten wir das Geschütz in Stellung. Mehrere Erdlöcher fanden wir in der Nähe, eben breit und tief genug, daß wir zu Zweien darin auf der Seite liegen konnten. Wir spannten Zeltbahnen darüber, rollten uns in die Decken und schliefen. Keiner hielt Wacht. Regen rauschte. Es tropfte herein.

Dann deckte Schnee die Zeltbahnen zu, taute von unserem Atem und sickerte die Wände herab. Wir erwachten in einer Pfütze. Durchnäßt und frierend taumelten wir in den Nebel hinaus. Ein Becher Rum war alles, was wir zu Essen und trinken fanden.

Ein russischer Stroßtrupp stürmte und blieb fern vor unsren Geschützen im Sperrfeuer liegen. Wir bauten einen Bunker, legten nur Bretter darüber, dichteten ihn mit Sand und Stroh etwas ab, stellten den Ofen auf und trockneten die Nacht hindurch unsere Decken, Mäntel und Anzüge.

Ein kurzes Trommelfeuer von Panzerabwehrgeschützen und Granatwerfern rief uns hinaus. Morgengrauen. Unsere Grenadiere flohen, die Russen stürmten über die Höhe vor uns hinab. Wir schossen, von Maschinengewehren und Granaten befeuert. Ich trug die Munition heran, sah die Geschosse vor mir einschlagen im Schnee, Granatwerfer schlugen in der Nähe ein, ich warf mich nicht hin. Ich ging ruhig und aufrecht, als könnte mir nichts geschehn. Ein Gegenstoß warf die Angreifer zurück, doch sie stürmten bald wieder. Wir verschossen die letzten Granaten und gaben unsere Stellung auf. Das Geschütz ging verloren.

Ruhig gingen wir zu Zweien an ein anderes Geschütz einen Kilometer durch Maschinengewehrfeuer und vereinzelte Gewehrschüsse. Es war so gleichgültig, ob wir hier fielen oder bei der Flucht im Dnjepr ertranken. Wir sprachen von Baudelaire. Manchmal legten wir uns gelassen hin, warteten auf ein Verebben des Feuers und gingen weiter. Wie wahnsinnig.

Der Letzte des anderen Geschützes erwartete uns. Sein Gesicht war von Erdbrocken aufgerissen und verschwollen. Tote lagen umher, und der Regen rann darauf herab. Hirn und Fleisch klebten an der Wand eines Hauses. Wir drückten dem Lebenden stumm die Hand.

Wir hielten keine Wacht. Im Regen und Schneetreiben schliefen wir ein. Unser Haus brannte ab, und wir retteten nur unsere Brotbeutel und Decken. Im Feuerschein bauten wir dann einen Bunker und rissen die Balken von einer Scheune ab. Er wurde groß genug, darin sitzen und liegen zu können.

In der Nacht dann verirrte ich mich im Gelände und fand erst spät und verzweifelt zurück. Am nächsten Tag wurde ich an ein anderes Geschütz versetzt und fand wieder gute Gefährten. Wir wohnten noch eng, doch unsere Welten verstanden sich. Mir wars, als erwachte ich wieder.

Nahe dem Schützengraben ein Birkengehölz, darin lag unser Bunker. Stoppelfelder schimmerten gelblich aus der weißen Decke, Wintersaat steckte ihre Spitzen aus dem Schnee, und am Horizont umschlossen Fichtenwälder die sehr ernste, traurige Landschaft im gelben Winterlicht. Rieselregen taute dann die Erde auf. Stück für Stück stürzte unser Bunker ein. Wir stützten ihn ab, wir bauten nicht mehr. Wir warteten auf den Rückmarsch, wollten über den Dnjepr. Das war die Besessenheit. Der Strom erdrückte uns, lähmte die Gedanken und zog sich wie ein düsteres Leitmotiv durch unsre Gespräche. Manchmal besuchten wir andere Geschütze, hockten in den Erdlöchern eng zusammen, sangen, stritten um Krieg und Frieden, Niederlage und Sieg und betranken uns fast jede Nacht.

Ich fühlte mich mehr noch als Soldat, nun aber als Krieger eines kommenden Reiches, eines geistigen, heimlichen Werdens, das dem Kriege zutiefst widersprach.

Ich trug nur die Maske, wie die Zeit sie forderte, und träumte doch oft von einem Eremitenleben in Weinlaubumsponnener Klosterzelle irgendwo am Rande der Welt, nur ferne den Lärm der Zeit zu hören und mit dem Tode auf anders vertrautem Fuße zu stehen wie jetzt. Denn hier schien selbst der Totentanz mittelalterlicher Visionen gütig und schön neben dem nackten Aas, dem Leichnam im Niemandsland, dem lebenden Kadaver, der ich selber war. Ich war kein Christ und hatte keine Heimat außer dieser Welt. So trieb ich als Entwurzelter, zur Wanderschaft verflucht, durch mein Geschick. Und in all meinen ungewissen Fahrten konnte ich mich nicht an Gott lehnen wie an einen schattenspendenden Baum im Wüstensand. Mein einziges Ziel blieb die Hoffnung auf ein besseres Leben im Frieden. Wenn das Tor des Vaterhauses sich hinter mir schloß, mußte es beginnen. Aber in den Geheimkammern des Herzens glaubte ich auch daran nicht mehr.

Dies war mein geistiges Advent. So dachte ich in jenen Tagen der Vorbereitung, und nur manchmal wußte ich: ich war noch jung, die Erde stand mir noch offen – wenn ich erst auf dem Westufer des Dnjepr war.

Tauwetter kam und verging. Frost ließ die Landschaft erstarren, und als ich in einer Nacht aus dem Bunker trat, sah ich nach langer Zeit endlich wieder Sterne über mir, Sterne, Sterne. Schnee blinkte, Rauhreif glitzerte, und tiefe Stille lag noch über der Erde. Mir machte dies Zigeunerleben im Walde seltsame Freude. Im Dezember unter freiem Himmel, gut Freund mit Wolken und Bäumen, der Wind sang im Gezweig, Duft von Schnee, Harz und Waldboden wehte heran, die Nadelerde schien auch im Winter noch warm, ich brauchte nach nichts zu fragen, nicht sorgen, konnte ungestört träumen und lauschen – dies Leben beglückte den Abenteurer wider Willen, und die Entbehrungen fielen mir nicht schwer.

In der Dämmerung brannten am anderen Ufer Stroh und Heu-Haufen in langen Reihen, stille Flammensignale in wachsender Nacht. So sah ich einst auch die erleuchteten Städte am anderen Ufer meines Heimatstroms. Auch die Zerstörung schuf zauberhafte Bilder, und so nannte ich mit meiner alten Lust am Paradoxen den Krieg ein ästhetisches Problem.

Stellungswechsel. Bis zur Dnjepr-Brücke marschierten wir, dann kam der Befehl, einen Stützpunkt weit im Osten zu beziehn. Im leichten Schneestreiben durchquerten wir den Uchljast, gefrorenen Sumpf mit kaum bezeichneten Wegen, über künstliche Bäche und Notbrücken ins Ungewisse hinein.

Wie ein Eiland erreichten mir Momatschino[52], unser Ziel. Der Mond brannte wie ein eisiges Feuer herab. Advent.

Der Stützpunkt Momatschino

Wir wohnten auf einer Insel im Niemandsland. Momatschino, ein weltunbekanntes Dörfchen aus wenigen Häusern und Scheunen, wurde zum Stützpunkt ausgebaut. Ein Schützengraben zog sich um das Dorf, stark von Maschinengewehren besetzt. Granatwerfer und Infanteriegeschütze standen zwischen den Häusern, und wir bauten unsere Kanone dicht hinter dem Graben auf, als Gerümpelhaufen getarnt.

In einem Kartoffelbunker richteten wir uns ein. Das Gerät trugen wir hinaus, bauten uns Pritschen, einen Tisch und Schemel, Fenster und den Ofen hinein, und fühlten schon: wir würden lange bleiben. Vor uns fiel die Landschaft in eine Mulde hinab, jenseits stieg eine Höhe mit winzigen Kiefern und kahlen Strauchreihen auf. Die Russen besetzten ihre Erdlöcher nur in der Nacht. Im Norden stiegen Leuchtkugeln hinter dem Hexenwäldchen empor. Dort lag irgendwo der nächste Stützpunkt, zwischen uns Moor, Wald und Ebene, Ebene. Nur von fernen Hügeln hallte unregelmäßiges Gewehrfeuer. Ein russischer Stoßtrupp war unterwegs. Plötzlich flammten drüben Scheinwerfer auf und blendeten das Gelände ab. Wie blind stürzte ich in die Finsternis zurück. Die Front wurde unruhig. Nach einer Stunde setzte im Norden, in Richtung der Dnjepr-Brücke, Feuer schwerer Waffen ein.

Wir wunderten uns nicht, als Befehl zum Stellungswechsel kam.

Nach Mitternacht marschierten wir in lichter Mondnacht zur Rollbahn. Hinter uns brannte der Bunker ab. Langsam entfernte sich das Feuer, blieb der Feind zurück. Niemandsland umher. Wir kamen durch Selez. Es war ein totes Dorf dicht hinter der Hauptkampflinie geworden. Von Gräben und Bunker wie von Eiterungen durchsetzt, von Adern und Eingeweiden des Krieges. Nahe dem Dnjepr stellten wir unser Geschütz auf einen Hügel am Rande des Kiefernwalds. Vor uns floß ein Bach durch sumpfiges, schwach gefrorenes Wiesenland. Eine Fichtenschonung fiel zum Graben hinab. Drüben der Wald gehörte schon dem Feind. Kein Entkommen schien möglich, der Strom zu nah.

Müde wickelten wir uns in unsere Decken, legten uns

im Windschutz junger Kiefer auf den weichen Nadelboden und schliefen. Am Tage bauten wir ein Erdloch, legten Birkenstämmchen darüber, deckten es mit Zeltbahnen zu und mit Heu, trugen Stroh als Lager hinein und stellten den Ofen auf, den wir immer mit uns führten. Sitzen konnten wir nicht darin, und der Ofen wärmte uns nicht. Aber wir hatten ein Dach, waren vor Schnee und Zugwind geborgen und schliefen gut.

Mit rheumatischen Schmerzen erwachten wir, von Schüssen, Schreien und Hilferufen aufgeschreckt. Unsere Nachhut erschien am Waldrand, floh durch den Sumpf, von Russen verfolgt, bis sie auf unserer Seite im Gehölz Deckung fanden. Wir jagten einige Granaten hinaus. Sperrfeuer der Maschinengewehre. Die Übermacht zog sich zurück.

Im grauen Frostwinter lebten wir unter freiem Himmel. Im Kiefernwald entzogen wir uns der Sicht der Russen, etwas Schnee lag noch gefroren in den Mulden, und die Kälte ertrugen wir leicht. Keiner bekümmerte sich um uns, nur die Feldküche kam in den Nächten, und so waren wir die einzigen freien Menschen dieser Zeit, abgehärtet und faul ließen wir das Leben mit uns geschehn.

(*Anm.:* Lücke im Manuskript)

wo sich die Spähtrupps der Gegner nachts trafen. Von Süden kamen die Küchen wie ein Geleitzug, stark bewacht, in der Dunkelheit, und hatten doch immer wieder Ausfälle, Verwundete, Tote und oft Vermißte. Die Russen machten viele Gefangene, sie töteten sie nicht mehr wie einst bei Millejewo, und wir, die täglich dieses Schicksal erwarteten, machten uns weniger Sorgen.

Wir lebten auf einer Insel zwischen den Soldaten der Roten Armee. Manchmal wanderten russische Spähtrupps unbehelligt durchs Dorf, oft gab es kleine Gefechte, und Tag und Nacht standen wir auf der Wacht. Die Häuser wurden nach und nach geräumt, wurden in Brand geschossen oder angezündet, und auch die Neumondnächte waren hell vom Flammenschein und fernen Bränden.

In dieser Nähe des Todes, auf der Grenze zwischen Soldatenfreiheit und Kriegsgefangenschaft, begann ich die Niederschrift meiner russischen Abenteuer wieder. Nacht für Nacht. Draußen knirschte der Schritt des Postens im Schnee, Maschinengewehre bellten auf, einzelne Geschosse pfiffen vorüber. Russische Nächte, und ich war doch wie daheim. Advent und Weihnachten vergingen. Ich wachte, lebte in meinen Erinnerungen und schrieb. An manchem Morgen holte ich Post und Befehle weit im Hinterland, wie auf einer anderen Insel.

Morgengrauen. Lautlos wanderte ich im Nebelland, und die Straße war weit. Irgendwo gingen andere Pilger im grauen Gewand in die Unendlichkeit. Über mir starben die Sterne. Endlos streckte sich die Straße, wie Schemen tauchten Birken und Fichtenwälder auf. Alle Dinge erhielten wunderbare Gestalt, doch die Landschaft war tot. Stumm. Nur der Nebel trieb. Tiefstes Schweigen umgab meinen Pfad wie im All. Hinter mir tönten Stimmen, Boten aus der Vergangenheit, unsagbar fern.

Doch voller Leben wurde auch das winterliche Land. Sträucher und Sterne reichten mir die Freundeshände, Schneelicht und Nebel schwanden, Morgenluft wehte mich an wie Gottes Atem. Ich war allein, und in mir tönte ein Singsang gedämpfter Melancholie. Kaum knirschte der Schnee. Der Wind spielte in meinem bloßen Haar.

Fast gewaltsam mußte ich mich daran erinnern, daß Krieg war und ich ein Soldat. Ich glaubte wieder an mein Schicksal und das Unverlierbare im Menschen, an die engelische Kraft, die alles Widersprechende überwand und im sicheren Schrein das Eigene, Beste über die Schlucht der Jahre ins neue Leben trug.

Weihnachten verging wie alle Tage. Wir tranken viel, aber wie feierten nicht.

Das Jahr fiel zurück in Gottes Hände, ein neues rollte aus dem Korb der Ewigkeit. Nur die Träume blieben: Heimkehr und Frieden. Wir wohnten noch in der unterirdischen Soldatenstadt von Momatschino, und verglichen uns Indiens eingemauerten Mönchen in magischen Tempeln und Wäldern. Das Dasein drängte und wuchs nach Innen. Nicht nur Erde und Balken trennten uns von der Welt. Auch die Seele baute Mauer um Mauer um sich auf und verbarg sich vor dem Getöse der Zeit. Es war wie ein Traum, war nur verzaubert wahr. Gleich Nachtwandlern gingen wir über die mystische Brücke des Lebens. Doch um uns rauschten Größe und Untergang des Abendlandes, das Blut der Abenteurer pochte in uns, alles Ferneweh wurde zu sehr erfüllt, und nur das Heimweh blieb uns treu am Ende.

Wir brachen wieder auf. Die Russen hatten die Front durchstoßen. Hinter uns klang schon der Lärm eines Gefechts. Wir marschierten.

Wir wanderten durch Rauch und Brände von Momatschino. Flammen spiegelten sich im Schnee. Blutrot leuchtete die Nacht. Im Morgengrauen hielten wir an, und am Abend zogen wir in einem Wald bei Malo-Krassnitza in Stellung. Ich wurde Melder und hatte mehr Schlaf und mehr Zeit.

Lichter Kiefernwald. Wir wohnten nahe am Rand im steten Streufeuer der Maschinengewehre und Granaten. Die Russen griffen nicht an, und ein eigener Stoßtrupp scheiterte schon im Niemandsland. Der Winter wurde streng. Rauhreif schmückte den Wald, wie die Seele der Zweige, die Außen sichtbar ward. Ich liebte den Wald, Schnee auf Fichten und Kiefern im Sonnengold, Rauhreif in Vollmondnächten, und eine unbegreifliche Unrast trieb mich oft nachts noch hinaus. Ich liebte das Leben, den Winter und die Gefahren. Mir war, als sammelte ich nun die Ernte einer langen, überreichen Zeit.

Ich war ein Abenteurer geworden, ein wandernder Bettler, ein fahrender Vagabund. Wie Spreu trieb mich das Kriegsgeschick durch die Welt, und die ungewissen Fahrten nahmen kein Ende. Doch ich liebte das Leben, den Winter und alle Gefahren. Was ich verlor, wurde wieder Gewinn. Was ich in Einsamkeit und Trauer schaute, erhielt magischen Sinn. Was ich versäumte, wurde einst größer gestaltet, und was ich betrachtete schien mir mein eigenes Werk. Gelassen im Leben stehend, fiel mir die Erde in offene Hände, und Gott war mir nah. Zeit und Ewigkeit rauschten vorbei. Ich liebte das Leben.

Schlittenfahrt. Ich flog durch den Wald. Sturm rauschte und brauste im Geäst, die Pferde keuchten, und die Nacht wurde zur traumhaften, trunkenen Feier. Erschrockene Wanderer sprangen zur Seite, Schnee stäubte empor. Die Kufen knirschten und knackten. Ich sang ein verwegenes Lied. Wie Wolken und Sterne durchjagte ich schlafendes Land, Ebene, Einsamkeit, begeistert von Jugend und Flug. Kein Ende des Weges zu sehn. Die Sehnsucht stürzte sich in die Ferne, Rauhreif fing sich in meinem Haar. Sausende Fahrt wie auf einem Schlitten im

All. Trunkenheit überkam mich, schwellendes Lebensgefühl, eine grenzenlose, überschäumende Lust, auf der Welt zu sein. Freiheit einer Stunde im russischen Winterland – ich liebte das Leben.

Jahre stürmten einher, der Tod jagte über die Erde, Gott und Sterne starben im Abendland, und auf der Welt war Krieg. Ich war Soldat in Gefahren und Schmerzen, Wanderer, Abenteurer im All. Aber ich liebte das Leben.

Pause

Pause. Urlaub in der Heimat. Heimkehr, Heimkehr! Und es war doch nur ein Zwischenspiel. Der Krieg ging weiter. Ich wanderte wieder hinaus.

Ich liebte das Leben.[53]

»WIR WOHNTEN IM VERFALL DER SEELE«

Vom Umgang mit Leid und Schuld

Von Stefan Schmitz

»Schreib mir, mein Freund. Schreib mir, dass du noch lebst, mehr nicht.« Voller Sorge bittet Willy Peter Reeses Freund Georg im August 1944 um ein Lebenszeichen. Er wartet vergeblich. Von Reese kommt keine Nachricht mehr.

Nur wenige Wochen Urlaub blieben ihm im Februar 1944, um sein Manuskript in die vorliegende Form zu bringen. Er schließt es – trotz der bevorstehenden Rückkehr nach Russland – in einer seltsam euphorischen Stimmung ab: »Ich wanderte wieder hinaus. Ich liebte das Leben.« Anders als in den Jahren zuvor, muss er zunächst weder an Kämpfen noch an Gewaltmärschen teilnehmen. »Wie ein Wanderlied« gehe seine fünfte Russlandreise dahin, notiert er. Seine Einheit, die vierzehnte Kompanie des Regiments 279 der 95. Infanteriedivision, liegt zunächst ein gutes Stück hinter der Front in der Nähe von Witebsk, gut 600 Kilometer westlich von Moskau. Die Division gehört zur Heeresgruppe Mitte, die einen nach Osten vorgeschobenen Frontbogen hält. Trotz des Drängens seiner Generäle lehnt Hitler eine Frontbegradigung ab und fordert, den schwer zu verteidigenden Bogen zu halten. Am 22. Juni 1944, dem Jahrestag des deutschen Überfalls auf die Sowjetunion, tritt die Rote Armee zum entscheidenden Angriff an. In einer britischen Fernsehserie erinnert sich der ehemalige Rotarmist Wenjamin Fjodorow, dass die sowjetischen Truppen auf die gleiche Weise vorgerückt seien wie die Deutschen drei Jahre zuvor. »Das Verhalten der Deutschen in ihren befestigten Arealen war dumm ... Unser Beschuss machte sie fertig. Unmengen an Granaten gingen auf sie nieder und man hörte nichts als ein Donnern. Die befestigten Anlagen konnten völlig zerschmettert werden. Es war tödlich ... die Deutschen hielten den Boden bis zum letzten Mann – sie waren alle todgeweiht.«

Der Suchdienst des Deutschen Roten Kreuzes schreibt noch 1970 an Willy Reeses Mutter, beiderseits von Witebsk seien die russischen Einheiten vorgerückt. Reeses Division sei in den Kampf geschickt und kurz darauf »zersprengt« worden. »Nur kleinere Gruppen erreichten Anfang Juli über Borrisow, Lepel und Moloderschno wieder Anschluss an die deutschen Linien.« Alle Feststellungen ließen nur den Schluss zu, dass der vermisste Soldat Reese gefallen sei. Als das Oberkommando der Wehrmacht am 30. Juni 1944 meldet, in der Mitte der Ostfront werde weiter erbittert gekämpft, existiert die Heeresgruppe Mitte praktisch nicht mehr. Ihr Zusammenbruch ist eine der schwersten Niederlagen des Heeres im gesamten Krieg. Etwa 350 000 Soldaten – mehr als in Stalingrad – werden getötet, vermisst oder geraten in Gefangenschaft. Die Schlacht, in der Reese mit großer Wahrscheinlichkeit ums Leben kommt, leitet das Ende des Krieges in Russland ein.

Willy Peter Reese hinterließ ein für einen Dreiundzwanzigjährigen unvorstellbar umfangreiches Werk. Der größte Teil davon ist im Krieg entstanden. In kleinen Jahreskalendern führt er genau Buch über seine Produktion. 1942 schreibt er 400 Gedichte, dreizehn Prosaarbeiten, 250 Briefe, liest 50 Bücher und legt 11 000 Reisekilometer zurück. 1943 sind es 300 Gedichte, acht Prosastücke und 300 Briefe. Er zählt 9 000 Reisekilometer und 50 gelesene Bücher. Das Schreiben ist für ihn Flucht vor dem Kriegsalltag und Verarbeitung der Erlebnisse zugleich. Parallel zu seinen Arbeiten über den Krieg schreibt er Liebesgedichte. Mit allem sei er »zufrieden und glücklich, wenn ich nur schreiben kann«. Energisch fordert er bei seiner Mutter Bestätigungen für die ihr zugeschickten Schriften ein, häufig mit genauen Anweisungen, wie ihn die Nachricht am schnellsten erreicht: »Bitte durch einen Luftpostbrief (aber mit zwei Marken).« Er schickt lange Listen mit Büchern, die er sich wünscht, an die Eltern in seiner Heimatstadt Duisburg. Deutliche Spuren der jeweiligen Lektüre finden sich im Kriegsmanuskript, etwa von den Texten Ernst Jüngers, den er »begeistert gelesen« hat. Aber auch Schopenhauer, Rilke, französische Moralisten oder Laotses Werk über *Die Bahn und den rechten Weg* bestellt er sich.

Seine Mutter bewahrt die Schriften ihres Sohnes in Kisten auf. Während des Krieges werden sie zeitweise aus Duisburg nach Bayern ausgelagert. Ein Teil ist verloren gegangen, das meiste aber erhalten geblieben. Reeses Kusine Hannelore, die heute am Bodensee lebt, betreut in den siebziger Jahren seine inzwischen verwitwete Mutter. Nach deren Tod erbt sie die Kiste mit den tausenden Blatt Papier des Vetters. Es dauert Jahre, bis sie sich daranmacht, die ungeordneten und oft nur schwer zu entziffernden

Seiten zu sortieren und zu lesen. Alle Briefe und Handschriften, die meisten davon fast bis zur Unkenntlichkeit verblasst, schreibt sie ab. Im Jahr 2002 beginnt Hannelore, nun selbst weit über 70, eine Institution zu suchen, die Reeses Schriften archiviert, damit sie nach ihrem Tod nicht verloren gehen. Sie schreibt an Universitäten und Verlage, bekommt selten eine Antwort. Erst durch die Aufmerksamkeit der *Stern*-Redakteurin Stefanie Korte entsteht der Kontakt, der zu diesem Buch führt.

Von Anfang an hat Willy Reese gehofft, dass seine Arbeiten – und gerade das Kriegsbuch – veröffentlicht werden. Vergeblich bemüht er sich, von der Front aus einen Verleger für seine politisch unverfänglichen Schriften zu finden. Mit leicht bitterem Humor zieht er Ende 1942 Bilanz: »Wenn ich auch mangels Gelegenheit in der Liebe keine Fortschritte gemacht habe, so gaben mir doch zwei Verlage im Namen meiner vergewaltigten Muse einen Korb.«

Dennoch ist fraglich, ob der Perfektionist Willy Reese mit der Veröffentlichung des Manuskripts für sein Kriegsbuch in seiner jetzigen Form zufrieden wäre. Es fehlt ein echter Schluss. Einige Unklarheiten bleiben. Die Erzählhaltung ist nicht eindeutig. Manche Passagen wirken vorläufig und nicht ausgearbeitet. Noch wenige Wochen vor seinem Tod schickt Reese aus Russland Fragmente nach Hause, mit deren Hilfe er das Buch später überarbeiten will. Leider sind sie zum größten Teil nicht erhalten. Vorhanden ist lediglich noch eine »Ergänzung« zu den ersten Monaten seines Russland-Einsatzes 1941, die in den Anmerkungen wiedergegeben ist. Schon die sprachliche Qualität dieses Textes weckt aber Zweifel daran, dass Reese ihn in dieser Form verwendet hätte. Im April 1944 schreibt er, im nächsten Urlaub oder beim nächsten Lazarettaufenthalt sei es seine »Hauptaufgabe«, aus dem vorläufigen Manuskript ein geschlossenes Werk zu machen. In anderen Briefen nennt er die vorliegende Fassung einen »Rohbau«. Er beklagt, dass ihm selbst im Urlaub nicht alle benötigten Aufzeichnungen zur Verfügung stünden. Viele Kapitel entstehen über Nacht, neben dem normalen Tagesablauf an der Front. Auch wenn er Teile immer wieder umschreibt. In einer Art Werkübersicht Reeses heißt es: »Russ. Abenteuer – Aufbruch begonnen 16.12., fertig 17.12.43; Heimkehr, 4. Aufbruch. Der Weg in die Katastrofe am 18.12. begonnen, 20.12. beendet; Im Sumpfwald von Brjansk 20.12. begonnen, 23.12. beendet; Die Flucht 23.12.« Die detailliertesten Angaben zu seiner Arbeit enthält ein Brief vom 18. Dezember 1943:

»So ist es Montag geworden und ich habe inzwischen meine Erlebnisse der ersten und dritten Heimkehr beschrieben. Dieses Kriegsbuch ›Russ. Abenteuer‹, ist eine ungeheure Aufgabe. Ich habe eine Unmenge an Material zu sichten, zu ordnen, habe ich doch manches schon gestaltet, den ersten Winter sogar zwei Mal, habe Tagebücher, Gedichte und Erinnerungen zu verarbeiten und werde später auch noch viele Briefe zu Hilfe nehmen müssen, die ich schrieb, und für andere Abschnitte bin ich ganz auf mein (glücklicherweise nach wie vor ausgezeichnetes) Gedächtnis angewiesen. Ich weiß auch nicht, wie ich das Werk bezeichnen soll. Es ist kein Roman, kein Tagebuch, kein Tatsachenbericht. Vielleicht kann ich es ein Bekenntnis nennen, auch was in meinen früheren Versuchen zur Anklage gegen Krieg und Politik wurde, will ich ausmerzen, will nicht urteilen, sondern die Tatsachen und meine Erlebnisse allein sprechen lassen. Manchmal bedauere ich, nicht alles Material zur Hand zu haben, aber es ist wohl besser so, ich bin so unabhängiger und gewinne eine Übersicht der größeren Zusammenhänge

(*Anm*: eine Zeile unleserlich)

arbeite mit genauen Daten, die ich erst später wieder umgehe, wenn das Geschriebene auch ohne sie klar ist.«

Nach dem Ende der ersten Niederschrift macht er sich wieder und wieder an die Überarbeitung. Allein seine Erlebnisse in Jaroslau im Spätsommer 1941 nimmt er sich vier Mal vor. Die Hoffnung, vor dem Frieden fertig zu werden, gibt er Anfang 1944 zeitweise auf. »Genau genommen bin ich trotz aller Anfänge heute noch nicht einmal so weit, den Stil und die Form des Buches genau zu kennen. Alles sind noch Versuche.« Dann entscheidet er sich, offenbar angeregt durch einen Briefwechsel mit seinem Freund Georg, der in Norwegen als Soldat dient und nach dem Krieg als Journalist arbeiteten wird, für ein endgültiges Konzept. Wenig hätte er in der Form gelassen, die er im Urlaub in die Maschine getippt hat: Am 28. März 1944 berichtet er seinen Eltern geradezu euphorisch, er habe »endlich die beste Form dafür und den klarsten Aufbau gefunden, den ich mir denken kann. Wenn ich das Material hier hätte, könnte ich es ohne weiteres fertigstellen, aber gerade das will ich nicht. Ich lasse mir noch einmal Zeit damit und schreibe alles noch einmal neu. Georgs Kritik hat mir dabei viel weiter geholfen.« Aus dem Bekenntnis soll »nun eine Dichtung werden, die nicht nur ziemlich unabhängig von der chronologischen Wirklichkeit ist, sondern auch das Wesentliche auswählt und dichter zusammenfügt«. Er wisse schon, ergänzt er einen Tag später, »dass man nachher die meisten Abschnitte kaum noch wiedererkennen wird«. Das vorliegende Manuskript, das im Februar 1944 abgeschlossen wurde, beschränkt sich noch in weiten Abschnitten auf eine Nacherzählung seiner Kriegserlebnisse.

Reeses Haltung als Schriftsteller zeigt sich in dem kleinen Teil des Briefwechsels mit Georg, der die Jahrzehnte überstanden hat. Er deutet darauf hin, dass sein Freund es nicht als Aufgabe des Dichters sah, seine Erlebnisse re-alistisch und wahrheitsgetreu zu schildern, sondern daraus etwas Neues und anderes zu schaffen. An einigen von Reeses anderen autobiographisch geprägten Arbeiten kritisiert er: Wenn er sie zur Hand nehme, schrecke er bei aller Faszination zurück, »wenn sich der Schleier lüftet, wenn als Quintessenz nichts anderes übrig bleibt als eine höhnisch grinsende Fratze, die nichts bestehen läßt«. Georg vermutet, dass sein Freund ihm entgegenhalten werde, »es sei die Wahrheit«, die er geschildert habe, und fährt fort: »Lohnt es sich denn, diese Wahrheit zu gestalten? Wenn ich zum Beispiel den ›Spieler‹ oder das ›Lächeln des Marcel Trocard‹ gelesen habe, so muss ich mich tatsächlich fragen: wozu das alles? Mir bleibt ja nichts als ein Gefühl der Leere. Soll das der Sinn unserer Kunst sein, nichts zu geben, als nur dieses Gefühl?« Die Kontroverse bezieht sich zwar nicht auf das vorliegende Manuskript von Reese, aber beschreibt einen Zwiespalt, den vermutlich viele in der Kriegsgeneration gespürt haben: Ist ein »Bekenntnis« nötig, wie es Willy Reese ablegen will, und zu dem auch die Darstellung der eigenen Verletzung, Schwäche und Verzweiflung gehört – oder ist eher eine Transformation und Verarbeitung des Erlebten nötig, wie sie nach den bruchstückhaften Aussagen, die erhalten sind, Georg vorschwebte? Heute verwundern der Ton des Briefwechsels, der tiefe Ernst, mit dem diese Fragen diskutiert werden, und die Sprache, in der wie selbstverständlich ein dichterischer Auftrag der beiden schreibenden jungen Männer vorausgesetzt wird. Dennoch berühren Georgs Worte einen Kern des Umgangs mit der persönlichen Katastrophe des Kriegserlebnisses. Er schreibt: »Magst Du einwenden, dass Du das, was du erlebtest, deine (augenblickliche) Haltung schlechthin, gestalten müßtest – ja mein Freund, darauf kann ich Dir nichts erwidern, denn dazu ist die Art unseres Auftrages zu verschieden. Die Haltung, das Leben so zu sehen, wie sie mir aus den vor mir liegenden Werken entgegentritt, kenne ich ja schließlich auch, ja, ich kann im Augenblick dem Leben nichts anderes als ein Ekelgefühl abgewinnen – aber ich weiß doch, dass das nicht endgültig ist. Und so schweige ich als Dichter dazu.« Reese hat nicht geschwiegen. Er blieb seiner ursprünglichen und immer wieder geäußerten Absicht treu – und legte mit seinem Manuskript ein Bekenntnis ab, das bis ins Detail seinen eigenen Erlebnissen folgt und gerade aus dieser Authentizität seine Kraft und Wucht bezieht.

In Reeses Nachlass finden sich zahlreiche Belege dafür, dass dieses Manuskript für ihn zentrale Bedeutung hat. Er sieht es als eine große, schonungslose Bilanz. Bewusst gestaltet, mit literarischem Anspruch, das Hauptwerk des jungen Dichters. Während seiner gesamten Soldatenzeit schreibt er täglich – wobei die unterschiedlichen Textarten ganz unterschiedliche Funktionen haben: Seine Erzählungen und andere Prosaarbeiten betrachtet er ebenfalls als Teil eines literarischen Werkes, das Bestand haben soll. Viele Gedichte dagegen scheinen mehr Selbstgespräch zu sein; schnell geschrieben, gelegentlich holprig gereimt. Die Tagebücher sind Gedächtnisstützen, mit oft extrem verkürzten, fast stichwortartigen Eintragungen. Schließlich die Briefe – mit ihnen hält er Kontakt zu Eltern und Freunden. Vor allem seine Mutter will er nicht beunruhigen, und so erspart er ihr in der Korrespondenz sowohl Details des Kriegsgeschehens als auch eine allzu offene Schilderung der Auswirkungen auf seine Psyche. Was ihm aus den Briefen verwertbar für das Buch erscheint, überträgt er in sein Notizbuch, bevor er sie abschickt. In den Unterlagen finden sich dutzende Seiten – mit der Maschine getippt –, die er im Urlaub aus diesen Aufzeichnungen zusammenstellt und von denen Teile wörtlich ins Manuskript einfließen.

Ein Vergleich mit Briefen und Tagebüchern zeigt, dass Reese sehr bewusst auswählt, was er im Buch schildert und was nicht. Es geht ihm nicht – oder zumindest nicht erkennbar – darum, seine Rolle im Krieg positiver darzustellen. Es fehlen vor allem Szenen, die pubertär und unfertig wirken würden. Er will ein ernstes Buch schreiben. So bleibt kein Platz für die Albernheiten im Schatten der Front, die er seiner Mutter immer wieder schreibt, um sie aufzuheitern.

Diese Schilderungen aus den Pausen zwischen den Einsätzen zeigen eine überraschende Folge des Krieges für seine persönliche Entwicklung: Der anscheinend so abgeklärte Frontsoldat sehnt sich danach, jung, unbeschwert und unvernünftig sein zu können. Oft führt sich der über Zwanzigjährige auf wie ein heftig pubertierender Vierzehnjähriger. Vor allem bei seinen Besuchen in Deutschland genießt er die an der Front unmögliche Normalität im Umgang mit Frauen. Von seinem Aufenthalt im Lazarett in Neubrandenburg etwa berichtet er, Schwester Friedel weigere sich, »am Batzenklopfen teilzunehmen, das die Nierenkranken in ihren süßen Säuglingshemden betreiben«. Mit Inge, die ihn ihr »süßes Baby« nennt, weil sie ihm immer den Baldrian einflößt, turtelt er herum, indem er sich verkehrtherum ins Bett legt, so dass sie nur »meine Hühneraugen ansahen«, als sie morgens das Bett aufschlägt. Ein halbes Jahr später, aus dem Lazarett in Oberhof, schreibt er nach Hause:

»Ich sollte meinen Teller leer essen, sonst gäbe es nichts anderes, drohte Annchen. Darauf packte ich den Rest in Papier und gab ihr das ganz unschuldig zum Wegbringen. Anfassen – fallen lassen – schreien – das war aber eins; es war auch so warm, wabbelig! Walter sollte es ihr aufheben; er tat es – zögerte eine Sekunde – und dann klebte es schon auf meiner Brille. Ich kratzte es ab und es flog ihm genau in den Mund. Er versuchte, Annchen damit zu beschmieren, aber sie goß ihm viel Wasser ins Gesicht. Und ich – wehrlos vor Lachen – bekam noch den Hintern verhauen. Aber wir rächten uns. Ich wickelte meinen Verband ab und wir fesselten sie damit. Ich hielt ihr noch einen Vortrag, da schlossen die anderen die Türen ab, ich befreite sie von ihren Fesseln und während sie noch dankbar war, zerwühlte ich ein Bett und wir waren ›kompromittiert‹! Jetzt haben wir uns wieder versöhnt! Es ist toll, nicht wahr? Aber ich schrieb schon einmal, dass man das Verhältnis zur Schwester nicht mit irgendeinem anderen Mann-Frau-Verhältnis vergleichen kann«

Solche Momente bleiben die Ausnahme. Über lange Zeiträume besteht Reeses Leben aus Gefahr und Entbehrungen. Dabei treibt ihn auch an und hinter der Front gerade in den letzten beiden Jahren als Soldat eine Gier nach Leben, die ihm manchmal selbst unheimlich ist. So wie er sich mit Alkohol betäubt und im gleichen Moment weiß, dass er damit mehr zerstört als gewinnt, so geht er auf die Frauen in den besetzten Gebieten zu: Nicht ohne Verlangen, aber mit permanent schlechtem Gewissen, das manchmal die Oberhand behält und manchmal nicht. Mal schreibt er wie ein abgestumpfter Landser, der sich in der Etappe austobt und den nur die Erschöpfung davon abhalten kann, wahllos Sex mit den Frauen hinter der Front zu suchen. »Das Ansinnen der Matka, uns zwei Panjenki zu bringen, lehnten wir wegen Übermüdung ab«, heißt es etwa in einem Brief vom Mai 1944. Seine Mutter weiß da längst, dass Panjenki junge Mädchen sind – »Backfische«, wie Reese sie nennt. Sie tauchen in seinen Briefen immer wieder auf. Er berichtet über »Spähtrupps« in einer »von Panjenkas voll besetzten Sauna«. Aber zumeist sucht er eher Geborgenheit als Sex. Was offenbar weit schwieriger ist in einem Krieg, in dem die Not der Zivilisten unvorstellbar groß ist und der Kampf ums Überleben alles andere dominiert. An seinen Onkel schreibt er aus der Ukraine: »Frauen, schlank, biegsam, doch die schönen Gesichter muß man unter der Schminke erraten. Weder verwahrloste noch häßliche Mädchen bieten sich für ein Stück Brot an.« Zu Beginn des Krieges schreckt er noch davor zurück, bei den Frauen fremder Völker um Liebe zu werben. 1944 gilt das zumindest zeitweise nicht mehr. Sein Leben als Soldat im Krieg ist nicht mehr Ausnahmezustand, sondern Alltag. Erstaunlicherweise gelingt es ihm – dem Soldaten der Invasionsarmee – , scheinbar normale Beziehungen zu knüpfen. Sein Russlandbild nährt sich nicht mehr nur aus der Beschäftigung mit Literatur und Musik und einem Bodensatz an Vorurteilen, sondern aus der Begegnung mit russischen Menschen, die ganz anders sind als die Karikaturen der Nazi-Propaganda. Hinter der Front bei Witebsk verliebt sich Reese im Mai 1944 in Klara. »Wer weiß, was alles entstanden wäre«, fragt er, als die Beziehung durch den Abmarsch seiner Einheit beendet wird. »Der Abschied von Jurkowastjeno war allen Beteiligten schwer. Am Abend vorher lag ich bei Klara im Bett und tröstete sie, bis sie bekümmert einschlief, aber als ich ihr gestern Morgen den Abschiedskuß gab, weinte sie doch, und auch Paula schluchzte, der Vater wünschte mir Glück und die Mutter segnete mich – solche Menschen, und das sollen Feinde sein? Niemals.«

Als Reese wenig später in das Dorf zurückkehrt, ist Klara fort. Sie sei jetzt »Wehrmachtsgefolge«, was darauf hindeutet, dass es sich bei ihrer Beziehung zu Willy womöglich weniger um Liebe als um eine subtilere Form der Prostitution gehandelt hat. Er kämpft um seine romantischen Vorstellungen von der Liebe, die doch nicht vereinbar sind mit seinem Dasein zwischen Front, Lazarett und Urlaub. Manchmal scheint es, als ob die Romantik nur in seinen schnell und ohne viel Mühe geschriebenen Gedichten eine Chance habe. Sein Leben ist eine Folge von Aufbrüchen und Abschieden; und er reimt sich die Traurigkeit von der Seele. Unter dem Titel »Sehnsucht« schreibt er »für Lore«:

Versöhne wieder mein Geschick
Gib mir ein leises, letztes Glück
Und laß' mich gehen
Am Morgentor zieh ich hinaus
Verlaß' mein treues altes Haus –
kannst du verstehn?
Laß' wieder mich dein Lächeln erben
Dein liebes Antlitz wieder sehn
Dein Wort an mir vorüberwehn
Dann will ich gerne einsam sterben
Und weiß: mein Leben war doch schön.

Wie ein Außenstehender betrachtet er immer wieder das Verhalten der Soldaten, findet es merkwürdig und spürt, dass er selbst einer von ihnen geworden ist: »Wir Soldaten sind furchtbar harte und rauhe Männer, dazu aber regelrechte Kindsköpfe, so stolz und zärtlichen Gebärden abhold wie Knaben, die sich kühn und eisern dünken. Und dabei haben alle diese Trotzköpfe nichts anderes im Sinn, als sich möglichst bald wieder bei ihren Mamas oder aber bei einer Lore, Hanny, Grete und wie sie alle heißen, ins warme Nest zu kuscheln und sehr friedlich und glücklich zu sein. Ja diese Männer und Helden sind schon erheiternde Rätsel! Und ich, der hier so vorsichtig in Wir-Form erzählt, mache bestimmt keine Ausnahme davon.«

Kampf und Entbehrungen, Angst und Schuld, die Sehnsucht nach Frieden und Heimat und die Sorge um die Angehörigen wecken in Reese und seinen Kameraden

den Drang, zu vergessen und sich zu betäuben. Je verzweifelter die Lage der deutschen Truppen wird, desto besser scheint der Alkoholnachschub zu funktionieren. Meist gibt es Schnaps, oft gestreckt und verdünnt mit süßenden Zusätzen. Das nennen die Soldaten dann Likör. »Der schlechte Wodka macht mich krank«, klagt Reese, »jetzt, auf Wache, bin ich elend. Aber ich klammere mich an den Trost der Sauferei.« Er fällt besoffen von der Pritsche, Kameraden laden ihn wieder auf und müssen es ihm am nächsten Morgen erzählen, da er es nicht bemerkt hat oder sich nicht erinnern kann. Wenn genug Alkohol da ist, wird der dicke Kopf mit neuem Schnaps bekämpft. »Mit einem Kater hatte ich nur ein paar Minuten zu tun, dann beschäftigte ich mich mit Weinbrand-Verschnitt.« Der Spieß habe es nicht leicht, jeden Tag sei die Kompanie besoffen. Er trinkt mit den anderen Soldaten, völlig betrunken schütten sie sich Fußpuder in die Haare, werfen sich in kalte Bäche und leeren Kübel voller Seifenwasser übereinander aus. Auch allein, beim Schreiben, trinkt er, wann immer Vorräte da sind. »Eine halbe Sektflasche eines Nusslikörs« befeuert ihn bei einem seiner Briefe. »Wir hatten ja nichts anderes für die Pausen des Krieges als Branntwein und Rausch. Wir konnten nichts besseres hoffen und finden als Vergessenheit. Unsere Sinne klammerten sich an den Wein. Wir wohnten im Verfall der Seele, und zwischen Kampf, Mühsal und Handeln standen wir, wie verraten, weglos im All.« Der ständige Wechsel von Rausch und Kopfschmerzen, neuem Rausch und neuen Kopfschmerzen beeinträchtigt ab Ende 1943 seine Fähigkeit zu schreiben. »Vor lauter Alkohol unfähig zur Arbeit«, notiert er an Weihnachten des Jahres in seinem Tagebuch. Wenige Tage später, nach einem exzessiven Silvestergelage, spottet er über seine eigene Unfähigkeit, auf die Droge zu verzichten. »Ich will fortan ein ganz solides Leben führen. Keinen Alkohol zu mir nehmen (bis es wieder Schnaps gibt).«

Vor allem die Liebe zu seiner Mutter hilft Reese, sich nicht völlig der Depression und dem Rausch hinzugeben. Für sie rafft er an der Front alles an Lebensmut und Humor zusammen, was noch in ihm steckt. Er besingt ihre Plätzchen:

Der Hunger kroch durch Mark mir und Gebein
ich riß das Päckchen auf im Feuerschein
und aß dich zwischen Flammen, Rauch und Ruß
mit viel Genuß, o Spekulatius.

Mit Gedichten »aus dem frisch entlausten Ärmel meines Pelzwestchens« bedankt er sich bei ihr für Pakete und Zuspruch. Es scheint, als ob er sich selber testet, wie viel Freude und Optimismus, Leichtigkeit und Zuneigung er noch aufbringen kann. Ein Kuchen von der »lieben Mama« hellt seine Stimmung für Tage auf. Und führt unweigerlich zu Reimen, vor denen, wie er sagt, »Goethes Schatten erbleicht und Schiller die Flucht ergreift«:

Ein Kuchen, wie ihn Adam sich erträumte
als er im Paradiese schlummernd lag
ein Kuchen, der in Evas Sehnsucht schäumte
ein Kuchen für den großen Feiertag.

Immer wieder bittet er die Mutter, sich nicht zu viele Sorgen zu machen. Es macht ihm zu schaffen, dass die Wahrheit oft so schrecklich ist, dass er sie ihr nicht zumuten kann. Zumindest nicht unmittelbar, sondern erst mit einigem Abstand. Wenn er ihr dann seine Manuskripte und Tagebücher mit Kriegserlebnissen schickt, beteuert er, es gehe ihm nun wieder besser. »Hier folgt nun der letzte Abschnitt meines Tagebuchs, der letzte, traurigste und schwerste«, heißt es auf einer Karte aus dem März 1942, »aber das ist alles längst vorbei, und wenn ihr es lest, nehmt es nicht zu schwer.« In sein Tagebuch schreibt er während heftiger Gefechte am 24. November 1943, dass sie längst nicht alles von der Front und seinem Leben erfahren darf: »Am schwersten liegt dann der Gedanke an meine liebe Mama auf meiner Seele. Sie verzeiht, aber ob sie begreift? Die Mütter kennen ihre Kinder doch so wenig! Wir dürfen ja nur in ganz wenigen Stunden richtige Menschen sein, wir sind an schonendes Verschweigen gewöhnt … Auch ist es schwer, nicht bekennen zu können, denn das würde doch nur im Gespräch möglich sein.« Er schreibt das nur eine Woche, nachdem er ihr mitgeteilt hat, dass er die Kraft zum Überleben aus seiner Aufgabe zieht, das Erlebte zu beschreiben. Auch hier zeigt sich seine innere Zerrissenheit: Er will die Mutter schonen, doch dann schickt er ihr Aufzeichnungen, die sie verstören müssen. Dabei nimmt er in Kauf, dass sie erkennt – oder ohnehin weiß –, dass sie in den Briefen nur wohldosiert mit dem Grauen vertraut gemacht wird, das ihren Sohn umgibt. Er schweigt aus Rücksichtnahme. Aber er will doch, dass sie seine Erlebnisse mit ihm teilt, zumindest wenn die unmittelbare Gefahr überstanden ist. Die Beziehung zur Mutter ist für ihn wichtiger als die zu jeder anderen Frau oder jedem Freund. Von frühester Kindheit an sieht er in ihr seine Verbündete gegen die Außenwelt.

Willy Peter Reese ist zwölf Jahre alt, als Hitler nach der Macht in Deutschland greift. Er ist 18 Jahre, als der Zweite Weltkrieg ausbricht. Früh spürt er, dass er weniger Talent als andere zum glücklich sein hat. Sein Freund Georg widmet dem in Russland vermissten Gefährten nach Kriegsende ein Buch mit seinen Erfahrungen als Soldat. Er spricht den jungen Willy, der darin das Pseudonym Stefan trägt, direkt an: »Als du noch ein Knabe warst, so erzählte mir deine Mutter, bliebst du stets abseits von den Spielen deiner Altersgenossen, und du stelltest dich so ungeschickt beim Erklettern eines Baumes an, dass du es fortan nie mehr versucht hast.« Von der Pubertät an lebt er zwei Leben: Eines – das öffentliche – hinter einer Maske. Das andere – das verborgene – in seiner ganz eigenen Welt. Tagsüber geht er in Duisburg auf die Mercator-Oberschule für Jungen, macht 1939 Abitur, mit einer Eins in Religion und einer Sechs im Schwimmen. Dass er überhaupt zur Reifeprüfung zugelassen wird, verdankt er der Fürsprache seines Klassenlehrers, der ihn vor Repressalien wegen seiner mangelnden Begeisterung für Nazi-Umtriebe in Schutz nimmt. Auch als Zivilist lehnt sich Reese nicht offen auf, aber er bemüht sich, so viel Abstand zu den Nationalsozialisten zu halten wie ohne große Gefahr möglich ist. Die Uniform der Hitler-Jugend, die ihm verhasst ist, zieht er nach der Erinnerung seiner Kusine Hannelore nur ein einziges Mal an. Später verspottet er die Nazi-Jugendorganisation als einen »herrlichen Verein, worin das Unkraut Geist total verdorrt«.

Marschieren, brüllen, verordnete Kameradschaft und Sport sind dem behüteten Einzelkind zuwider. Er beschäftigt sich mit Pflanzen, hält Frösche, Salamander und weiße Mäuse. Seine Leidenschaft gilt der Musik und der Literatur – das ist sein anderes, sein verborgenes Leben. Auch wenn ihm die Tanzschule Spaß macht und er keine Gelegenheit auslässt, Mädchen nachzustellen, ist ihm etwas anderes zumeist wichtiger: Nachts schreibt er wie ein Besessener; beseelt von dem Glauben, etwas Einzigartiges schaffen zu können. Und er ist frustriert, wenn er spürt, dass es ihm nicht gelingt. In der Bierzeitung seiner Abiturklasse heißt es über ihn: Er liebe »Mädchen, Tanz und Bücher allein. Im Deutschen sehr beschlagen«, sei er, »kann drum gute Antworten sagen. (Wenn er will).«

Reese spürt das Primanerhafte und Unreife an seinen dichterischen Versuchen vor dem Krieg und sehnt sich nach Erfahrungen und Erlebnissen, die er auswerten kann. Mit kaum zwanzig Jahren, kurz vor dem Fronterlebnis, arbeitet er an seiner Autobiografie und klagt: »Dem dichtenden Kinde, das ich war, mangelte der Brunnen, der mich immer wieder speiste, wenn ich mich verschwendet hatte. Mir fehlten Erfahrung, Erleben und Erkennen im großen Maße, und das Wenige, was ich daraus gewann, war zu schnell erschöpft.« Lange bevor er gezwungen wird, das Elternhaus in Duisburg zu verlassen, denkt er daran, aus dem behüteten Dasein als Sohn eines gutbürgerlichen Steuerberaters auszubrechen. Nur bleiben das Träume und nächtliche Wünsche – in der Realität verhält er sich ganz so, wie es sein Vater von ihm erwartet und einfordert. Ihn rechnet er bei allem Respekt und aller Zuneigung der Welt zu, die ihn zwingt, eine Maske zu tragen. Dem Vater zuliebe überwindet er nach dem Abitur seinen Widerwillen gegen die Beschäftigung mit Geld und Geschäften und tritt eine Banklehre beim Duisburger Bankverein an, wo er seine Arbeit korrekt und ohne allzu großes Engagement erledigt und zusieht, dass er so schnell wie möglich wieder über seinen Büchern und Manuskripten sitzen kann. Als die Ausbildung aufgrund der Einberufung vorzeitig endet, loben die Lehrherren seine »bescheidene kameradschaftliche Einstellung« und die »wertvollen Dienste«, die er geleistet habe. Er funktioniert, träumt aber von einem anderen Leben weit weg von all den Zwängen, denen er sich ausgesetzt sieht. »Flucht« ist für ihn ein Wort »voll Magie, wie Engelstimmen, wie ein Ruf der Dämonen. Der Zauber der Hoffnung und der Gefahr ist darin.«

Auf Bildern aus der Vorkriegszeit wirken seine Gesichtszüge weich, meist schaut er durch die Brillengläser in ein Buch. Fotos vom Strand auf dem Darß an der Ostseeküste, wo die Familie sich stets im Sommer erholte, zeigen einen schmächtigen Jungen. Aber hinter der weichen Fassade verbirgt sich ein beachtliches Ego, er kann arrogant und verletzend sein. Geselligkeit liegt ihm nicht. In seiner «Sommer-Legende«, einem Text über den Ostsee-Urlaub, beschreibt er, wie er den anderen beim Sandburgenbau zusieht, sich selbst ganz zurückzieht – wofür ihm eine Entzündung an den Händen den Vorwand liefert – und den Vater bei seinen Verhandlungen mit dem Strandkorbverleiher taxiert. »Dabei stellte ich Betrachtungen über die Notwendigkeit einer arbeitenden Gesellschaft für den müßigen Einzelnen an.« Stets sieht er sich als Ausnahmeerscheinung – seine häufigen Depressionen (»So wird dieses nun mein Schicksal sein: Nur immer diese Traurigkeit zu tragen«) führt er auf die

Unfähigkeit seiner Umgebung zurück, mit seinem Talent umzugehen. Er leistet sich kleine Macken, um sich von den anderen abzuheben; so isst er zum Beispiel bis zu seiner Militärzeit keinen Käse. Selbst das Baden wird ihm zur Rebellion und zum Ausdruck der eigenen Einzigartigkeit: »Zum Entsetzen der Gesellschaft aber, die, wie allgemein bekannt, das Besondere nicht ertragen kann und das Überragende fürchtet, und die es jetzt nach alter Sitte vorzog, sich langsam an Wasser und Sonne zu gewöhnen, nahm ich ein ausgedehntes Bad und legte mich gründlich eingeölt in die Sonne. Dann war ich nicht mehr zu sprechen.«

Wirklich verstanden hat ihn wohl nur sein Mitschüler Rolf, der nach der Rassenideologie der Nazis ein »Halbjude« war und später nach Auschwitz deportiert wurde. Mit ihm streitet er über Literatur, spielt Schach bis zur Erschöpfung. Diese Freundschaft, schreibt Reese, sei ihm sechs Jahre lang ein großer Teil seines Lebens gewesen. Doch die Distanz zwischen den beiden wächst ständig. Sie überwerfen sich endgültig, als Rolf ihm im September 1942 – wenige Monate vor seiner Internierung – mitteilt, er könne mit seinem schriftstellerischen Werk nichts mehr anfangen. Der vom Nazi-Regime verfolgte »Halbjude« Rolf kritisiert die Texte des deutschen Soldaten nicht nur literarisch, indem er schreibt, darin lebe »noch die alte Formenwelt. Es sind noch die alten Bilder und Symbole.« In dem Brief brechen viel tiefer gehende Konflikte zwischen den beiden auf: Da ist eine alte Liebesgeschichte, die Willy Peter Reese literarisch verarbeitet hat, was Rolf nur als »beschämende Indiskretion« erscheint. Es klingt aber auch die Frustration des Verfolgten über seine Helfer und deren Motive an. »Ein Mensch hilft dem anderen, der in schwere Not geraten ist«, schreibt Rolf, »nun finde ich, dass alle die mitleidigen Gefühle des gebenden (christlich) wie die dankbaren des Empfangenden nebensächlich sind; wichtig für das Leben ist allein die Tat und für das Denken, dass ihre Notwendigkeit begriffen wird.« Ausdrücklich kennzeichnet Rolf diese Passage als »Beispiel«. Manches spricht dafür, dass der latente Vorwurf Willy Peter Reese dennoch schwer trifft. Anfang 1943 erfährt er, Rolf sei verhaftet worden und schwer krank. »Ich weiß nur in der Erinnerung etwas mit dieser Nachricht anzufangen«, notiert Reese, der die alte Freundschaft für erledigt hält. Aber als Rolfs Freundin, die ein Kind von ihm bekommen hat, in Not gerät und von ihren Eltern – »Parteigenossen ersten Ranges« – verstoßen wird, ist es für ihn »eine Selbstverständlichkeit, dass ich ihr helfe«. Mit Hilfe seiner Mutter sorgt er dafür, dass ihr 100 Mark von seinem Sparbuch zukommen. Die Mutter ist es auch, die die Ausgabe für das uneheliche Kind eines Opfers der herrschenden Rassenideologie schonend dem Vater beibringen soll. »Ich weiß nicht, ob Papa besonders erfreut davon ist«, fürchtet Reese. »Wenn er es erfahren soll, kannst Du es ihm besser sagen, als ich es schreiben kann.«

In seinen Papieren bewahrt er einen kleinen Zettel auf mit der Anschrift des Lagers Auschwitz, in das der »Schutzhäftling« Rolf verschleppt wurde. Bis zum Frühjahr 1944 schreibt er ihm regelmäßig. Da eine direkte Korrespondenz unmöglich ist, richtet er die Briefe an Rolfs Vater, der sie weiterleitet. »Ich glaube, dass meine Briefe dem Gefangenen doch manches Gute gebracht haben«, schreibt er seinen Eltern. Noch wenige Wochen vor seinem Tod versucht Reese, Rolf aufzumuntern und schickt ihm Gedichte. Offenbar fühlt er sich dem Verfolgten nahe und sieht Parallelen zu seinem eigenen – doch ganz anderen – Leben. »Jede Schwelle, die wir überschreiten, führt uns in ein neues Niemandsland«, heißt es in dem Gedicht »Wanderschaft«, das er im März 1944 an Rolf schickt. Und weiter: »Die Mächte spielen mit den Leibern der Getriebenen wie mit den Treibern.«

Das Schicksal seines Freundes trägt offensichtlich dazu bei, dass Willy Peter Reese politischen Fragen nicht mehr ausweicht. Ab etwa 1942 findet er den Mut und auch den Freiraum, seine Verachtung für Krieg, Militär und Nationalsozialismus offener zu äußern. Regimekritische Passagen tauchen in Briefen auf, obwohl ihm bewusst ist, dass sie stichprobenartig kontrolliert werden; einige kommen geöffnet bei der Mutter an, was ihr Sorge bereitet. Aber Reese nimmt darauf keine Rücksicht. Im August 1943 schreibt er in sein Tagebuch, das er später nach Hause schickt: »Verflucht sei, wer diese Stellung befiehlt, verflucht sei Hitler, der diesen Krieg begann: verflucht seien alle Generäle, Obersten und Rüstungsindustriellen, alle, alle, die Schuld am Kriege tragen und ihn wollen, verflucht sei diese Zeit. Hier gibt es nur Tod oder Flucht, und die Flucht ist unser Ziel. Sizilien wurde aufgegeben, aber wir werden für ein Stück Sumpf, Sand und Moorwald geopfert«. Im Alltag erlaubt er sich kleine Fluchten aus der militärischen Disziplin. So sabotiert er alle Versuche, ihn in die Ausbildung neu eingezogener Soldaten einzubeziehen. Sie ist ihm zuwider. Er will da nicht mitmachen. Als sein Chef Harry von ihm verlangt, dass er ein Referat über das Gewehr hält, trägt er den Rekruten vor: »Das Gewehr ist eine Handwaffe. Fußwaffen gibt es nicht. Nur die Propaganda ist eine Maulwaffe. Das Gewehr ist eine Hieb- und Stichwaffe; man kann auch damit schießen. Es zerfällt in mehrere Teile, je nachdem, wie hoch und tief es fällt. Auf dem Lauf ist Rost, im Lauf ist Sand und Rost, geschossen wird nur zum Lauf-Reinigen; mit dem Seitengewehr zusammen heißt der vordere Teil Bajonett, aber das alles interessiert uns nicht, denn wir haben das Seitengewehr verloren.« Harry habe dann selbst weitergemacht, berichtet er nicht ohne Stolz.

Die Auseinandersetzung mit Nationalsozialismus und Krieg gibt seinen Arbeiten eine neue Qualität. Er spürt das – und will seine Chance, endlich den eigenen Ansprüchen zu genügen, unbedingt nutzen. Ständig fühlt er sich unter Zeitdruck. Er will noch mehr lesen, noch mehr schreiben. Noch immer ist er zuweilen deprimiert und zweifelt an seinen Fähigkeiten; aber immer öfter beseelt ihn ein selbstverliebter Überschwang. Über eine seiner Novellen schreibt er, es werde nur »wenige Dichter geben, die so etwas an der Front fertig bringen. Ernst Jünger gehört dazu – aber wer sonst?« Wobei der Ton im Vergleich zu den Arbeiten aus der Vorkriegszeit zwar bitterer wird, aber keineswegs düsterer. Gerade inmitten des Grauens scheint das Bedürfnis nach Spott, Satire und gelegentlichem Zynismus zu steigen. Auch wenn Reese selbst klagt, diese Art von Humor werde aus dem »seelischen Nichts« geboren, wirken seine Texte auf eine geheimnisvolle Weise befreiter und lockerer als die oft depressiven Schriften des unglücklichen Jugendlichen. Sie sind viel realitätsbezogener als seine frühen Versuche, die fast nur um das eigene Ich kreisen. Manches ist großes Kabarett.

»Luzifers Arsch« heißen Hitler und die Nazis in einem seiner Gedichte. Dabei schwingt in seinen Anklagen gegen die Nazis immer auch das Bewusstsein mit, dass er von ihnen missbraucht wird:

Wir dürfen mit Geschütz, Gewehr und Säbel
das größte Unheil schaffen, das gefällt,
die Menschlichkeit und Freiheit weiter knebeln –
denn wir sind ja die Herren dieser Welt.
Das Reich ist unser, morgen auch die Erde,
ein Clown regiert, ein Rudel Rindvieh brüllt
im Propagandastall zu unserer Herde.

Die Zeilen stammen aus dem Zyklus »Karneval«, den er 1942 verfasst. Die unveröffentlichten Gedichte zeichnet er mit dem Pseudonym Peter Reiser, so dass er bei einer Entdeckung durch Polizei oder Gestapo die Urheberschaft leugnen kann. So deutlich wie kein anderer seiner Texte zeigen sie seine politische Haltung und veranschaulichen zugleich, dass der gewöhnliche Soldat Reese über die Verbrechen des Regimes schon sehr früh mehr weiß, als die meisten Deutschen nach Kriegsende bemerkt haben wollten:

Die Juden ermordet,
als brüllende Horde
nach Rußland marschiert,
die Menschen geknebelt,
im Blute gesäbelt,
vom Clowne geführt,
sind wir die Gesandten
des allwärts Bekannten

und waten in Blut.
Wir tragen die Fahnen
der arischen Ahnen:
sie stehen uns gut.
wir saufen und huren,
vandalische Spuren,
bezeichnen den Pfad,
Wir toben und schreien,
am Blocksberg und feiern,
im närrischen Rat.
Wir protzen und lügen,
wir fluchen und siegen,
wir herrschen im Bund:
der Mensch ist ein Muskel,
die Fratze bepustelt,
und sonst nur ein Hund.
Der Geist ist vernichtet,
wir machen Geschichte
für elftausend Jahr,
wir stürzen die Reiche
das dritte nur bleibe
der rasenden Schar.
Wir opfern und dienen
mit viehischen Mienen
dem Gott unserer Zeit,
vom Narren erkoren,
zum Morde geboren,
dem Satan geweiht.

Hitler als »Clown«, der eine aufgepeitschte Horde anführt. Er selbst als Teil dieser Horde. Das ist das Bild, das Reese vom Wüten der Wehrmacht im Osten hat. Manchmal ist es klar und eindeutig, dann verwischt es wieder, weil er es nicht ertragen kann. Er flieht, gerade in den Monaten vor seinem Tod und im Herbst 1943, in Apathie und Schicksalshörigkeit. Die gleichen Gefühle, die er im Manuskript schildert, finden sich auch in Briefen an seinen Onkel, dem er glaubt, mehr zumuten zu können als seiner Mutter. »Der endlose Krieg bringt mich in eine seltsame Stimmung, die ich selbst nicht zu rechtfertigen weiß. Ich fühle mich wirklich als Soldat, so, als befände ich mich mühelos in Harmonie mit meinem Schicksal. Ich habe aufgehört, mich gegen das Unvermeidliche zu wehren, tue alles mit einer gewissen Freudigkeit und amüsiere mich dabei königlich über mich selbst (...) und ahne, dass alles Heldentum beim nächsten Trommelfeuer wie eine Seifenblase zerplatzen wird.« Man »müsse Soldat sein, innen und außen«, um inmitten von Tod und Gefahr leben zu können.

Der Gedanke, zu desertieren, kommt ihm nicht in den Sinn. Nicht einmal der Wunsch danach ist in ihm nach mehr als zwei Jahren als Frontsoldat lebendig. Verzweiflung und Euphorie wechseln sich ab. Erleichterung bringt ihm das offenkundige Scheitern der Wehrmacht. Ab 1943 erscheint ihm eine rasche Niederlage Hitler-Deutschlands als die einzige Chance auf ein Leben in äußerem und auch innerem Frieden. Im Januar 1944 schreibt er: »Es ist keine Angst. Es ist kein Wille zu fliehen – es ist nichts als eine dumpfe, resignierte Verzweiflung; die Ahnung, dass alles vergebens sei. Doch je sinnloser der Krieg in politischer Hinsicht wird (auch für unsere ›Gegner‹) desto leichter fällt es mir, meine Rolle darin zu spielen: denn so komme ich immer weniger mit meinem Gewissen in Konflikt.« Ende 1943 und Anfang 1944, als der exzessive Alkoholkonsum bereits Spuren in seinen Briefen hinterläßt, erfindet er gewagte Konstruktionen, um sich als Soldat eines guten Deutschland sehen zu können. Nationalstolz ist ihm keineswegs fremd. Auch ein Überlegenheitsgefühl gegenüber den Slawen nicht, von dem er sich nur langsam befreit. Er selbst räumt ein, »ich musste noch viel lernen, noch manches Vorurteil überwinden und einen weiteren und gerechteren Überblick bekommen«. Er fühlt sich als Vertreter einer Kulturnation, als Erbe der jugendlichen Genies der Sturm- und Drang-Zeit. Als das Theater seiner Heimatstadt zerbombt wird, meint er nur, es sei »schließlich gleich, ob die Engländer es zerstören oder ob dort die Kunst durch den Ungeist unserer Zeit entstellt wird«. Sorgfältig trennt er zwischen den Nazis und Deutschland. »Darum will ich doch noch für Deutschland leben und kämpfen«, schreibt er, »für das geistige, heimliche Deutschland, das erst nach der Niederlage, nach dem Ende der Hitlerzeit, wieder existieren darf und Deutschland den Platz in der Welt verschaffen wird, der ihm gebührt. Wenn ich kämpfe, so um mein Leben, falle ich, so, weil mein Schicksal es wollte, und für das zukünftige, freie geistige Deutschland will ich mich auch opfern – aber niemals für das Dritte Reich. Und vor dieser Entscheidung verstecke ich besser, warum ich mich als Soldat fühlte, als Soldat des geistigen Reiches, unter der Maske, die die Zeit von mir fordert.« Als er das schreibt, rudert er hilflos zwischen den Bruchstücken seiner Weltanschauung umher. Und klagt: »Wenn ich wenigstens ganz ein Christ wäre und Heimat im Himmel hätte.«

Reeses Freund Georg bescheinigt ihm in einem seiner Briefe, er habe sich niemals an den slawischen Menschen vergangen. Trotzdem kreisen seine Gedanken immer wieder um die Frage nach der eigenen Schuld. Am deutlichsten schlägt sich das in seinen Gedichten nieder. Mal sieht er sich als Kreatur, der jede Entscheidungsfreiheit geraubt wurde; indirekt vergleicht er sich mit den Pferden, die in diesem Krieg zu Millionen verrecken und denen sein Mitgefühl gehört:

Ich nahm die Schläge hin, das mürbe Stroh
Tat meine Arbeit, stumm und voll Geduld
Es war im Krieg; ich diente, niemals froh
Hab' ich nun auch an diesem Kriege schuld?

Mal fleht er geradezu seine Gegner an, die er nicht als Feinde sieht und auf die er doch schießt, dass seine Beteiligung am Wahnsinn des Krieges ihm nicht persönlich angerechnet werde. Mit vielen dieser Gedichte bleibt er sprachlich weit unter seinen Möglichkeiten. Sie sind vielleicht die intimsten Texte, die er geschrieben hat. »Jeder hilft sich auf seine Weise vor der Verzweiflung«, kommentiert er selbst seinen Drang zu Reimen. Viele seiner Verse haben ihren Zweck offenbar in dem Moment erfüllt, in dem sie geschrieben sind. Das Dichten ist für ihn eine Form der Selbstbesinnung, bei der nicht die Ergebnisse im Vordergrund stehen. Doch auch wenn die Gestaltung oft nicht perfekt ist, sagen sie viel über seinen Zustand aus:

Sieh dort ist ein Mensch, den eine Mutter gebar
Und liebte, hegte Jahr um Jahr

Um den sie weinte, hoffte, litt
Ein Mensch, der durch die Hölle schritt
Der arm wie du ist und verlassen
Willst du ihn hassen?
Dort ist ein Mensch, wie du Soldat
Gepresst in fremden Schicksals Rad
Hat Heimweh, Mühe, bittre Not
Umtanzt von Angst und Qual und Tod
Vom Marsch zerfressne Füße
Willst du ihn erschießen?
Dort ist ein Mensch, ein Gotteskind
Geopfert und im Elend blind
Vereinsamt, hilflos dort im Land
Ist ganz wie ich, ist ganz wie du –
Sieh ruhig seinem Gehen zu
Halt rein vom Mord deine Hand

Er schwankt zwischen der vagen Hoffnung, seine Persönlichkeit inmitten einer mörderischen Umgebung bewahren zu können, und der Erkenntnis, dass es den Menschen, als der er nach Russland zog, schon nicht mehr gibt. 1943, nach seinem zweiten Kriegswinter, schreibt er:

Ich kehre heim, ein armer Wanderer
Den keiner liebt, keiner kennt
Ich bin ein Fremdling und ein anderer
Als ihr mit eurem Namen nennt

»Kein Haus und Garten und kein Drosselsang«, fürchtet Reese in seinen depressiven Momenten, »stillt nach dem Krieg der Seele Untergang.«

Über drei Jahre hat er in der Wehrmacht gedient. Reese stirbt, als er gerade Hoffnung schöpft, dass der Krieg bald zu Ende geht. Wenige Wochen vor seinem Tod sind in der Normandie die westlichen Alliierten gelandet. Darin sieht er den Beginn der entscheidenden Kriegsphase. Mit erstaunlicher Weitsicht schreibt er am 9. Juni 1944, drei Tage nach dem D-Day: »In diesen Kämpfen an Frankreichs Küste wird das Schicksal Europas für Jahrzehnte entschieden. Die Folgen aber, die sich daraus ergeben, lassen sich erst in den letzten Kriegstagen erkennen – und nach einem halben Jahrhundert werden auch sie in einer neuen Entwicklung belanglos sein.« Für ihn selbst, so hofft er, beschleunige die Invasion die Rückkehr aus dem Krieg.

Er sehnt diese letzte Rückkehr herbei, hat aber eine Haltung angenommen, die ihm Jahre zuvor noch völlig fremd war. In seine Briefe schleicht sich die Logik der Militärs ein, die er so lange abgelehnt hat: »Nur alle zwei Tage Flieder pflücken ist ja auch keine Aufgabe für eine Kampfdivision, so sehr mir dies Leben gefällt.«

Völlig verflogen ist die merkwürdige Euphorie, die die letzen Seiten seines unvollendeten Kriegsbuches prägt. Auch die verstörende Fähigkeit, sich selbst wie einen Fremden zu beobachten, die er sich über Jahre an der Front bewahrt hatte, fehlt in den privaten Aufzeichnungen seiner letzten Lebenswochen. Soldat und Schreibender werden eins. Seine Selbstentfremdung scheint vollendet. Die Nähe zu Tod und Gefahr ist ihm so sehr zur Gewohnheit geworden, dass er sie im Alltag kaum noch bewusst wahrnimmt – zugleich aber feine Antennen für wirklich kritische Situationen entwickelt.

In seinem letzten Brief vom 21./22. Juni 1944 berichtet er, dass er den Abmarschbefehl erhalten habe. Er geht davon aus, dass sich die Einheit auf die Rollbahn zwischen Minsk und Smolensk zubewegen wird und dass er nicht nach Witebsk vorrücken muss. Dies will er um jeden Preis vermeiden, da er es für äußerst riskant hält. Sogar die Möglichkeiten, sich zu einem Offizierslehrgang zu melden, lotet er aus, um notfalls so aus der Gefahrenzone zu kommen. Dies sei aber »nur Reserve für den Fall, dass wir nach Witebsk kommen, an jeder anderen Frontstelle mache ich vorläufig in aller Ruhe mit«. Der letzte von vielen hundert Briefen, die er an seine Eltern schreibt, endet vorsichtig optimistisch: »Die Invasion ist noch zu sehr im Anfangsstadium; dass sie keinen ›Blitzkrieg‹ darstellen würde, war mir immer bewusst, aber wenn sie erst einmal aus den Kinderschuhen heraus ist, kommt das Ende Schlag auf Schlag, und ich habe mich nur noch nach einem guten und schnellen Zug für die Heimreise umzusehen. Gebe Gott, dass ich sie bald antreten kann! Auf Wiedersehen! Es grüßt und küsst euch von Herzen, Euer Willy«.

*

Reeses Nachlass zeigt, wie er gelitten und gehofft hat, wie der Krieg ihn veränderte und von sich selbst entfremdete. Sein Kriegsbuch ist Bekenntnis und Anklage zugleich. Empathie und Mitgefühl – die der Text zweifellos hervorruft – reichen nicht aus, um ihm gerecht zu werden. Die kritische Einordnung in den historischen Zusammenhang, in dem er entstanden ist, muss hinzukommen. Dazu gehört – vor allem anderen – die Vernichtung der europäischen Juden, die durch den Vormarsch der Wehrmacht nach Osten erst ermöglicht wurde. Dazu gehört aber auch der Krieg im Osten selbst, dessen verbrecherische Absicht und Durchführung im Bewußtsein der heute Lebenden weit weniger stark verankert sind.

»Gott mit uns«, steht auf den Koppelschlössern an der Uniform der deutschen Soldaten. Sie sollen einen »Kreuzzug gegen den jüdischen Bolschewismus« führen. In den frühen Morgenstunden des 22. Juni 1941 überfällt die deutsche Wehrmacht gemeinsam mit Truppen verbündeter Staaten die Sowjetunion. Mehr als drei Millionen Soldaten treten zum Angriff an. Von Anfang an folgen Einsatzgruppen der Sicherheitspolizei und des Sicherheitsdienstes der Front. Sie beginnen sofort mit der systematischen Ermordung der Juden in den eroberten Gebieten. In großen Kesselschlachten nimmt das deutsche Heer um ein Vielfaches mehr Soldaten der Roten Armee gefangen, als diese später in Stalingrad einschließt. Allein östlich von Kiew geraten 665 000 sowjetische Soldaten in seine Gewalt; im Oktober folgen in der Doppelschlacht von Brjansk und Wjasma weitere 673 000. Trotz der Gefangennahme von 3,5 Millionen Rotarmisten bleiben die russischen Streitkräfte durch die Mobilisierung aller Kräfte zahlenmäßig überlegen. Von Hitler wie von Stalin wird der Krieg ohne Rücksicht auf eigene Verluste geführt. »Es war ein Krieg von beispielloser, völkermörderischer Grausamkeit«, schreibt der britische Historiker Ian Kershaw, »ein titanischer Zusammenprall zweier skrupelloser Diktatoren.« Die Invasoren rücken bis auf wenige dutzend Kilometer auf Moskau vor, wo Stalin zeitweise seine Evakuierung plant. Aber der Traum der

Nazi-Strategen, wie zuvor im Westen einen schnellen Sieg zu erreichen, zerplatzt. Um Nikolaus 1941, als Reeses Einheit in der Nähe von Kursk erstmals unter schwersten Beschuss gerät, beginnt die Gegenoffensive. Die deutschen Truppen werden in vielen Frontabschnitten zunächst zurückgedrängt, kommen jedoch im Sommer 1942 wieder voran. Reeses 95. Infanteriedivision gehört nun zur Heeresgruppe B, die am Oberlauf des Don im Juli Woronesch erreicht. Im Oktober des Jahres wird sie der Heeresgruppe Mitte zugeschlagen und beteiligt sich an den Kämpfen um Rshew. Wenig später wird bei Stalingrad die 6. Armee eingeschlossen. Ihr Untergang im Januar 1943 gilt als ein Wendepunkt des Krieges. Propagandaminister Joseph Goebbels ruft in seiner Sportpalast-Rede zum »totalen Krieg« auf. Doch die Bereitschaft vieler Soldaten, der Nazi-Propaganda zu folgen, ist durch die Misserfolge beeinträchtigt. Reese notiert nach der Kapitulation von Generalfeldmarschall Paulus in Stalingrad: »Die Reden von Göring und Goebbels haben hier eine tiefe Erbitterung und Empörung ausgelöst; die geopferten Stalingrad-Kämpfer wie der totale Krieg gehen dem Landser schwer gegen den Strich und es breitet sich eine fast revolutionäre Stimmung aus.« Es beginnt der lange Weg in den Zusammenbruch der deutschen Streitkräfte, begleitet von immer absurderen Durchhaltebefehlen der politischen und militärischen Führer. Auch wenn es zwischenzeitlich wiederholt gelingt, die Front zu stabilisieren, ist der Vormarsch der Roten Armee nicht aufzuhalten. Die Sommeroffensive 1944, während der Reese getötet wird, führt innerhalb von wenigen Tagen praktisch zur Vernichtung der Heeresgruppe Mitte, der 38 Divisionen – darunter die 95. – angehören. Die Heeresgruppe Nord wird durch den Vorstoß der Roten Armee in der Rigaer Bucht abgeschnitten. Sowjetische Einheiten, die in Galizien vordringen, erreichen die obere Weichsel. Die sowjetischen Verbände gelangen bis in die Nähe der alten ostpreußischen Grenze, wo sie bei ihrem Vormarsch Richtung Berlin vom letzten Aufgebot der Wehrmacht noch einmal aufgehalten werden. Zugleich rücken die in der Normandie gelandeten West-Alliierten auf das deutsche Reichsgebiet vor. Hitler begeht Ende April 1945 im von sowjetischen Truppen bestürmten Berlin Selbstmord. Kurz darauf endet der Zweite Weltkrieg in Europa mit dem Zusammenbruch der nationalsozialistischen Herrschaft in Deutschland.

Mehr als die Hälfte des deutschen Ostheeres, knapp zwei Millionen Soldaten, gelingt es, sich noch rechtzeitig in den Machtbereich der West-Alliierten abzusetzen. Die geschlagenen Aggressoren fürchten – oft zu Recht – die Rache der russischen Sieger. Millionen Deutsche aus den Ostgebieten des Reiches fliehen oder werden von den siegreichen sowjetischen Truppen vertrieben. Der Hass und das Verlangen nach Vergeltung richten sich nun auch gegen deutsche Zivilisten.

Ursprung der Gewalt und Grausamkeit aber war die Art der deutschen Kriegführung im Osten. Die menschenverachtende Strategie wird in nichts so plastisch, wie in den Äußerungen der politischen und militärischen Führer. Vor den künftigen Befehlshabern des »Unternehmens Barbarossa«, dem Überfall auf die Sowjetunion, spricht Hitler Ende März 1941 ganz offen vom bevorstehenden »Vernichtungskampf«. Die Soldaten an der Front werden zwar von militärischen Informationen weitgehend abgeschnitten, aber die beabsichtigte und geforderte Art der Kriegführung ist kein Geheimnis. So verkünden die Befehlshaber in den »Mitteilungen für die Truppe« von 1941: »Es geht darum, das rote Untermenschentum, welches in den Moskauer Machthabern verkörpert ist, restlos auszulöschen. Das deutsche Volk steht vor der größten Aufgabe seiner Geschichte. Die Welt wird erleben, dass diese Aufgabe restlos gelöst wird.« Der zu dieser Zeit befehlende Kommandeur der 6. Armee, Walter von Reichenau, stellt in einem von Hitler ausdrücklich gelobten Befehl im Oktober 1941 fest: »Der Soldat ist im Ostraum nicht nur ein Kämpfer nach den Regeln der Kriegskunst, sondern auch Träger einer unerbittlichen völkischen Idee und der Rächer für alle Bestialitäten, die deutschem und artverwandtem Volkstum zugefügt wurden. Deshalb muß der Soldat für die Notwendigkeit der harten, aber gerechten Sühne am jüdischen Untermenschentum volles Verständnis haben.« Es gibt Soldaten, die verbrecherische Befehle nicht ausführen. Es gibt andere, die sie willig befolgen. Das Verhältnis von NS-Staat und Wehrmacht ist dabei klar: Die Nazis geben die Linie vor, die Armee führt – manchmal zögernd – aus.

»Die Russen haben jetzt einen Befehl zum Partisanen-Krieg hinter unserer Front gegeben«, stellt etwa der Hitler-Vertraute Martin Bormann fest. »Dieser Partisanenkrieg hat auch wieder seinen Vorteil: er gibt uns die Möglichkeit, auszurotten, was sich gegen uns stellt.« Der Chef des Oberkommandos der Wehrmacht, Wilhelm Keitel, fordert folglich, unverzüglich »die schärfsten Mittel« einzusetzen, »dabei ist zu bedenken, dass ein Menschenleben in den betroffenen Gebieten vielfach nichts gilt und eine abschreckende Wirkung nur durch ungewöhnliche Härte erreicht werden kann«.

Die Art der Kriegführung durch die Kommandeure fördert die Grausamkeit ihrer Untergebenen. Jeder einfache Soldat, der nicht selbst hungern will, muss sich an der Ausplünderung der Zivilbevölkerung beteiligen. »Die Frauen trieben wir aus ihren Wohnungen und pferchten sie in den schlechtesten Häusern zusammen«, schreibt Reese. »Schwangere und Blinde mußten mit hinaus. Verkrüppelte Kinder jagten wir in den Regen … sonst lebten wir aus dem Vollen und dachten nicht an die Hungersnot, die nach uns kam.« Das Elend und millionenfache Sterben der als rassisch minderwertig erachteten Slawen ist dabei keine unvermeidliche Kriegsfolge, sondern Teil der Nazi-Strategie. Schon vor der Invasion berichtet der Wirtschaftsstab Ost, Gruppe Landwirtschaft: »Viele 10 Millionen Menschen werden in diesem Gebiet überflüssig und werden sterben oder nach Sibirien auswandern müssen.« Ebenso brutal gehen die Deutschen mit den Kriegsgefangenen um, die ihnen vor allem auf dem Vormarsch 1941 in die Hände fallen. Millionen sterben unter unvorstellbaren Bedingungen. Alfred Rosenberg, als Reichsminister für die besetzten Ostgebiete eindeutig auf der Seite der Täter, schildert 1942 das Schicksal der gefangenen Gegner: »Von den 3,6 Millionen Kriegsgefangenen sind heute nur noch einige Hunderttausend voll arbeitsfähig. Ein großer Teil von ihnen ist verhungert oder durch die Unbilden der Witterung umgekommen … in vielen Fällen, in denen Kriegsgefangene auf dem Marsch vor Hunger und Erschöpfung nicht mehr mitkommen konnten, wurden sie vor den Augen der entsetzten Zivilbevölkerung erschossen und die Leichen liegen gelassen.« Das deutsche Heer war, wie es der Militärhistoriker Manfred Messerschmidt nannte, »Faktor der arbeitsteiligen Täterschaft«.

*

Die gigantische Militärmaschine der Nationalsozialisten bestand jedoch nicht nur aus Panzern und Geschützen, sondern vor allem aus Soldaten, aus Menschen. Und um die geht es in Reeses Buch. Es zeigt das Leid derjenigen, die losgeschickt werden, um anderen Leid zuzufügen. Als Reese und seine Kameraden Russland überfallen, haben sie kalte Füße und werden von Läusen geplagt – ist das jedoch relevant angesichts der Dimension der nationalsozialistischen Verbrechen? Reese, der bei vielem mitmacht und sich nicht auflehnt, freut sich über die von der Mutter geschickten Spekulatius. Trägt das zum Verständnis des Krieges bei oder ist es eine Verhöhnung der Opfer?

Die Antwort ist eindeutig: Erkennen kann nur, wer genau hinsieht – auch da, wo der Ausschnitt des Gezeigten nicht übereinstimmt mit der Perspektive, die für die Bewertung der ganzen Epoche richtig und notwendig ist. Den NS-Verbrechen, zu deren folgenreichsten der Vernichtungskrieg im Osten gehört, kann man nur mit Ablehnung und Abscheu begegnen. »Es gibt buchstäblich keine bedenkenswerte Stellungnahme, die in diesem Punkt eine andere Meinung verträte«, stellt der Historiker Wolfgang Sauer schon in den sechziger Jahren fest. Er fährt fort: »Deutet eine so grundsätzliche Ablehnung nicht auf ein grundlegend mangelndes Verständnis hin? Und wenn wir nicht verstehen, wie können wir dann Geschichtsschreibung betreiben? Der Begriff ›verstehen‹

hat zweifellos eine ambivalente Bedeutung: Wir können etwas ablehnen und dennoch ›verstehen‹.«

Aber eben nur, wenn wir genau hinsehen. Zum Verständnis des Zweiten Weltkrieges gehört die Haltung der vielen Millionen, die dazu beitrugen, dass er möglich wurde. Reese, der über sich selbst schreibt, dass er eine »Maske« trage, wird getrieben von dem Bedürfnis, diese Maske zu lüften und sein Gesicht zu zeigen: mit all seinen Verletzungen, Narben und Schönheitsfehlern. Zu seinem »Bekenntnis« gehören alle Facetten seiner Persönlichkeit. Und somit eben auch die Freude über Mutters Kekse, die Gedichte an sie und seine fast kindliche Anhänglichkeit. Neben vielen anderen Gefühlen, guten und schlechten. Reeses kalte Füße sind Teil dieses Krieges. Der Mensch Reese weckt oft Verständnis und Mitgefühl mit den Soldaten der Wehrmacht, aber er verleitet niemals zur Kumpanei. Er lässt keinen Zweifel am Charakter des Unternehmens, an dem er sich beteiligt. Dabei zeigt er, was niemand zeigen kann, der die deutschen Soldaten auf das reduziert, was sie in ihrer Gesamtheit tatsächlich waren: Faktoren der arbeitsteiligen Täterschaft.

Ein Mann aus Reeses Regiment ist einer der Helden eines noch 1994 auf Englisch erschienenen Buches mit dem Titel *Infantry Aces*. Der Autor Franz Kurowski schildert darin die Taten des jugendlichen Ritterkreuzträgers Franz Schmitz. Er erzeugt das Bild einer tapfer, aufopfernd, kameradschaftlich und fair kämpfenden Truppe, die erst einem vielfach überlegenen Feind weicht. Der Soldat Franz Schmitz verbindet mitten im Kampf verwundete Russen, bettet sie in eine Erdmulde, greift dann zur Waffe und stürmt wieder nach vorn. Das ist das Bild, das über Jahrzehnte in Teilen der westdeutschen Nachkriegsgesellschaft lebendig war und lebendig gehalten wurde. Reese, der an den gleichen Schlachten wie der Kriegsheld Franz Schmitz teilnahm, zeichnet ein ganz anderes Bild: Er schildert Kriegsverbrechen an gefangenen Soldaten und der Zivilbevölkerung. Er beschreibt eine Truppe, in der zumindest zeitweise jeder nur an sich selbst denkt, an den nächsten Rausch und an seine Chancen, lebend davonzukommen. Kameradschaft kommt vor allem als Zweckgemeinschaft vor. Tapferkeit als eine Art Übersprungshandlung der vom ewigen Warten zermürbten Soldaten. Mitgefühl mit dem Feind bleibt begrenzt auf wenige Ausnahmesituationen. Allein diese Darstellung des Alltags in der Wehrmacht birgt noch sechzig Jahre nach Kriegsende Stoff für kontroverse Debatten.

Über Jahrzehnte richtete sich der Umgang mit dem Nationalsozialismus nach dem berühmten Wort George Orwells: Wer die Vergangenheit kontrolliert, bestimmt auch die Zukunft. Die Wehrmachtsvergangenheit – und damit die Beurteilung einer ganzen Generation – war von Anfang an Spielball politischer Interessen. Das gilt für die Davongekommenen des Krieges. Es gilt ebenso für die nachfolgende Generation, die die Väter erbittert anklagte. Auch sie bemühte sich oft nicht um den genauen Blick: Sie witterte überall Restbestände des Faschismus und verpasste so die Chance, mit den Älteren ins Gespräch zu kommen. Unversöhnlich standen sich unterschiedliche Historikerfraktionen gegenüber – alle sicherlich getrieben von dem Wunsch zu verstehen und zu erklären, aber eben auch geprägt von politischen Motiven und eingebunden in ideologische Schlachten, die eine Verständigung oft unmöglich machten. Nach dem Ende der Blockkonfrontation hat sich die zum Teil erbittert geführte Debatte verändert. Das mag auch daran liegen, dass die Generation der Zeitzeugen nach und nach verstummt und eine neue Historikergeneration neue Fragen stellt. Diese Fragen beziehen sich insbesondere auf die Lebenswirklichkeit der Menschen im Krieg. Vom »nüchternen Blick der Enkel« spricht heute die junge Autorin Tanja Dückers. Er kann deutlich machen, was lange verschwommen blieb. Willy Reeses Text verdient diesen nüchternen Blick, der das Dargestellte nicht routiniert in die in Jahrzehnten ausgeleierten Schubladen und Kategorien ablegt.

Aber der Ausbruch aus den alten Konflikten ist kein Freibrief für eine neue Beliebigkeit im Umgang mit der Geschichte. Die »neue Grundströmung« in der deutschen Öffentlichkeit, die etwa Hans-Ulrich Wehler konstatiert, birgt auch Risiken. Der Historiker beklagt einen »modischen Opferkult« und fragt, welche Gruppe deutscher Opfer nach den Vertriebenen und den Toten des Bombenkrieges als Nächstes in den Vordergrund rücken werde: »Der Untergang der U-Boot-Flotte mit mehr als 40000 ertrunkenen Matrosen im Zeichen der Radarmaschine? Der Blutzoll der Wehrmacht, die allein nach dem gescheiterten Attentat auf Hitler am 20. Juli 1944 mehr als die Hälfte ihrer Kriegstoten verloren hat?« Wehlers Warnung ist eine Mahnung zum sorgsamen Umgang mit Texten, wie sie Willy Peter Reese hinterlassen hat. Dessen Kriegsbuch ist zwar weit davon entfernt, eine Huldigung des »Blutzolls der Wehrmacht« zu sein – aber es gibt keine Garantie, dass nicht versucht werden wird, Teile daraus hierfür zu instrumentalisieren. Denn wenige Debatten sind in Deutschland so schmerzhaft und schwierig wie die um den richtigen Umgang mit der Wehrmacht. Die heftigen Reaktionen auf die Wehrmachtsausstellung Mitte der neunziger Jahre haben gezeigt, dass die Auseinandersetzung mit viel Emotion – und gelegentlich weit weniger Fairness – geführt wird. Sie berührt das Selbstverständnis sowohl der Kriegsgeneration als auch das der im Konflikt mit den Vätern aufgewachsenen Nachkriegsdeutschen.

In der Aussprache des Bundestages 1997 über die Wehrmachtsausstellung wurde der tiefe Graben deutlich, der zwischen Vätern und Söhnen liegt: Die alten Soldaten, verkörpert insbesondere durch den CDU-Politiker Alfred Dregger, trafen auf die Generation ihrer im Umfeld der Studentenbewegung sozialisierten Kinder, angeführt von Joschka Fischer. Eine Verständigung war undenkbar, nicht einmal ein sachlicher Austausch der Argumente und Erfahrungen möglich. Der ehemalige Straßenkämpfer schleuderte dem Ex-Offizier Dregger entgegen: »Ein unsäglicher Dreck, den Sie hier absondern.« Ihn brachte in Rage, dass Dregger mit Blick auf die Wehrmacht von Soldaten sprach, »die Leib und Leben für ihr Land riskierten und unendliches Leid ertragen mußten«. Der zweite Teil mag richtig sein – der erste ist es sicher nicht: Die Soldaten riskierten ihr Leben eben nicht für ihr Land, sondern für die Durchsetzung einer wahnwitzigen Ideologie. Diese Unterscheidung wurde in der kollektiven Erinnerung lange verwischt.

Die dazu angewandte Strategie findet sich auch in Dreggers Rede, der darauf hinwies, dass die Wehrmachtssoldaten ebenso wie die Kriegsgegner keinen Einfluss auf die Art der Kriegführung gehabt hätten. Da klang unterschwellig an, dass eben auch die Sowjetunion einen furchtbaren Krieg geführt habe. Solche Hinweise nennt der Antisemitismusforscher Wolfgang Benz »Deckerinnerungen«. Sie hätten dazu beigetragen, dass in der Wahrnehmung der meisten Zeitgenossen aus dem Überfall auf die Sowjetunion ein Krieg wurde, den man als schiksalhaft oder notwendig empfand. Er fordert den »Abschied von selbstrechtfertigenden Legenden«.

*

Bis heute wehren sich viele ehemalige Wehrmachtsangehörige dagegen, als Täter oder auch nur Mittäter bezeichnet zu werden. Tatsächlich hatten sie nach dem Krieg viele Gründe, sich als rehabilitiert zu betrachten. Der von den Nazis in der Bevölkerung – auch als Rechtfertigung für den Krieg – geschürte Haß auf den Bolschewismus fügte sich nahtlos in den Kalten Krieg ein. Die westlichen Alliierten brauchten plötzlich Verbündete gegen den alten Feind der Nationalsozialisten, der nun auch ihrer war – und gaben Ehrenerklärungen für die deutschen Soldaten ab. Typisch dafür war etwa eine Erklärung von General Dwight D. Eisenhower, der sich zuvor ganz anders geäußert hatte, aus dem Jahr 1951: »Ich für meinen Teil glaube nicht, dass der deutsche Soldat als solcher seine Ehre verloren hat. Die Tatsache, dass gewisse Individuen im Kriege unehrenhafte und verächtliche Handlungen begangen haben, fällt auf die betreffenden Individuen selbst zurück und nicht auf die große Mehrheit der deutschen Soldaten und Offiziere.« Das war Balsam für die Seele der geschlagenen Nation, die sich ganz auf den Wiederaufbau konzentrieren und das Vergangene vergessen wollte. Die Deutschen sahen sich in ihrer übergroßen Mehrheit als Angehörige eines Volkes, das von einer verbrecherischen Clique verführt worden war. Für die Untaten des Regimes, allen voran die Judenvernichtung, waren die Nazis und deren Schergen verantwortlich; nicht aber das Volk als Ganzes. Diese Unterscheidung zwischen Volk und Nazis hätte bei einer Massenorganisation wie der Wehrmacht niemals funktionieren können, da ihr die Hälfte der männlichen Bevölkerung angehörte.

Es geht nicht um eine pauschale Verurteilung einer ganzen Generation, sondern um eine Bewertung ihrer Rolle in diesem Krieg. Ganz entscheidend dafür sind die Gesetzmäßigkeiten, die das Verhalten in totalitären Systemen und einem totalen Krieg bestimmen. Und damit die Frage: Hatte der Einzelne eine Alternative zur Beteiligung am Jahrhundertverbrechen dieses Krieges? Die Wehrmachtsgerichte fällten 30 000 Todesurteile, die meisten davon gegen Deserteure. 15 000 wurden vollstreckt. »Ohnmächtiger als ein Stückchen Stahl stand der Mensch zwischen entfesselten Mächten, nur eine Zahl, nur eine Waffe und ein gehorsamer Leib, Diener einer Maschine«, klagt der unglückliche Soldat Reese. »Wir wollten es nicht. Aber wir gaben uns lieber dem Zufall eines Gefechts, dem Spottbild des Soldatenglücks hin, als dem sicheren Tod durch das Gesetz.« Denen, die diesen »Tod durch das Gesetz« riskierten, wurde über Jahrzehnte die Anerkennung verweigert.

»Für uns Soldaten war entscheidend: Wie kann ich überleben?«, erinnert sich Hans-Adolf Jacobsen, einer der führenden Zeitgeschichtler in den Nachkriegsjahrzehnten und ehemaliger Wehrmachtsleutnant. »Hinzu kamen Angst und Sorgen um die Heimat und die Familie. Alle anderen Faktoren waren fast sekundär.« Jacobsen wies auf die zahlreichen Divisionsgeschichten hin, die Mitte der neunziger Jahre erschienen und in denen sich Veteranen der Wehrmacht erinnern. Er zitierte aus einer Einleitung zu einem solchen Buch, in der es heißt: »Wir vorne an der Front haben unsere Pflicht ehrenvoll tapfer erfüllt. Nämlich, den Kampf gegen den Gegner zu führen, so wie es uns als Soldaten befohlen war. Aber hinter uns wüteten die Kolonnen Hitlers, dafür tragen wir keine Verantwortung.« Diese Unterscheidung hat eine lange Tradition. Sie mag tatsächlich der subjektive Erinnerung derer entsprechen, die so entschieden auf ihr beharren – als Sicht auf die Geschichte ist sie verheerend.

«Wenn wir also den Gesamtzusammenhang von Politik und Kriegführung ernst nehmen«, schreibt Jacobsen, »müssen wir bekennen – ich beziehe mich da mit ein –, dass wir letzten Endes historisch gesehen Mittäter gewesen sind. (...) ob wir wollten oder nicht, wir haben die SS-Sonderkommandos abgeschirmt.«

Dazu schildert Ignatz Bubis, der verstorbene Präsident des Zentralrats der Juden in Deutschland, eine Episode aus dem Jahr 1942. Er lebte damals im Ghetto Deblin an der Weichsel. Mehr als ein halbes Jahrhundert später erinnert er sich: »Als Ende September dieses Ghetto geräumt wurde, wurde es durch Soldaten der Luftwaffe umstellt, die auf Flüchtende schossen. Sie haben zwar nicht unmittelbar an der Räumung und an Erschießungen innerhalb des

Ghettos teilgenommen – das haben der SD, die SS und Polizeieinheiten besorgt, aber doch dafür gesorgt, dass keiner fliehen sollte. Soldaten der gleichen Einheit waren es, die uns später bei der Zwangsarbeit auf dem Fliegerhorst Brot oder Zigaretten zusteckten, und es waren Offiziere eben dieser Einheit, die dafür sorgten, dass wir auf dem Fliegerhorst beschäftigt wurden, obwohl die SS unsere Auslieferung gegen Ersatz durch andere Zwangsarbeiter anbot. Damit haben sie uns zunächst bis Juli 1944 am Leben gehalten.«

In Bubis' Schilderung spiegelt sich die Ambivalenz von Reeses Kriegserfahrung: Als Soldat der Wehrmacht trägt er dazu bei, das Morden zu ermöglichen. Und doch bleibt auch die andere Wahrheit bestehen: Reese verachtet das System, das ihn unterworfen hat. Der Krieg hat sein Leben zerstört, indem er sich bereit fand, das anderer zu zerstören. Es ist diese subjektiv erfahrene und beschriebene Dialektik, die einer allzu einfachen Kategorisierung von Tätern und Mittätern zuwiderläuft.

Reeses »Bekenntnis«, geschrieben ohne jeden zeitlichen Abstand, ist weitaus differenzierter und damit dem Geschehen angemessener als die griffigen Parolen der politischen Auseinandersetzung. Der Autor ist unbeeinflusst von den Nachkriegsdebatten und den in Jahrzehnten des politischen Kampfes eingeübten Reflexen im Umgang mit Krieg und NS-Verbrechen. Vieles von dem, was er schreibt, könnte so heute nicht mehr geschrieben werden. Das beginnt beim Vokabular, zu dem ganz selbstverständlich – und mit latent überheblichem Ton – heute stigmatisierte Begriffe wie »Zigeuner« gehören. Die Ausplünderung der Bevölkerung beschreibt er mitfühlend, verwendet aber dabei ohne weitere Reflexion Nazi-Euphemismen wie »organisieren«. Seine Urteile über andere Völker sind pauschal und oft von einem Gefühl kultureller Überlegenheit geprägt. Sein Frauenbild ist das seiner Epoche. Er schreibt, was er erlebt und gedacht hat. Vieles bietet Angriffsflächen für die Hüter der politischen Korrektheit. Schon der von ihm gewählte Titel »Russische Abenteuer« könnte Anlass geben zu Missverständnissen. Tatsächlich passt vieles nicht zusammen. Hier präsentiert sich eben kein in sich ruhender Mensch mit geschlossenem Weltbild, sondern ein Soldat des nationalsozialistischen Deutschlands, der kein Nazi ist. Ein Pazifist, der letztlich für eine Ideologie kämpft, die er haßt – und gegen Menschen, die er nicht haßt. Er leidet am und im Krieg, und ist zugleich fasziniert von ihm. Das von ihm geschilderte Leid zeigt das Wesen des Krieges, der immer barbarisch ist. Aber zugleich zeigt er die Innenansicht einer Vernichtungsmaschine, die eine Form der Barbarei praktiziert, gegen die man mit friedlichen Mitteln nichts ausrichten kann.

Willy Reese wäre heute über achtzig Jahre alt. Er starb im Alter von nur 23 Jahren. Niemand weiß, wo seine Leiche liegt. Aber was er hinterlassen hat, ist noch heute relevant und aktuell. In der Charta der Vereinten Nationen, geschrieben mit viel Pathos nach dem Ende des Zweiten Weltkrieges, heißt es, die Völker der neuen Weltorganisation seien »fest entschlossen, künftige Geschlechter vor der Geißel des Krieges zu bewahren«. Es ist ihnen nicht gelungen. Im Gegenteil: Mehr noch als zu den Zeiten der Ost-West-Konfrontation erscheint heute militärische Gewalt als ein außenpolitisches Instrument wie jedes andere. Krieg gehört in großen Teilen der Welt zum Alltag. Reeses Buch ist eine Mahnung, sich damit nicht abzufinden.

ANMERKUNGEN

Reese verwendet zumeist die damals üblichen Schreibweisen der osteuropäischen und russischen Ortsnamen. Diese weichen zum Teil von der heutigen Transkription ab. In Einzelfällen gibt es auch Abweichungen zwischen den Schreibweisen im Manuskript und den in den Heereskarten der Wehrmacht benutzten Ortsnamen. Auf diese wird in den Anmerkungen hingewiesen.

[1] Reese war Lehrling beim Duisburger Bankverein.

[2] Der Text folgt in Rechtschreibung und Zeichensetzung Reeses Manuskript, auch wenn es weder heutigen noch früheren Regeln entspricht. Manche Abweichungen mögen unbeabsichtigt sein, doch oft ist auch erkennbar, dass er sich bewusst über Normen hinwegsetzt. Da die Lesbarkeit dadurch nicht beeinträchtigt wird, wurde auf Korrekturen am Originaldokument verzichtet.

[3] Reese verwechselt hier seinen 21. mit dem 20. Geburtstag, dem 22.1.1941. Vermutlich handelt es sich um einen Flüchtigkeitsfehler, der auch auf die chaotischen Umstände zurückzuführen ist, unter denen der Text entstanden ist. Reeses Cousine Hannelore hält es aber auch für möglich, dass ihr Vetter sich bewusst nicht an die herkömmliche Zählweise gehalten hat – und den Tag

seiner Geburt als ersten Geburtstag wertete, um sich somit immer ein Jahr älter machen zu können.

4 Reese wird am 7.2.1941 nach Köln-Mülheim eingezogen. Den Schikanen der Ausbilder begegnet er »zufrieden wie ein satter Säugling«, da er noch überzeugt ist, dass alles Militärische an ihm abprallen werde. Auf den Truppenübungsplatz Elsenborn in der Eifel kommt er erst am 29.6.1941, also nach der Grundausbildung. Dort stellt er zum ersten Mal verwundert fest, dass ihm das Leben als Soldat auch Freude machen kann. Es überkommt ihn »ein seltsames Glücksgefühl«, das ihn verwirrt.

5 Deutschland hat die Sowjetunion am 22.6.1941 überfallen, also während Reeses militärischer Ausbildung in Köln und der Eifel. In den ersten Monaten des Russlandfeldzuges erreichte die Wehrmacht große Erfolge, die einen raschen Sieg – wie zuvor im Westen gegen Frankreich – wahrscheinlich erscheinen ließen.

6 Reese tritt die Zugfahrt in den Osten am 26.8.1941 in Köln an. Am Vorabend notiert er, er sei froh, dass die Ungewissheit nun vorüber sei. In den ersten Tagen in Polen hofft er noch, gar nicht mehr zum Einsatz zu kommen, da der Krieg gegen die Sowjetunion vermutlich vor seinem Eintreffen an der Front vorüber sei.

7 Reese hält sich vom 24.8. bis 24.9.1941 in der Kleinstadt auf, die im heutigen Südpolen liegt. Nach dem deutschen Überfall auf Polen hatten sowjetische Truppen den Ostteil des Landes besetzt. Jaroslau lag nahe der neuen Demarkationslinie.

8 Der Ort rund 50 Kilometer südwestlich von Kiew wurde am 19.9.1941 von der Wehrmacht eingenommen. Reese trifft wenige Tage später ein.

[9] Bauern

[10] Einen Tag bevor Reese am 28.9.1941 im von deutschen Truppen eroberten Kiew eintrifft, endet östlich der Stadt eine der größten Kesselschlachten des Krieges, bei der über 665 000 sowjetische Soldaten in Gefangenschaft geraten. Wie Reese in seinen Briefen schreibt, begegnet er wenig später einer vorbeiziehenden Elendskolonne aus 10 000 Gefangenen. Während Reese von Kiew aus nach Osten zieht, beginnt hinter der Front bereits der Massenmord an den ukrainischen Juden. In der Schlucht von Babi Jar werden über 30 000 Kiewer Juden erschossen.

[11] Als Reese am 14.10.1941 in Gluchow (laut Heereskarten der Wehrmacht auch Gluchoff) ankommt, wird der deutsche Vormarsch durch Schlamm, erste Schneefälle und die Erschöpfung der Soldaten bereits deutlich verlangsamt. Ab Mitte Oktober kann der Befehl des Oberkommandos des Heeres an die Heeresgruppe Mitte, den Angriff auf Moskau – Operation »Taifun« – fortzusetzen, zunächst nicht mehr ausgeführt werden.

[12] minderwertiger Tabak, der in Russland und Osteuropa angebaut wird

[13] Im Frühjahr 1944 verfasst Reese handschriftliche »Ergänzungen« zu diesem Abschnitt. Ohne genaues Datum findet sich in den erhaltenen Unterlagen das folgende Fragment:
»Niemand wusste, wo die Front sich befand. Wir marschierten ins Ungewisse hinein und wurden den Bataillonen zugeteilt. Wir stapften durch den fusshohen, kniehohen Kot, u. am Abend brach die Dunkelheit mit Nebelregen herein. Ich blieb hinter dem letzten Fahr-

zeug zurück, klammerte mich an den Karren u. liess mich mitschleifen. Ein Dorf; dann sichtbar die Silhuetten der Häuser, in einigen Fenstern trübes Licht! Der Fahrer überliess sich dem Sinn der Pferde u. schlief übermüdet ein; ich schloss die Augen, bis mich ein Sturz u. Rutschen aus dem Dusel weckte, der Wagen war in einen Graben gerutscht u. gekippt. Munition, Decken u. Geräte lagen im Schlamm, die Pferde zu entkräftet, um aufzustehen, in Stricken und Zügeln gefangen, wälzten sich schlagend unter der Deichsel! – Der Fahrer ging Hilfe holen, ich setzte mich auf die Decken u. wartete. Nachtregen fiel u. ich floh in ein Haus. Wie ein Gespenst trat ich ein, verlehmt, blass, mit toten Augen; die Frau brachte mir Milch, das Mädchen schob mir ihren Hirsebrei zu u. ich ass. Meine Schokolade teilte ich mit dem Kind. Dann fühlte ich, wie ich mein Weinen nicht mehr bändigen konnte u. ging hinaus, es war entsetzlich, ein Mensch zu sein u. ein Soldat. – Meine Gefährten kehrten zurück. Wir schoben den Wagen auf die Strasse, spannten die Pferde wieder vor u. marschierten durch die Finsternis weiter. Ich stürzte in einen Entwässerungsgraben; die Kälte kroch an mir herauf, ich eilte weiter. Am Ziel verbarg ich mich unter einem Bett, lag dort zwischen Lumpen u. Katzen auf dünnem Stroh u. fand fröstelnd keinen Schlaf. Doch niemand fand mich, ich brauchte keine Wache zu stehen, u. so verging die Nacht.

Wieder marschierten wir unter dem ewig gleichen grauen Himmel, durch Regen u. Schlamm im Hügelland. Dorf auf Dorf zog vorbei u. wir erfuhren keinen Namen. Wir übernachteten in einer Schule auf einem Berg, brachten die Geschütze in alle Himmelsrichtungen in Stellung, aber die Strapazen hatten uns zu stumpf gemacht, um uns wegen der Gefahr zu sorgen. Vielleicht rasteten wir weit hinter unserer Front, vielleicht im Niemandsland, vielleicht schon im Rücken der versprengten Russen. Der Kampf ging uns nichts an, wir waren nur Marschierer u. das Elend war gross.

Fatesch. Wir hatten ein Haus, brieten Gänse u. assen saures Bauernbrot, dann mussten wir Wache stehen, fast eine Stunde gingen wir durch dumpfe Nacht zu einem Kollektivhof, wo unsere Geschütze standen. Eine Stunde wachte jeder, zwei verschliefen wir im Keller des Gebäudes zwischen Ratten u. Kot, auf kalten Steinen, doch so erschöpft, dass wir kaum erwachten, als der Rückweg begann. –

Ein Schicksal quälte uns, doch wir hassten uns. Nächstenliebe starb, im Krieg gewann die Fernsten-Liebe Sinn u. Wirklichkeit, u. wo kein Band mehr Mensch u. Mensch verknüpfte, blieb auch kein Gatter offen für Gott. Ich las im Neuen Testament, doch ich wusste nicht, warum; die Worte wurden letzter Halt, letzter Schutzwehr gegen die Leere – doch sie blieben tot. Keine Predigt u. Lehre konnte das Leben meistern, die nicht vorher gelebt wurde. Mehr noch verengte sich die Zeit, der Geist schrumpfte zusammen, u. am Ende war alles ein verzweifelter Schrei. Wir mussten uns hassen, wer an die Liebe dachte, war verloren, denn er zerbrach an der Hülle des eigenen Geschicks.

Gott und Sterne wurzelten im Leid; der Schmerz der Soldaten gebar die Engel, Dämonen, Götter und Genien wieder, u. der Krieg zeugte den kommenden Geist. Nur, dass wir die Grenzen nicht erkannten, fehlte die Vollendung. – Damals trat mir der Tod zum ersten Mal entgegen; er bedrohte mich nicht, er streckte seine Sense nicht nach mir aus, doch er zeigte mir seine nackte Wirklichkeit. Ich sah die ersten Toten dieses Krieges – es waren russische Soldaten, die ein Dorf überfallen hatten, tollkühn aus einem Kessel ausgebrochen, die sorglosen Soldaten niedermachten, plünderten u. von unserer Vorhut vertrieben wurden. – Sie lagen im Strassengraben u. im Stoppelfeld, braune stumme Gestalten, die Fäuste geballt, wie das Geschoss sie niederwarf u. neben ihren Schultern wucherte das Gras u. blühten Herbstblumen auf u. der Regen wusch das geronnene Blut von ihren Mänteln u. Händen. – Lange blieb ich neben einem Leichnam stehen, der einst auch Gefährte meines Schicksals war. Ich dachte nichts, u. schwieg. Der Tote sprach besser als ich je sagen konnte: Alles aus; vernichtetes Leben, Krieg u. den Unwert des Todes. Unvergraben lag er da u. hinter ihm eine Reihe Birkenkreuze, wo vielleicht einer lag, der einem Gewehr zum Opfer fiel. Nun unterschied sie nichts mehr. – Keine Engel hielten Zwiesprache am Haupt dieses Toten, keine Geister trauerten um ihn, u. nichts schmückte sein Lager als Gras u. Ähren, nachts die Gestirne, der Regen wusch ihn, Krähen hack-ten sein Fleisch. Das war der Tod. – Damals wurde mir erst bewusst, dass auch ich fallen konnte, dass Tod und Gefahr keine Lügen waren, kein Traum. Aber ich begriff es nicht. Es tat nicht weh, nur das Elend des täglichen Lebens nahm an Bitterkeit u. Weh zu. Wir marschierten weiter.

Das Leben war wie Masken auferlegt, um in seinem Leid ein Unbekanntes zu sühnen. Niemand sah seine Schuld, doch ungeheuer musste sie sein, wog da nicht einer dieser Tage schon tausend Verbrechen auf?

Ich trug die Maske des Kriegers; erst nach 2 Jahren nahm ich auch die Rolle an; aber ich werde niemals zu seiner Gestalt, ich konnte u. wollte es nicht – ich wusste, ich werde es nur, wenn ich, Vollendung des Sinnlosen, fiel.

14 Reese trifft Anfang November 1941 in Kursk ein. Am 6.11.1941 beziffert Stalin vor dem Obersten Sowjet die sowjetischen Verluste auf 350 000 Tote, 378 000 Verwundete und über eine Million Vermisste. Mitte November beginnt die zweite Phase der Operation »Taifun«, die die völlig erschöpften und unzureichend ausgerüsteten deutschen Truppen bis auf wenige dutzend Kilometer an Moskau heranführt.

15 Der Sturm auf die Stadt 50 Kilometer nordöstlich von Kursk beginnt in den letzten Novemberwochen, am 4.12.1941 wird sie eingenommen. In den Heereskarten findet sich auch die Schreibweise Schtschigry.

16 Ein populäres Volkslied zur Erinnerung an Stepan (›Stenka‹) Timofejewitsch Rasin, den Anführer eines südrussischen Bauernaufstandes im 17. Jahrhundert.

17 Der kleine Fluss verläuft zwischen Kursk und Woronesch (Woronesh) nach Norden. Die Temperaturen fallen Ende November 1941 auf minus 25 Grad. Die Wehrmacht muss einräumen, dass sie die Sowjetunion in diesem Jahr nicht mehr besiegen kann.

18 Am 5. und 6.12.1941 beginnt die Winteroffensive der Sowjets mit ausgeruhten Truppen. Am Ostufer des Tim zwischen Orinok (Urynok) und Walowa (Wolowo), wo Reese in diesen kritischen Tagen eingesetzt wird, liegt das Kleinstädtchen Nikolskoje, um das es sich beim »Nikolausdorf« auch handeln könnte. Hitler verbietet der Wehrmacht Mitte Dezember

den weiteren Rückzug und verlangt »fanatischen Widerstand«.

[19] deutsche Bezeichnung für den russischen Raketenwerfer »Katjuscha«, eine der gefürchtetsten Waffen der Roten Armee

[20] Abkürzung für Panzerabwehrkanone

[21] Reese kämpft in dieser Region etwa 150 Kilometer nordöstlich von Kursk vom 12. bis 25.12.1941. Unmittelbar vor seiner Ankunft waren dort sowjetische Truppen vorgedrungen. Bis zum Jahresende werden an der Ostfront 174 000 Soldaten des deutschen Heeres getötet, 36 000 vermisst und 604 000 verwundet.

[22] eitrige Haut

[23] Gefecht und Flucht aus dem kleinen Ort Urynok am Tim gut 40 Kilometer südlich von Livny (Liwny) fanden am 18. und 19.1.1942 statt. »Wir flohen ohne alle Sachen, 150 Zigaretten rettete ich. Jetzt bin ich ganz arm«, notiert er in seinem Tagebuch. In seinen Briefen schildert Reese noch viele Monate nach dem Ereignis die »Tragödie von Orinok« als eines seiner zentralen Kriegserlebnisse.

[24] Am 13.3.1942 schreibt Reese an seine Eltern, er sei nun im »Reserve-Kriegs-Lazarett Ostrow.-Maz (Distrikt Warschau) Block Ic, Saal 18« angekommen. Offenbar handelt es sich um Ostrów Mazowiecka, das rund

70 Kilometer nordöstlich von Warschau liegt. Auf der tagelangen Zugfahrt dorthin fürchtet Reese, dass seine Rettung aus der Gefahrenzone doch noch scheitern könnte. »Die letzte Schwelle: Mein Gott hilf«, schreibt er in seinen Kalender.

[25] Reese trifft Ende März 1942 im Lazarett in Offen-

bach ein, ab Anfang Mai ist er wieder in der Kaserne in Köln, dann Urlaub ab dem 11. Mai bis Anfang Juni.

26 Die zweite Reise nach Osten beginnt am 21.6.1942. Noch bei seiner Abstellungsuntersuchung wenige Tage zuvor weiß Reese nicht, ob er nach Russland oder nach Frankreich geschickt wird. Alles ist möglich. Den Eltern kündigt er an, er werde ihnen verschlüsselt seinen Aufenthaltsort mitteilen, wenn er ihn nicht nennen dürfe. Dann »erfolgt die Nachricht darüber in den Anfangsbuchstaben eines Gedichts, z.B. Köln: Kaum gedacht – ohne Macht – es ist so – lieber Floh – nicht vollbracht«.

27 Charkow war als viertgrößte Stadt der Sowjetunion und bedeutender Verkehrsknotenpunkt heftig umkämpft. Etwa vier Wochen vor Reeses Ankunft fand die Kesselschlacht südöstlich von Charkow statt. Die Massenmordstätte Drobitzki Jar liegt nahe der Stadt; nachdem die in Charkow verbliebenen Juden ausgehungert, als Geiseln benutzt, gefoltert und eingesperrt wurden, beginnt ein Sonderkommando im Januar 1942 mit der systematischen Ermordung.

28 Der Ausflug der Rosenkavaliere findet am 3.7.1942 statt. Wenige Tage zuvor hatte die deutsche Sommeroffensive begonnen.

29 Reese trifft am 13. oder 14.7.1942 im Warschauer Lazarett ein.

30 Reese verzichtet darauf, die Stationen zwischen seinem Warschauer Lazarettaufenthalt und seinem nächsten Aufbruch nach Russland vollständig zu beschreiben. Nach knapp zwei Wochen in Warschau kommt er zurück nach Deutschland, wo er in Neubrandenburg

behandelt und Ende August in die Kaserne nach Köln geschickt wird. Er beginnt, Italienisch zu lernen. Am 25.8.1942 notiert er »Ende der Lazarettzeit«, am Tag darauf »Heimkehrfeier mit Mama und Papa«. Über Warschau fährt er Mitte Ok-tober 1942 durch das Baltikum in die Region Rschew (Rshew), in der er am 23.10.1942 eintrifft. Rschew liegt im Gebiet Kalinin, 200 Kilometer nordwestlich von Moskau.

31 in den Heereskarten Olenino

32 Die Schilderung bezieht sich auf den November 1942. »Ich liege hier nun, um auf die Sachen aufzupassen«, schreibt er Ende des Monats an die Eltern.

33 Über die Silvesternacht schreibt Reese nach Hause: »Der ganze Lärm war gewiss nicht zu verachten: denn Ihr müsst bedenken, dass unsere Division für etwa 100 000 Mark Munition in einer Viertelstunde losschickte.«

34 Reese wird am 9.2.1943 verwundet. Erleichtert berichtet er seinen Eltern: »Es sind nur zwei Zentimeter zwischen Ein- und Ausschuss und das noch auf der Innenseite im weichen Fleisch. Es geschah um 11.30, als ich aus dem Bunker kroch, um den Schornstein zu reinigen und mich unvorsichtig aufrichtete, da die Sonne mich blendete (meine Augen waren entzündet, sind jetzt aber schon wieder in Ordnung). Und ein russischer Scharfschütze hat die günstige Gelegenheit benutzt, wofür ich ihm herzlich danke.«

35 Die korrekte Schreibweise des Ortes zwischen Moskau und Smolensk ist Wjasma.

36 Die litauische Stadt heißt heute Virbalis und liegt nahe der Grenze zum damaligen Ostpreußen.

37 Reese trifft am 19.2.1943 in Thüringen ein. In Oberhof entstand auch das für den Buchumschlag verwen-

dete Porträt. Dazu schreibt Reese am 31. März: »Der wackere Strassenfotograf von Oberhof hat mich Samstag geknipst und das beiliegende Prachtexemplar ist herausgekommen. Ohne Hut gefalle ich mir zwar besser, aber so geht es auch noch. Man soll nicht zu grosse Ansprüche an sich selbst stellen.«

38 Ab Mitte Mai 1943 hält sich Reese in Friedrichshafen auf, von wo er Anfang Juni in die Kaserne Köln-Wahn aufbricht. Dort erlebt er einen Bombenangriff auf die Stadt. Er geht ins Kino, ins Konzert, in die Kirche. Vergeblich versucht er, im Glauben Halt zu finden. Nach einer Messe im Bonner Münster notiert er: »Ich möchte so gerne einen Sinn darin sehen – und kann es nicht begreifen. Das Orgelspiel ist viel göttlicher für mich als der Wein, den der Priester trinkt.« Nach einem Besuch auf dem Drachenfels im Siebengebirge reitet er auf einem Esel den Hang hinunter, in seinem Tagebuch berichtet er dazu, er habe mit dem Tier gesprochen: »Heute trägst du mich, morgen habe ich zu tragen.« Um den 12.7.1943 besteigt er erneut den Zug an die Ostfront.

39 In seinen Briefen nennt er dieses Haus, das er auch zeichnet, die »Villa«. Hier wohnt er bis zum 13.8.1943, als seine Einheit sich vor den vorrückenden sowjetischen Truppen zurückzieht. In der Region um den Fluss Wopez, der in der Nähe von Jarzewo in den Dnjepr mündet, hält sich Reese seit Mitte Juli auf.

40 Reese trifft am 24.7.1943 ein. Die Gefechte dauern vom folgenden Tag bis zum 1. August. Schon vor Beginn der Schlacht erlebt er heftige Stimmungsschwankungen, am 21. Juli fleht er in seinem Tagebuch: »Hilf mir, mein Gott!« Nach der Fahrt im Güterwagen mit den Pferden heißt es dort, die Stimmung

sei »noch bedrückter«. Am 25. Juli, als er dem »Kätzchen im Sonnenschein« begegnet, geht es ihm offenbar wieder besser. In den Heereskarten ist ein Ort mit dem Namen Milejewo verzeichnet, der etwa 7 km nordöstlich von Chwastowitschi liegt. Wenige Kilometer davon entfernt befindet sich ein Ort namens Panoff.

41 von den Pferden gezogene zweirädrige Gestelle, an denen die Geschütze befestigt werden

42 Die ausführliche Schilderung dieses Gefechts in Reeses Tagebuch zeigt, wie eng das Buch seinen Aufzeichnungen und Erinnerungen folgt, aber auch wie er die Schilderung bearbeitet hat. Bis in Details stimmen Tagebuch und Manuskript überein, wie zum Beispiel der Eintrag vom 26.7.1943 zeigt: »Fliegen. Habe Briefe an Eltern usw. begonnen, aber keinen Mut sie abzugeben. Ich will erst Genaueres über mein Schicksal wissen. Ich schreibe hinter dem Geschütz in einem Deckungsloch. 7 h morgens. Es ist kühl, windig, der Himmel bedeckt, ich friere. Gestern um 17.15 h begann der Angriff, nachdem das 3. Bat. schon morgens im Kampf lag und viel Verluste hatte aber auch vordrang. Während jetzt das 1. B. die Mitte nahm, wir mit der Radfahrschwadron, 2 M.G. und 3 Pak die Flanke sichern und vortreiben sollen. Wir fuhren aus dem Dorf, dann im Mannschaftszug durch eine Sumpfmulde, von der meine Füße jetzt noch nass sind. Auf halber Höhe hinter dem Hügel gingen wir in Stellung. An den Leuchtkugeln sahen wir, dass das 1. B. zurückgetrieben wurde, dann kamen 600 m vor uns schon die Russen aus dem Wald. Wir zogen das Geschütz wieder durch die Mulde, schossen 3 Schuss

trotz Verbot, ohne Wirkung, Infanteristen halfen uns. Auf der Höhe gerieten wir in starkes Feuer – schlimmer und gezielter als im Kornfeld, wo wir zuvor lagen u. rauchten. Ernst Wolf fiel einen Schritt vor mir, Jupp Krämer wurde neben mir verwundet, zwei Infanteristen wurden vor uns schwer verwundet, ein anderes Geschütz hatte auch einen Toten, noch mehrere zogen verwundet zurück. Wir brachen fast beim Ziehen zusammen u. der Schweiß trocknet noch an mir. Endlich kamen die Pferde u. Protzen; wir protzten auf und jagten im Galopp zurück u. ich klammerte mich an den Protzhaken, verlor Stahlhelm u. Gewehr, fürs Gewehr habe ich Ersatz, Mütze mit Ähren getarnt, Mückennetz um den Hals. Der Russe bezog Stellung am Waldrand. Wir durchwachten die Nacht bei strömendem Regen, der durch die Zeltbahn drang; ein Geschütz gekapert, rauchten hungrig unter der Zeltbahn. Die Nacht blieb ruhig. Wir erfuhren: 3. Komp. hatte 15 Tote, 14 Verwundete u. dazu Vermißte, deren Schicksal unbekannt ist; 2. K. versprengt, 3 Mann kehren spät zurück, das 1. B. ist in der Komp. Noch 22 Mann stark. Ich bin übermüdet u. scheu, hilflos, erschüttert nach dem gesehenen Tod. Die Toten liegen noch da, Schwerverletzte wurden erst gegen Morgen geborgen, 25 Bauchschüsse liegen noch unbehandelt auf dem HVPlatz, auch dort müssen noch viele sterben. Ich friere, die Augen fallen mir zu. Aber Kälte, zittern u. das Feuer der schweren russ. Waffen halten mich wach. Schon mehrmals ging ein Splitterregen auf uns nieder. Schlafen möchte ich. Lange, lange schlafen – u. dann zu Hause erwachen. Traum im Einnicken: eine grau-schwarz gestreifte Kröte in einer

Pfütze. 16 h. Um 5 h griffen die Russen an, wir sahen sie in langen Reihen aus dem Wald kommen, während MG und Granaten bei uns einschlugen. Ich lud, Willi Dahlhoff schoss; im Feuer der Pak und Ari (Artillerie) brach der Angriff vor unserer Stellung zusammen. Rechts drangen die Russen ins Dorf ein, von links keine Verbindung mehr. Fast alle Landser waren verwundet u. tot, mit 6 Mann bleiben wir übrig hier, ich verzweifelte, das Ende schien nahe, betete. Letzte Gedanken an die Liebste u. Eltern. Plötzlich Nachricht, dass das 2. Kp. u. 1. Batl. mit Sturmgeschützen unterwegs seien. Da weinte ich. (...)«

43 Im Sommer 1943 scheitert die letzte große Offensive der Wehrmacht an der Ostfront, das Unternehmen »Zitadelle«. Die Deutschen werden hinter ihre Ausgangsstellungen zurückgedrängt. Orel und Charkow werden aufgegeben. Von nun an ist die Wehrmacht permanent in der Defensive und intensiviert bei ihrem Rückzug die schon zuvor begonnene Zerstörung der Städte und Dörfer.

44 in den Heereskarten Chwastowitschi

45 Reese wird am 13.9.1943 verwundet. In seinem Tagebuch notiert er, die Wunde selbst tue nicht weh, aber der ganze Kopf schmerze. »Nur ein kl. Splitter, ich habe ungeheures Glück gehabt, aber darum wird es auch nicht für die Heimat reichen.« Einen Tag später hält er fest, er habe »tiefe, dumpfe Angst, Todesangst, Lebensangst – es ist grauenhaft«.

46 Rückzug in die so genannte »Panther-Stellung« hinter der Desna (Dessna)

47 Reese und seine Einheit haben nun – Mitte September 1943 – die Region rund 60 Kilometer südwest-

lich von Brjansk erreicht. Die Bahnlinie durch Potscheb (Potschep) verbindet Brjansk und Gomel.

48 Reese berichtet seinen Eltern in Briefen von den Plünderungen und Orgien entlang der Bahnstrecke: »Ich trank viel Rotwein, schlief gut und heute habe ich um sieben Uhr bereits Rührei aus vier Eiern und ziemlich viel Büchsenfleisch gebraten.« (21.9.1943) »Die Dörfer werden geplündert, Hühner, Kühe, Schafe, Möhren, Kartoffeln geholt und längs dem ganzen Zug brennen Feuer, brötschelt und brät es und wird geschmatzt.« (22.9.1943) »Fünf Pfund habe ich bestimmt schon zugenommen.« (23.9.1943)

49 Die Stadt östlich des Dnjepr wird Ende November 1943 von den deutschen Truppen nach erbitterten Kämpfen aufgegeben. In den Jahren zuvor war auch hier deutlich geworden, wie die Vollstrecker des Holocausts im Rück-en der Wehrmacht wüteten und mir ihr gelegentlich zusammenarbeiteten. Vor dem Krieg stellten Juden etwa ein Drittel der Bewohner Gomels. Nach der Besetzung durch die Deutschen müssen sie Erkennungszeichen tragen. Ein Ghetto und vier Lager werden eingerichtet. In einem von ihnen sind Juden interniert, die Minenfelder an der Front räumen müssen. Tausende Juden werden als Helfer der Partisanen ermordet, Frauen und Kinder mit Gas umgebracht.

50 Nach Reeses Aufzeichnungen dauerte die Schlacht vom 11. bis 17.10.1943. Immer größere Teile der Wehrmacht weichen in den folgenden Wochen hinter den Dnjepr zurück.

51 laut Heereskarte auch Staraye Bychow

52 Das Dorf Momatschino liegt im sumpfigen Quellgebiet des Uchljast, eines Nebenflusses des Dnjepr.

53 Reese hält sich bis Anfang 1944 in den Stellungen am Dnjepr auf. Weihnachten 1943 wird er zum Obergefreiten befördert. Die am Ende der Niederschrift geschilderte Schlittenfahrt findet am 12.1.1944 statt. Wie vieles andere aus dem Kriegsbuch schildert Reese sie und seinen plötzlichen Gefühlsausbruch als eigenes Erlebnis in einem Brief an die Eltern. »Die Nacht war ein traumhaftes, trunkenes Fest. Erschrockene Wanderer sprangen zur Seite, immer öfter überkam mich diese Trunkenheit, dies überschwengliche Lebens-Gefühl, diese grenzenlose Lust, auf der Welt zu sein.« Zwei Tage später sieht er voller Hoffnung in die Zukunft. Obwohl er viel Gutes, Schönes, Eigenes verloren habe und ihm Glück, Freude und Glauben geraubt worden seien, bleibe »immer genug zum Grundstein für ein neues Leben – im Frieden«.

BIBLIOGRAPHIE

Hierbei handelt es sich um ausgewählte Literatur im Umfeld des kommentierenden Textes.

Christoph Rass: »Menschenmaterial.« Deutsche Soldaten an der Ostfront. Paderborn 2003

Rolf-Dieter Müller und Hans-Erich Volkmann (Hrsg.): Die Wehrmacht. Mythos und Realität. München 1999

Martin Broszat: Nach Hitler. Der schwierige Umgang mit unserer Geschichte, München 1986

Dan Diner (Hrsg.): Ist der Nationalsozialismus Geschichte? Zu Historisierung und Historikerstreit. Frankfurt/M. 1987

Stephen G. Fritz: Hitlers Frontsoldaten. Der erzählte Krieg. Berlin 1998

Ralph Giordano: Die zweite Schuld oder von der Last Deutscher zu sein, Hamburg 1987

»Ich will raus aus diesem Wahnsinn.« Deutsche Briefe von der Ostfront 1941–1945 aus sowjetischen Archiven. Mit einem Vorwort von Willy Brandt. Wuppertal 1991

Ian Kershaw: Der NS-Staat. Geschichtsinterpretationen und Kontroversen im Überblick. Hamburg 1999

Lothar Kettenacker (Hrsg.) Ein Volk von Opfern? Die neue Debatte um den Bombenkrieg 1940–45, Berlin 2003

Ernst Klee, Willi Dreßen: »Gott mit uns«. Der deutsche Vernichtungskrieg im Osten 1939–1945. Frankfurt/M. 1989

Klaus Latzel: Deutsche Soldaten – nationalsozialistischer Krieg? Kriegserlebnis – Kriegserfahrung 1939–1945, Paderborn 2000

Laurence Rees: Hitlers Krieg im Osten. Mit einem Vorwort von Ian Kershaw. München 2001

Verbrechen der Wehrmacht. Dimensionen des Vernichtungskrieges 1941–1944. Ausstellungskatalog. Herausgegeben vom Hamburger Institut für Sozialforschung. Hamburg 2002

Wolfram Wette. Die Wehrmacht. Feindbilder, Vernichtungskrieg, Legenden, Fankfurt 2002

Öland
Lettische SSR
Liebau
Riga
Ostsee
Memel
Düna
Dünaburg
Litauische SSR
Königsberg
Memel
Kaunas
Witebsk
Danzig
Wirballen
Ostpreußen
Wilna
Budy
Orscha
Allenstein
Starosselje
Gorki
MINSK
Bromberg
Mogilew
Weichsel
Staraye Bychoff
Ostrów Mazowiecka
Uchljas
Selez
Weißrussische SSR
Slobin
WARSCHAU
Gomel
Brèst
Łódź
Polen
Pripjet
Mazyr
Tschenstochau
Lublin
Kattowitz
Krakau
Jaroslau
Deutsch-Sowjetische Demarkationslinie
KIEW
Dnjepr
Fastow
Lemberg
Tarnopol
Slowakei
Košice
Ungarn
Moldawische SSR
Kischinau
Rumänien
ODESSA
Hermannstadt
Kronstadt
Donau
Donau-delta
Schwarz
Meer
Craiova
BUKAREST